UND MORGEN DIE WELT

Wie ich einen Schicksalsschlag in das größte Abenteuer meines Lebens verwandelte

SAMIRA MOUSA

Eden BOOKS

Für Pablo

»Jeder menschliche Herzschlag, hatte er oft gesagt, ist eine ganze Welt voller Möglichkeiten. Und es schien mir, als verstünde ich nun zu guter Letzt, was er damit gemeint hatte. Er hatte mir sagen wollen, dass jeder menschliche Wille die Kraft in sich trägt, sein Schicksal zu gestalten.«
    Aus: Shantaram von Gregory David Roberts

INHALT

TEIL 1: AUFBRUCH 9
Ankunft im Regen 10
Anjas Anruf 24
Katerstimmung 33
Kein Kuss für Sun 43
Healing House 59
Augen der Einsamkeit 71
Herrlich festgeklebt 81
Bis hierhin und nicht weiter 90

TEIL 2: WACHSTUMSSCHMERZ 99
Zeitzonenwechsel 100
Corazón Mexicano 108
Die Bar Jardín – oder was von ihr übrig ist 118
Anpacken 129
Vallenato 140
Der Rohrbruch 150
Von Menschen umgeben und doch allein 162

TEIL 3: VERÄNDERUNG 175
Frito! Frito! Frito! 176
Planänderung 187
Panik 201
Das Penthouse 209
Es riecht nach Europa 218

TEIL 4: ANKUNFT 229
Casa Gaia 230
Zu gut, um wahr zu sein? 239
Abflug 251

NACHWORT 261

TEIL 1
AUFBRUCH

Ankunft im Regen

Das Klingeln meines Weckers bahnt sich seinen Weg in meinen Traum. Erst bemerke ich ihn kaum, ein kleines Störgeräusch, zu vernachlässigen. Nach wenigen Millisekunden aber pocht er so laut an mein Trommelfell, dass ich von einem Moment auf den anderen wach bin wie eine Katze auf nächtlicher Pirsch.

Ich haue auf den Alarmknopf des Weckers und taste neben mir in der Dunkelheit herum, auf der Suche nach einem Lichtschalter. Mats schläft neben mir, er hält meinen Fuß in seiner Hand. Wie in jeder Nacht, die wir zusammen verbringen. Ich schalte das Licht an und werfe einen Blick auf die Anzeige des Weckers. Kurz vor fünf Uhr morgens. *Showtime*. Heute geht es los.

Acht Monate Weltreise liegen vor mir wie ein großes Geschenk, auf dessen Öffnung ich 28 Jahre gewartet habe. Viel zu lang. Endlich ist es so weit, endlich darf ich die Bänder lösen und diese verheißungsvolle Zukunft auspacken, die, da bin ich mir sicher, dort draußen auf mich wartet. Ich muss hier weg, weit weg, weg aus Berlin, weg aus Deutschland, raus aus dem tristen Oktobergrau, das sich unbarmherzig und kalt gegen das Fenster drückt.

Wie ein Korsett habe ich in den letzten Jahren plötzlich die Enge gespürt, in die mein Leben, mein Umfeld, meine Verpflichtungen und meine Krankheit mich eingesperrt haben. Ich habe seit fünf Jahren Multiple Sklerose. Ich habe seit zehn Jahren Fernweh. Ich arbeite seit acht Jahren in der Berliner Technoszene, seit zehn Jahren hinter Bars – und seit zwei Jahren an mir. An meinem Inneren. Die Diagnose MS riss für mich ein Loch im Boden auf, in das ich unbarmherzig und hart hineingestoßen wurde. Freifall mit Anfang zwanzig. Lange versuchte ich, den Schmerz, die Unsicherheit, die betäubende Angst zu verdrängen. Ließe ich die Krankheit nicht an mich heran, würde ich, so dachte ich, auch nichts von ihr merken. Ich hatte falsch gedacht. Einige Jahre blieb ich unberührt von der Multiplen Sklerose, machte weiter wie zuvor, lebte für meinen Job und mit der Angst und dem ständigen Versteckspiel. Doch irgendwann kam der nächste Krankheitsschub, der mich aufweckte. Auf einmal spürte ich die harten, kalten Streben des Hamsterrads, in dem ich mich täglich abrackerte, ganz deutlich unter meinen Füßen. Plötzlich begriff ich, dass ich nicht für mich, sondern für eine Firma arbeitete und dass das einzige Ziel dieser Arbeit war, weiter die Karriereleiter hinaufzusteigen, um noch mehr und »wichtigere« Arbeit zu bekommen. Ich hatte mir freiwillig eine Möhre vor die Nase binden lassen und war wie versessen hinter ihr hergerannt. Jeden Tag.

Bis heute. Bis jetzt.

Jetzt ist aufstehen angesagt, denn sonst hebt mein Flieger nach Bangkok ohne mich ab. Ich ziehe meinen Fuß vorsichtig aus dem Griff meines Freundes, schlüpfe aus dem Bett und schleiche in die Küche. Draußen herrscht absolute Stille, oder eben so viel Stille, wie man sie in Berlin-Friedrichshain bekommt. Irgendwer ist außer mir noch wach im Haus, ein Wasserkessel pfeift, der Ton wird hundertfach von den Wänden des Innenhofes zurückgeworfen. Wer zur Hölle benutzt heutzutage noch Wasserkessel, frage ich mich, während ich auf den Knopf von Mats' übergroßer vollautomatischer Kaffeemaschine drücke, mit der ich mir seit Jahren einen kleinen Kampf liefere. Heute zeigt sie sich kooperativ und tut, was sie soll: Kaffee machen. Starken Kaffee für einen langen Tag. Schwarz wie die Nacht vor dem Fenster, die noch nicht weichen will. Mats hat nie Milch zu Hause. In Asien gibt es eh kaum Milchprodukte, schießt es mir durch den Kopf, während ich auf das heiße Getränk puste und noch mal im Kopf mein Gepäck durchgehe. Es besteht zu zwei Dritteln aus Medikamenten. Während meine gesamte Kleidung für den Trip in einen Packwürfel passt, der in etwa die Größe eines Tetra Paks aufweist, muss ich mit den bunten Pillen, die mich beim Kampf gegen die MS unterstützen sollen, echt Tetris spielen. Hier noch eine Blisterpackung reingestopft, da auch noch eine. Und noch eine in die Mappe mit den wichtigen Dokumenten gesteckt. Nur für den Fall.

»Weltreise mit MS? Samira, du bist wahnsinnig. Was da alles passieren kann!« Während ich meinen Kaffee austrinke und mich ein letztes Mal an meinem kleinen Handgepäcksrucksack zu schaffen mache, schießen mir die Kommentare meiner Freunde durch den Kopf. Wahnsinnig, bin ich das? Ängstlich, das bin ich gerade. Doch der Schmerz, den mir das Fernweh bereitet, ist größer als die Angst. Größer als die MS. Ob das reichen wird? Wird ein Schmerz, ein unbestimmter Drang, genug sein? Ich habe alles aufgegeben. Meinen Job gekündigt. Ich habe meine Wohnung untervermietet, meinen Kleiderschrank ausgeräumt und seinen Inhalt im Keller verstaut. Was ich jetzt noch habe, passt in meinen 36-Liter-Rucksack. Außerdem habe ich nun vor allem eines: Zeit. Und eine für mich gerade ausreichende Menge an Plänen. Und das war's dann auch schon.

»Musst du nicht langsam los?« Mats ist aufgestanden und steht mit leicht zusammengekniffenen Augen vor mir im Flur. Wie schafft er es nur, schon um diese Uhrzeit so glatt und schön auszusehen, als käme er gerade aus der Sauna statt aus dem

Bett? Seine Augen in der Farbe von dunklem Mahagoni werden von kräftigen Augenbrauen betont. Er hat hohe Wangenknochen und einen unregelmäßigen Dreitagebart. Über seiner sinnlichen Oberlippe prangt seit Neuestem ein kleiner Schnurrbart, der ihn aussehen lässt wie einen Gentleman direkt von der Titanic. Ich selbst habe zwar vor ein paar Minuten versucht, meine Haare etwas zu bändigen, doch in der von der Dusche feuchten Luft im Badezimmer hat es keine Minute gedauert, bis meine Locken sich wieder ringelten, als hätte ich mit nassen Fingern in eine Steckdose gefasst.

»Ja, ich weiß«, sage ich. »Ich habe Angst.«

Langsam kommt Mats näher und nimmt mich in den Arm. Wenigstens sein schwerer Atem verrät, dass er gerade noch geschlafen hat. »Ich werde dich vermissen«, sagt er.

Ich werde dich auch vermissen, denke ich. »Ich muss los«, sage ich. Wir lösen uns voneinander und schauen uns eine Weile an, wie bei einer traurigen Version von »Wer zuerst blinzelt«. Ich blinzle zuerst.

»Na komm, lass uns noch einen Kaffee zusammen trinken«, sagt Mats und geht in die Küche, aus der sofort das mechanische Rattern seines Kaffeemaschinenmonsters erklingt. All diese kleinen Dinge, die unseren Alltag sonst wie selbstverständlich füllen, erscheinen mir heute ... rührend. Ich muss mich zusammenreißen, um nicht beim Anblick meines Freundes in Socken und Unterwäsche in Tränen auszubrechen. Das wäre nicht fair – uns beiden gegenüber. Anderthalb Monate werden vergehen, bis wir uns wiedersehen werden. Anderthalb Monate, die wir beide als intensive Wachstumsphase für uns selbst nutzen wollen, um danach noch mehr am anderen, an unserer Beziehung zu haben. Sie ist gut, unsere Beziehung. Solide, aufregend, spontan. Liebevoll. Ich liebe diesen Mann.

»Ich liebe dich«, sagt er wie aufs Stichwort und setzt sich mit seinem Kaffee mir gegenüber an den Tisch. »Keine Eifersucht«, fügt er hinzu.

»Keine Eifersucht«, wiederhole ich und berühre unterm Tisch seine Sockenfüße mit meinen. Anderthalb Monate.

Als ich am S-Bahnhof in den Flughafenbus umsteige, geht hinter den rauchenden Schornsteinen des Westhafens gerade langsam die Sonne auf. Mir ist kühl, trotz der leichten Outdoor-Jacke, die ich trage. Sie ist das Abschiedsgeschenk, das ich bekam, als ich die Künstleragentur verließ, in der ich zuvor gearbeitet hatte. Ich weiß, dass man mich dort nicht gern gehen ließ. Ich musste meine Euphorie fast verbergen, das Gefühl der Erleichterung, als ich an meinem letzten Tag im Büro den Laptop zuklappte. Natürlich habe ich meinen Job geliebt. Die Agentur gehört zu einem prestigeträchtigen, alteingesessenen Technoclub in Berlin. Elektronische Musik hat seit meiner späten Jugend mein Ich, meine Interessen und mein soziales Umfeld geprägt. Nicht selten begannen meine Wochenenden am Donnerstag und endeten Montagabend, nur unterbrochen von ein paar Stunden unruhigem Schlaf und Laugenbrezeln. Das war meine Welt, mein Alles – das war ich. Ich war ein Teil der Berliner Szene, die ich vergötterte, als bedeute ich ihr genauso viel wie sie mir. Dass das nicht der Fall war und dass die Protagonistinnen in ihr so austauschbar sind wie die Speichen eines Rades, war eine der schmerzhaftesten Erkenntnisse überhaupt, die mich erst traf, als ich anfing, professionell in diesem Feld zu arbeiten. Plötzlich war Techno, waren Partys nicht mehr Exzess, Spaß und stundenlange sinnlose Gespräche. Mit einem Mal ging es um Deals, Macht, Break-evens und Sales. Ich lernte – und ich war gut darin. Ich gab, was ich konnte.

Dann kam die Krankheit, und von einem Tag auf den anderen hatte ich, so glaubte ich, ein schreckliches Geheimnis zu hüten. Auch darin war ich gut. Denn trotz meiner Krankheit gab ich weiterhin alles. Ich flog geschäftlich nach Tel Aviv, nach Panama und Kolumbien, in die Türkei, nach Beirut. Barcelona, London, Amsterdam. Im Koffer CDs unseres Labels, Kopfschmerztabletten für den Morgen danach und, versteckt ganz weit unten, meine MS-Basistherapie. Plötzlich übernachtete ich in Viersternehotels und flog nur noch Star Alliance. Ich aß in teuren Restaurants und lernte, wie man sich die Stoffserviette richtig über den Schoß legt, dass man das Besteck von außen nach innen benutzt und wie man Scampi mit dem Messer aus der Schale pellt. Ich lernte, die höchstmögliche Gage auf Deutsch, Englisch und Spanisch auszuhandeln. Ich verstand, was man sagen und was man nicht sagen durfte. Meistens landete ich dann sonntagabends, erschöpft von der Arbeit auf den internationalen Events, zurück im vertrauten Grau Berlins, schleifte meinen Hintern ins Bett und kam vor Dienstag nicht mehr heraus. Je mehr sich die Seiten meines Passes mit Stempeln aus fernen Ländern füllten, die zu bereisen immer mein Traum gewesen war, desto leerer fühlte ich mich. Denn ich sah diese Länder nicht. Ich erlebte sie nicht. Ich setzte einen kleinen Zeh auf ihren Boden, bis es am nächsten Tag weiterging: in die nächste Stadt, auf die nächste Party. Ja, wie war Panama City, wie war Bogotá denn? Ich hätte es nicht sagen können. Ich wusste es nicht. Es fühlte sich an, als tanzte mein Traum vom Reisen, vom Weltenbummeln, von der Karriere vor mir her. Das war mir nicht genug. Ich musste aufhören, Länder zu konsumieren, und anfangen, sie zu genießen.

»Wir bitten alle Passagiere des Flugs EW765 nach Bangkok, sich zum Boarding zu Gate C37 zu begeben!«, tönt es aus den

Lautsprechern. Ich bin mittlerweile am Düsseldorfer Flughafen. Um mich herum bricht diese ulkige Abflugshektik aus: Dickbäuchige Männer, die jetzt schon so braun gebrannt sind, als lebten sie in Thailand und nicht in Deutschland, schieben ihre Wampen in Richtung Gate. Ihre nervösen Ehefrauen haben säuerliche Mienen. Kinder quengeln in den Armen ihrer Mütter. Bitte lass sie nicht neben mir sitzen, denke ich unwillkürlich. Ich bin – sagen wir es mal so – kein großer Fan von Kindern. Und noch weniger von lauten Kindern.

Wir steigen ein, und meine Sorge bleibt unbegründet: Die Babys halten Sicherheitsabstand. Dafür sitzt neben mir ein junger Mann mit blonden Haaren. Er hat sie zu einem Dutt hochgebunden und trägt einen rötlich schimmernden Dreitagebart. Das ist sicherlich so ein Typ, der alles tausendmal besser weiß. So 'n blöder deutscher Besserwisser-Backpacker. Hoffentlich lässt er mich in Ruhe, schießt es mir durch den Kopf. Wenn ich auf meinen Geschäftsreisen eines gelernt habe, dann das: Nichts ist schlimmer als erzwungene Kommunikation auf einem Langstreckenflug. Small Talk ist nämlich nur dann entspannt und easy, wenn er schnell wieder vorbei ist und man nicht über mehrere Stunden angegurtet nebeneinandersitzt.

»*Hey, I'm Martin*«, sagt mein Sitznachbar prompt, bevor ich mir meine Kopfhörer aufsetzen kann. Er streckt mir die Hand hin, die wie sein Kinn und seine Unterarme von rotem Haar überzogen ist.

»*I'm Samira*«, antworte ich und bin erstaunt, dass es sich bei ihm doch nicht um einen Deutschen handelt.

»Ich komme aus den USA«, sagt er lachend, als er mir meine Verwunderung ansieht. Mist. Bei den meisten Amis, die ich kenne, ist ein unbändiges Mitteilungsbedürfnis vorprogrammiert ... Ich entschuldige mich und sage ihm, ich sei müde. Schnell setze ich meine Kopfhörer auf. *Sorry, Man.*

Ich muss tatsächlich eingenickt sein. Hastig fummle ich mir die Kopfhörer von den Ohren. »Was ist los?«, frage ich Martin, der mich mit einer sanften Hand auf meiner Schulter geweckt hat.
»Nichts«, grinst er. »Aber es gibt was zu essen! Ich dachte mir, du hast bestimmt Hunger.«
Oh, Martin. Du guter, guter Mensch. Ich habe dich falsch eingeschätzt. Dankend drehe ich mich zum Gang und sehe den verheißungsvollen Wagen mit den Tabletts näher kommen. Ich habe tatsächlich so großen Hunger, dass es mir egal ist, dass die Nudeln in einer undefinierbaren Soße schwimmen und nach Pappe mit Ketchup schmecken.
»Hab ich es mir doch gedacht«, sagt mein rotbärtiger Sitznachbar, während auch er es sich, so gut es eben geht, schmecken lässt. »Wohin reist du weiter?«, fragt er mich.
»Ich fliege gleich weiter nach Chiang Mai«, lautet meine Antwort. »Dort habe ich vor, an meinem Buch zu arbeiten«, erzähle ich ihm. Außerdem: Yoga, gutes Essen, Meditation, Ausflüge. Fahrrad in den alten Straßen fahren, Anschluss finden, vom Laptop aus arbeiten. Einfach leben.
»Echt? Ich liebe Chiang Mai! Ich hab selbst mal vier Jahre dort gewohnt«, fällt er mir begeistert ins Wort. »Aber Fahrrad fahren? Nee. Lass das mal lieber, das ist da echt gefährlich.«
Na, endlich packt er den erwarteten Erklärbär aus, denke ich mir. Doch während sich zwischen uns ein tatsächlich interessantes Gespräch entwickelt, entspanne ich mich langsam. Er scheint ganz einfach das zu sein, was ich ihm aus einem unerfindlichen Grund nicht zugetraut habe: ein guter Kerl. Und das Beste: Er ist in zwei Wochen auch in Chiang Mai!

»Du musst unbedingt im Healing House vorbeikommen«, sagt er. Dort, erklärt er mir, habe er damals gewohnt. Ein Haus am Rande der Altstadt, in dem, so sagt er, Menschen ihr Seelenheil fänden.

»Klingt wie eine Sekte ...«, sage ich.

Er lacht, warm und weich und gar nicht aufgesetzt. »Nein, keine Sekte. Es ist einfach ein wunderbarer Ort. Menschen öffnen sich dort, sie teilen ihre Ängste und Träume und ihre dunklen Gedanken. Vor allen anderen. Jeden Freitag findet dort ein Open Mic statt. Was da passiert – das ist Magie.«

Ich habe auch Lust auf Magie, und wir tauschen Nummern aus. Als das Flugzeug mit einem leisen Rumpeln auf der regennassen Landebahn aufsetzt, bin ich fast traurig, dass ich nicht früher den Kontakt zu Martin gesucht habe. Ich bin froh, dass er mich nicht ohne ein Wort hat davonkommen lassen. Wie gut, dass er durch meinen hart antrainierten Schutzwall aus Arroganz und Unsicherheit gestochen hat, um mal zu schauen, was für eine Samira wirklich dahintersitzt. Er hat mich geknackt wie eine Nuss, die sich in ihrer harten Schale schon lange nicht mehr wohlfühlt. *Thank you*, Martin.

An der unübersichtlichen Passkontrolle in Bangkok verlieren wir uns recht schnell aus den Augen. Doch ich weiß: Wir werden uns wiedersehen.

Der Weiterflug nach Chiang Mai verläuft ohne Probleme. Unter mir erstrecken sich zwischen grauen Wolkenfetzen die dunkelgrün bewaldeten Berge. Sie werden von der Sonne in goldenes Licht getaucht, und ich fühle mich so aufgeladen vor Glück, als würden diese Strahlen direkt in mich hinein und durch mich hindurch scheinen. Immer noch kann ich es kaum fassen: Ich habe mich wirklich getraut. Ich habe all meinen Mut, meine

Hoffnung und das Quäntchen Naivität, das mir die MS noch nicht genommen hat, in einen Topf geschmissen und bin losgeflogen. Habe ich Angst? Natürlich. Aber es ist eine gute Art von Angst. Die Art von Angst, die einen befällt, bevor man vom Zehn-Meter-Turm springt. Denn man weiß, wie stolz man auf sich sein wird, nachdem man sich nur getraut hat. Meine Diagnose vor fünf Jahren war mein Weckruf, mein Sprungturm. Und nun breitet sich mein Abenteuer vor mir aus wie ein unendlich tiefer See. An seinen mir noch unbekannten Ufern werden mein Geist und meine Seele wachsen können. Ich werde dort wachsen können. Das habe ich mir fest vorgenommen.

Es ist bereits später Nachmittag, als wir über der größten Stadt im Norden Thailands durch die sich immer mehr zusammenziehende graue Wolkendecke stoßen und uns langsam der Landebahn nähern. Wir setzen mit einem sanften Ruck auf, und kurz darauf stoppt das Flugzeug. Alles um mich herum beginnt zu wuseln, zu packen und zu räumen. Ich selbst habe ja nur mein kleines Handgepäck und lehne mich entspannt zurück. Aufkommender Regen schlägt gegen das Fenster neben meinem Sitz. Der ganze Flughafen scheint im Nebel zu versinken, und ich gebe mir Mühe, mich davon nicht runterziehen zu lassen.

Endlich, nachdem auch ich das Flugzeug verlassen und die Passkontrolle hinter mich gebracht habe, stehe ich draußen vor dem kleinen Flughafengebäude. In der tropischen Hitze, die hier trotz des grauen Wetters herrscht, fühlt es sich an, als besprenkelte man mich mit Badewasser. Während sanfter Nieselregen auf mich niederstiebt, suche ich mir ein Taxi und springe hinein. Die Adresse meiner Unterkunft scheint nicht weithin bekannt zu sein, und so quälen wir uns im Schneckentempo und bei mittlerweile strömendem Regen durch die trostlosen

Straßen. Über uns ziehen sich Stromkabel dahin, gespannt zwischen Strommasten, die unter der Last der an ihnen befestigten Kabelmengen einzuknicken drohen wie Streichhölzer. Ich habe mir online eine Unterkunft gemietet, ein Einzelzimmer in einem Gasthaus. Dort, so hoffe ich, werde ich die perfekte Mischung aus Gesellschaft und Privatsphäre finden.

»Du willst hin *dort?* Sicher?«, fragt mich der Taxifahrer mit einem Stirnrunzeln.

Ich deute das als schlechtes Zeichen. »Ja, genau, zu der Adresse. Wieso? Ist das so unüblich, dorthin zu wollen?«

Der Taxifahrer fängt an, leise zu lachen. »Nein, ist okay, ist okay. Du sehen, es ist okay«, brabbelt er vor sich hin. Jetzt bin ich wirklich verunsichert.

Der Regen wird immer stärker, wir fahren quasi durch einen Wasserfall hindurch. Die Scheibenwischer dienen mittlerweile nur noch dem guten Ton, haben aber sonst keinerlei Wirkung. Zu viel Wasser. Ich fühle mich wie in einem U-Boot, der Regen ist so laut, dass er die Welt, die sich außerhalb des Autos abspielt, komplett übertönt und meinen Kopf ganz ausfüllt. Wir surfen quasi die Straße entlang, bevor das Taxi endlich vor einer kleinen Einfahrt hält. Nichts deutet auf ein Gasthaus hin. »Aussteigen!«, sagt der Taxifahrer barsch. Ich zahle, ziehe schnell den Regenschutz über meinen Rucksack und gehorche. Plötzlich erkenne ich eine kleine Gestalt, die durch den Regen auf mich zukommt. Es ist eine alte Dame, deren Gesicht einer Rosine gleicht: Tiefe Falten führen von Nase, Augen und Mund zum Kinn. Doch sie lächelt, und in der Hand hält sie einen Regenschirm. Trotz meines Protests schiebt sie mich darunter und läuft selbst durch den Regen. Ein kurzer Fußweg führt uns um das Haus herum auf den Hinterhof, wo ein weiteres niedriges Gebäude steht. Es ist aus dunklem Holz gebaut, das nass vom Regen glänzt wie ein polierter Flügel.

Die Frau redet in schnellem, leisem Thai auf mich ein, während ihre kleinen Augen mich aus ihren tiefen Höhlen anfunkeln wie kleine schwarze Käfer. Ihre Haare liegen klatschnass an ihrem Kopf an, doch sie scheint sich daran nicht zu stören. Dennoch deutet sie meine flehenden Blicke in Richtung Türschloss richtig und lässt mich endlich hinein. Schnell schließt sie die Tür hinter uns, und es umfangen uns zugleich Dunkelheit und Stille. Diese ist im Gegensatz zum vorher herrschenden Straßenlärm so intensiv, dass ich unbewusst flüstere, als ich nach meinem Zimmer frage. Als Antwort schaltet die Dame das Licht an und führt mich unter emsigem Getrappel ins Obergeschoss. Das ganze Haus wirkt eingestaubt und verlassen. Wie lange hier wohl schon keine Gäste mehr übernachtet haben? Meinen Unmut lasse ich mir nicht anmerken, als die Frau mir mein Zimmer zeigt und von einem Ohr zum anderen grinst. Wieder erhalte ich alle nötigen Infos in mir unverständlichem Thai. Ich nicke höflich und trete ein. »WiFi?«, frage ich noch. »*Oooh! No WiFi! Broken!*«, lächelt die Frau. Meine böse Vorahnung bestätigt sich also. Denn wenn ich eines wirklich dringend zum Arbeiten brauche, dann ist es WLAN. Seit drei Jahren arbeite ich nun daran, mir ein Geschäftsmodell aufzubauen, mit dem ich überall auf der Welt arbeiten kann. Schreiben in Thailand, Bloggen in Kolumbien, Beratungen von der Strandhütte in Mexiko aus: Das alles ist kein Problem für mich. Wenn es denn Internet gibt. Dieses schreiben sich die meisten Hotels zwar auf die Fahne, doch oft findet man es schlicht und einfach nicht vor – so wie hier.

Ich schnaube, nehme den Schlüssel entgegen und versuche mir noch ein halbwegs freundliches Dankeschön abzuringen. Die Dame trippelt von dannen, und ich höre, wie unten die Tür ins Schloss fällt. Prompt umgibt mich wieder diese gedämpfte Stille, unterbrochen nur vom Geräusch des Regens, der unermüdlich gegen die dünnen, gewellten Fensterscheiben prasselt, und dem leisen »Pock pock pock« der Wassertropfen, die von meinem Rucksack auf den Holzboden fallen. Es ist wirklich herrliches Holz: Der Boden, das Dach und die Balken, die es halten, sind aus alten, dunklen Bohlen gefertigt, die wie die nächtliche Oberfläche des Meeres glänzen. Ich fahre mit meinen Händen darüber, möchte es fühlen, möchte ankommen. Ich spüre die alten Risse, die Unebenheiten, den Staub. Diese Art von Haus steht hier oft schon über hundert Jahre. Mit einem Mal ist es mir richtig unangenehm, die typische Deutsche zu sein, die sich wegen des Schmutzes und des fehlenden Internets beschwert. Ich widerstehe dem Impuls, der kleinen Dame nachzulaufen, um mich bei ihr zu entschuldigen, und schaue mich in meinem Zimmer um.

Bastmatten liegen auf dem Boden, an der Wand steht ein schmales Einzelbett. Daneben ein kleiner Hocker aus demselben Holz, mit Schnörkeln verziert. Sonst nichts. Ich stelle meinen Rucksack in eine Ecke, schäle mich endlich aus den viel zu warmen Kleidungsstücken, die ich vor vielen Stunden in Berlin angezogen habe, und lege mich probeweise aufs Bett. Es ist herrlich hart, genau so, wie ich es mag. Die Laken riechen gut, irgendwie warm und trocken. Ihr Geruch vermischt sich mit dem deutlichen Heugeruch, den die Bastmatten auf dem Boden verströmen, zu einer beruhigenden Duftmischung. Sie lässt mich entfernt an die Tage denken, an denen meine Mutter mit meinem Bruder und mir ins Berliner Umland gefahren ist, um dort auf dem Heuboden einer Scheune, die zu einem Kinderbauernhof gehörte, zu spielen. Danach waren wir immer völlig erschöpft, aber auch glücklich. Wir aßen Stockbrot am Feuer, während unsere Wangen glühten und die Nacht sich um das knisternde Lodern der Flammen schloss. Das Entfernen der pikenden Strohhalme, die überall in unserer Kleidung steckten, würde meine Mutter wieder einige Stunden Arbeit kosten. Sie hatte es nicht leicht, so ganz allein mit zwei Kindern. Nie hatten wir Geld, nie hatten wir Überfluss. Aber wir hatten ja uns.

Ich starre an die Decke, die ebenfalls mit Bastmatten bedeckt ist, und lasse mich treiben. Eingehüllt in den Geruch meiner Kindheit, in den Geruch des thailändischen Waschmittels und mit dem stetigen Klopfen des Regens an die dünnen Scheiben im Ohr döse ich ein.

Anjas Anruf

Als ich Stunden später völlig orientierungslos und verwirrt aufwache, habe ich einen Riesenhunger. Ein Blick nach draußen verrät mir, dass der Regen sich mittlerweile gelegt hat. Nun ist der Weg gesprenkelt von großen Pfützen, in denen sich immer wieder für Sekundenbruchteile das Licht der vorbeifahrenden Motorroller und Tuk-Tuks spiegelt. Ich fühle mich klebrig und matt. Auch ein bisschen allein. Aber gut. So, so gut. Da draußen liegt es, das Abenteuer, für das ich so lange gekämpft habe. Für das ich nach der Arbeit noch unzählige Stunden zu Hause am Laptop gesessen, Bücher durchgewälzt, Webseiten durchforstet und mir einen massiven Druck gemacht habe. Dieser löst sich nun – zumindest für einen kleinen Moment. Denn die wahren Herausforderungen, die stehen mir noch bevor. Das weiß ich.

Vorsichtig, um auf den glatten Stufen nicht auszurutschen, schleiche ich ins Bad. Immer noch bin ich komplett allein. Durch das fehlende Internet fühle ich mich wie abgeschottet von der Welt, die da draußen vor den Holzmauern doch so laut und einladend tobt. Ja, ich komme, denke ich und stelle mich unter die Dusche. Der Wasserstrahl, der sich aus ihr ergießt, ist eiskalt wie ein Bergbach. Er küsst meine Haut, meinen Kopf und meinen Geist wach. Hurtig springe ich aus der Dusche und rubbele mich trocken. Ich habe eine Gänsehaut. Ein Blick in den Spiegel. Eine klein gewachsene junge Frau mit einem runden Gesicht sehe ich da. Etwas blass ist sie. Die braunen Haare hängen ihr nass in die Stirn und wirken fast schwarz in dem schummrigen Licht. Die Augen, meine Augen, schauen mich an. Erwartungsvoll. Gespannt. Bereit, sich diese ganze verdammte Stadt, ja dieses ganze verdammte Leben endlich selbst unter den Nagel zu reißen.

Während ich mich anziehe, klopft es unten an der Tür. Ich schlüpfe schnell in das lange, leichte Kleid mit dem schwarz-weißen Muster, das mir für meinen ersten Abend angemessen erscheint, und laufe hinunter, um zu öffnen. Die kleine Rosinendame steht wieder da. Wieder breit lächelnd hält sie mir einen Zettel hin, auf den eine Nachricht gekritzelt wurde. Ich nehme ihn entgegen, und die Frau legt ihre Hände vor der Nase zu einem *wai* zusammen. Diese typische thailändische Geste wird mir noch oft begegnen. Sie kann vieles bedeuten: einen Gruß, eine Entschuldigung, ein Dankeschön. Je nach Höhe der aneinandergelegten Hände gibt sie auch Auskunft über den sozialen Status der begrüßten Person. Ein *wai* auf Brusthöhe wird meist verwendet, wenn zwei Menschen sich noch nicht kennen oder wenn das Gegenüber den gleichen sozialen Status innehat wie man selbst. Den *wai* auf Gesichtshöhe bekommen *farangs*, wie Ausländer hier genannt werden, oft zu sehen – er wird angewendet, wenn man etwas an einem Marktstand kauft, wenn man Fotos macht, wenn man einfach freundlich und offen ist. Der *wai* über der Stirn ist Mönchen und Buddhastatuen sowie dem Inneren von Tempeln vorbehalten. Beim Beten lehnen sich die Gläubigen dreimal nach vorn, mit den zusammengelegten Händen über dem Kopf. Die Handflächen werden in der Vorbeuge geöffnet und berühren den Boden. Natürlich weiß ich all das in diesem Moment noch nicht, und so lächle ich die Frau einfach nur vergnügt an und bedanke mich für die Nachricht. Während die Rosinendame zwischen den immer wieder aufblitzenden Pfützen davontrippelt, setze ich mich mit dem Stück Papier an den Tisch in der kleinen Küche im Erdgeschoss. Die Tür lasse ich offen, um den Abendwind, der hier leise weht, und mit ihm die Gerüche und Geräusche von draußen endlich hereinzulassen. Ich lade sie ein, mich abzuholen.

Ich falte den feucht gewordenen Brief auf. Er stammt von Sun, meinem Vermieter, mit dem ich vor meiner Anreise auch schon lockeren Kontakt gepflegt habe. Er scheint sehr nett zu sein und spricht passables Englisch. »Sorry Samira, dass ich hier nicht so sein konnte als du angekommen«, steht da. »Ich arbeiten. Morgen wenn willst du ich kommen und ich zeigen dir alles. Mit Internet gerade kaputt aber ich machen gut. Morgen. Dein Sun.«

Nachdem ich die Nachricht gelesen habe, hole ich meinen kleinen Rucksack und trete damit hinaus. Ich habe seit Stunden nichts gegessen und spüre neben dem Drang nach Nahrung auch das Verlangen, endlich zu sehen, wo ich hier gelandet bin. Die viel befahrene Straße vor dem Haus führt mich in Richtung Altstadt. Ich selbst wohne am Rand dieses Bereiches, der wohl der touristischste und am besten erschlossene ist. Immer wieder laufen Menschen an mir vorbei, die Karren ziehen oder schieben, von denen köstliche Gerüche aufsteigen: Ingwer, Zitronengras, brennender Chili, der mich husten lässt, sobald ich sein Aroma einatme. Die Menschen starren auf den Boden, sind angespannt unter der Last ihrer Wagen. Doch manchmal hebt sich hier und da ein Blick, der mich neugierig mustert. Chiang Mai ist zwar eine recht touristische Stadt, aber auf meinem Weg ins Zentrum ist mir noch kein anderer Reisender begegnet. »*Sawatdee kha*«, sage ich und lächle die mir entgegenkommenden Händler an. Manch ein Mund öffnet sich, den Gruß erwidernd, zu einem zahnlosen Grinsen.

Am Ende der Straße explodieren das Licht und die Gerüche zu einem wahren Feuerwerk: der Nachtmarkt am Southgate.

Hier reihen sich Stände jeder Farbe und Größe aneinander. Daneben schlängelt sich der träge, die Altstadt umgebende Fluss, Mae Nam Ping, aus einem Tunnel heraus. Das metallene Geräusch der Kellen in den Woks der Garküchen, das klingt, als schlüge man mit einem Ast gegen eine Regenrinne, lockt mich genauso wie die Aromen, die hier in der Luft liegen. Mir bekannte und mir völlig fremde Zutaten werden über Gasfeuern erhitzt, blitzschnell von Köchinnen umgerührt und dann mit einer routinierten Bewegung auf einen Plastikteller manövriert. Zu hungrig, um lange über meine Wahl nachzudenken, entscheide ich mich für den erstbesten Stand. Neugierig blicke ich auf die Teller der Menschen, die um mich herum ihr Essen herunterschlingen: Gemüse, Reis, Chilis. »Ich hätte gern das Gleiche!«, sage ich zu der Frau hinter dem Wok und deute verstohlen auf den Teller meines Nachbarn. Sie nickt abgeklärt. »Sitzen!«, sagt sie. Ich bestelle noch eine eiskalte Kokosnuss und setze mich dann auf einen der kleinen Plastikhocker, die hier um die Tische herumstehen. Es dauert nicht lange, bis ein großer dampfender Berg mit Essen vor mir steht. Ich mache kurzen Prozess – der Wasserspinat, der hier *morning glory* heißt, schwimmt in einer dunklen Soße aus Soja, Essig und Zucker. Das Essen ist himmlisch, salzig, süß, wärmend. Die Chilis treiben mir die Tränen in die Augen. Es könnte auch die Freude über diesen Ort, über Asien, über Thailand sein. Ich bin angekommen.

Nach meinem Mahl trete ich den Heimweg an. Mein Kopf fühlt sich an wie ein Koffer, in den man unendlich viele Dinge hineingepresst hat und auf den man sich nun draufsetzen muss, damit er überhaupt zugeht. Überall quellen Gedanken heraus. Meine Nase brennt von all den feurigen Gerüchen, die über dem

Nachtmarkt liegen. Sie dringen in meine Kleidung, in meine Haare und klammern sich an meine Haut. Als ich in meinem neuen Zuhause ankomme, rieche ich noch immer wie ein frisch frittiertes Hähnchen in Currysoße. Ich fühle mich, als beträte ich ein Tonstudio, so geräuscharm ist es hier drin im Gegensatz zu draußen. Augenblicklich entspannen sich meine Schultern. Ich bin nach wie vor allein, und so ziehe ich direkt im Erdgeschoss meine Hose und das durchgeschwitzte Curryshirt aus und mache es mir in Unterwäsche auf dem Sofa bequem. Ich lege meine Füße hoch, umfasse meine Beine. Meinen Körper so zu spüren, fiel mir noch lange Zeit nach der MS-Diagnose schwer. Mein Körper, dieses Stück Fleisch, das meine Seele umgibt und ihre Befehle auszuführen hat, richtete sich plötzlich gegen mich – so schien es mir. Mein Körper, den ich bis dahin nicht groß beachtet hatte – außer wenn es darum ging, dass er möglichst dünn und schön zu sein hatte –, muckte plötzlich auf. Manchmal wundert es mich nicht, dass er anfing, sich zu beschweren, nach all dem, was ich ihm über die Jahre angetan hatte. Aus Nachlässigkeit. Aus jugendlichem Leichtsinn. Aus Ignoranz. Aus Hochmut. Alle anderen würde es treffen, aber mich nicht. Dachte ich. Bis sich alles änderte und ich zum ersten Mal zu spüren bekam, dass ich nicht unabhängig von, sondern nur in und mit meinem Körper lebe. Die Diagnose MS, die mir im Jahr 2012 in Aussicht gestellt wurde und sich im Jahr 2013 durch einen erneuten Schub bestätigte, riss mich aus meiner naiven Blase. Völlig allein stand ich da mit dieser Nachricht. Und obwohl ich damals wie heute nur wenige Beeinträchtigungen hatte und habe – wofür ich endlos dankbar bin –, fühlte und fühlt es sich dennoch immer wieder so an, als sei ein Teil von mir mit der Diagnose verschwunden. Ein Teil, der »Ach, irgendwann mal ...« sagen konnte, ohne dabei zu denken: Aber wer weiß, wann es zu spät sein wird? Mir wurde ein Stück meiner Leichtigkeit genommen. Dieses Stück werde ich nie zurückbekommen. Mir wurde ein Stück meiner Selbstbestimmtheit genommen. Auch dieser Teil – verloren. Und erst dachte ich, dass mir auch ein Teil meiner Identität genommen worden war. Doch heute, viele Jahre später, kann ich sagen: Durch die Diagnose sind auch andere, neue Dinge in mir gewachsen. Andere Gedanken, andere Verhaltensweisen und Charakterzüge sind an die Leerstellen getreten, die die Diagnose MS wie Sprenglöcher hinterlassen hat. Ich kann diese neuen Eigenschaften noch immer nicht zu jeder Zeit einordnen oder gar nutzen. Dann stehe ich ihnen gegenüber wie eine Erstklässlerin, der man Dezimalbrüche erklären will. Dann igele ich mich ein, laufe weg, betäube die Ängste und diese eine große, drohende Frage: Werde ich das schaffen?

Und so sitze ich da, auf meinem Sofa, umschlinge meine im Großen und Ganzen wunderbar funktionierenden Beine und versuche, dankbar zu sein. Der Raum wird nur von einer kleinen Lampe erhellt, deshalb dauert es einige Minuten, bis mein Blick auf den neuen Zettel auf dem Tisch fällt. Er enthält eine Nachricht von meinem Gastgeber Sun, der in meiner Abwesenheit hier gewesen zu sein scheint: »Hi Samira, wenn ich da war warst du weg. Deswegen ich heute konnte nicht sagen hallo. Internet ich habe gemacht, jetzt geht. Morgen ich komme noch mal. Gute Nacht.« Darunter notiert stehen die Infos, mit denen ich mich ins Internet einwählen kann. Innerlich jubiliert die Bloggerin, die heute einen ganzen Tag auf Internetentzug war, und ich hole hastig meinen Laptop aus meinem kleinen Zimmer herunter. Ein paar Sekunden später sind Handy und Laptop mit dem Internet verbunden, und um mich bricht eine wahre Flut aus verschiedensten Mitteilungstönen los. Die digitalen Laute wirken futuristisch in diesen alten Mauern, fast wie Signale aus dem All. Mein Mail-Postfach. Mein WhatsApp. Mein Blog. Mein Unternehmen. Ich verbinde damit ein ambivalentes Gefühl: Einerseits freue ich mich darauf, endlich zu sehen, ob mein Geschäftsmodell aus der Ferne funktioniert. Anderseits hätte ich gern noch zwei, drei Tage, um überhaupt anzukommen, um einfach nur zu sein. Doch ich bin nicht stark genug und noch zu unerfahren, um mir diese Zeit zu nehmen. Also lege ich los und scrolle durch die Vielzahl an Nachrichten, die eingetrudelt sind. Mama, mein Bruder, mein Freund, zwei Freundinnen. Alle fragen, ob ich gut angekommen sei und wie es mir gehe. Nimmt man sein Sicherheitsnetz mit, egal wohin man geht, frage ich mich. Faktisch sind sie alle da. Rein praktisch liegen mehrere Tausend Kilometer zwischen mir und den Menschen, von denen ich weiß, dass sie alles für mich geben würden. Ich bin nun räumlich wirklich so weit von ihnen getrennt, wie ich mich manchmal fühle, wenn die Krankheit und die mit ihr verbundenen dunklen Gedanken mich in ihre ganz eigene, zerstörerische Welt entführen.

Schnell schicke ich ein paar Sprachnachrichten nach Berlin, wo es gerade mal Mittagszeit ist. Ich wünschte, ich könnte all die bisher gesammelten Eindrücke in meine Nachrichten packen, könnte alle Geräusche und Gerüche zusammen mit meinen digitalen Zeilen übermitteln. Doch so bleibt es bei: »Ich bin gut angekommen, mir geht es gut, es ist toll hier. Kuss.« Im Gegensatz zu den privaten Nachrichten schweigt das Mail-Postfach meines Unternehmens. Mechanisch klicke ich immer wieder auf das kleine Symbol mit dem Briefumschlag. Keine neue Mail. Keiner will, dass ich etwas für ihn schreibe. Zumindest noch nicht. Mein Online-Business besteht im Wesentlichen aus drei Bausteinen: Zum einen ist da mein Blog, *chronisch fabelhaft*. Auf diesem Blog helfe ich Menschen dabei, einen positiven Umgang mit ihrer

MS-Erkrankung zu erlernen. Ich hole die Betroffenen dort ab, wo die Ärzte sie meist allein lassen: bei Fragen, die den Alltag, die Ernährung, ihre Beziehungen und ihr Umfeld betreffen. Das zweite Standbein, von dem ich zu leben gedenke, ist mein Buch über den Jakobsweg. Ihn bin ich im September 2017 gelaufen, und auf dieser Reise möchte ich die Erfahrungen, die ich unterwegs gesammelt habe, endlich in ein Buch packen. Mein drittes Standbein möchte ich mir als freie Texterin aufbauen. Auf diesem Gebiet gleicht meine Vorarbeit dem Berliner Flughafen: schon lange geplant, aber immer noch nicht fertig. Vor mir liegt jede Menge Arbeit, und endlich, endlich habe ich auch die Zeit dafür.

Während ich darüber nachsinne, was die nächsten Monate wohl bringen werden, klingelt mein Handy plötzlich Sturm. Anja, eine gute Freundin von mir, schickt eine Nachricht nach der anderen. Ruft an. Legt wieder auf. Ruft noch mal an. Vor meinem Handy sitzend beobachte ich das Spektakel, unfähig, abzunehmen oder mich zu bewegen. Irgendwas stimmt nicht. Irgendwas ist passiert. Irgendwas Schlimmes. Ein Kribbeln überzieht meine Füße und meine Hände, während ich in eine Art Ganzkörperstarre verfalle. Eine typische Reaktion meines Körpers, wenn ich unter Stress stehe, ein leiser Gruß meiner Dauerbegleiterin MS. Was ist los? Schließlich schaffe ich es, mich aus meiner Versteinerung zu lösen, und nehme den Hörer ab.

»Samira? Bist du da?« Ich höre, dass sie weint.

»Ich bin da!«, sage ich, und es fühlt sich so an, als rollte ein Stacheligel meine Kehle hinab bis in meinen Magen. Es ist also etwas passiert. Ich habe es gewusst.

»Samira ... Es ist so scheiße«, stößt Anja unter immer heftiger werdendem Schluchzen hervor. »Ich hab es gewusst!«, schreit sie, und ich muss den Hörer etwas weiter weg von meinem Ohr halten.

»Anja, was ist denn los? Was ist passiert?«, sage ich sanft, während der Stacheligel in meinem Magen herumtollt.

»Henrik. Ich hab es einfach *gewusst!* Er hat ...« Sie putzt sich die Nase. »Er hat eine Affäre!« Ihre Tränen scheinen durch das Telefon in mein Ohr zu laufen.

»Scheiße.« Das ist alles, was mir einfällt. Scheiße. Wieder gleitet sie ins Tal der Tränen hinab, in das ich hilflos rufe: »Anja – komm her, okay?« Ich sage diesen Satz, bevor ich überhaupt darüber nachdenken kann. Es ist, als werfe ich meiner Freundin ein Rettungsseil zu, ohne zu wissen, wie ich sie daran hochziehen soll.

»Was?«, schluchzt sie.

Ich atme durch. »Pass auf, Anja. Du sitzt da in dieser verdammten Wohnung mit Henrik fest, der dich betrogen hat. Du bist selbstständig. Was hält dich in Berlin? Ich finde, du solltest herkommen. Komm bitte, bitte einfach her. Buch dir einen Flug. Last minute, morgen – flieg einfach los. Komm schon.«

»Aber ... aber das ist doch *deine* Reise. *Dein* Abenteuer. Ich will dir nicht dazwischenfunken, ehrlich«, sagt sie.

»Ach was. Ich werde acht Monate Abenteuer haben, ganz für mich. Das ist jetzt einfach mal zweitrangig. Komm her, Anja. Scheiß auf das Geld für den Flug. Ich bin grad schon nebenbei am Schauen ...«, sage ich und scrolle auf meinem Laptop durch die Flugsuchmaschine. »Na bitte: morgen früh um 8.15 Uhr, Berlin–Chiang Mai. 760 Euro, eine Woche. Geh an deine Notfallreserve und buch diesen verdammten Flug – denn das hier *ist* ein Notfall. Scheiß auf Henrik. Komm nach Chiang Mai.«

Kurz herrscht Schweigen auf der anderen Seite, ich höre, wie Anja etwas auf ihrem Laptop eintippt. Ein weiteres Schnäuzen, dann ist sie wieder da. »Okay«, sagt sie. »Ich komme.«

Katerstimmung

Die Sonne streckt ihre zarten Finger durch das mit Spinnweben verhangene, milchig-weiß schimmernde Fenster. Ich schaue auf mein Handy. Kurz nach sieben Uhr morgens. Ich nehme alles wahr: den Strohduft des Zimmers, die raue weiße Bettwäsche, die Staubkörner, die in den einfallenden Sonnenstrahlen tanzen ... Doch ich habe keine Zeit für Tagträumereien. Heute Abend gegen neun kommt Anja an. Mir bleiben also nur noch knapp 14 Stunden für mich.

Beim Frühstück gehe ich in Gedanken den vor mir liegenden Tag durch. Anja wird heute bei mir schlafen, morgen sucht sie sich was Eigenes. »Es tut mir so leid, in deine Pläne reinzuplatzen! Du hast doch so viel zu tun mit deinem Buch und dem Blog ...«, hat sie gestern Abend gesagt, kurz bevor wir aufgelegt haben. »Egal, das passt«, war meine Antwort, die wohl nicht nur sie, sondern auch mich beruhigen sollte. Anja hatte so durcheinander geklungen, so unglaublich traurig. Als hätte jemand von einer Sekunde auf die andere einen Mythos ihrer Kindheit enttarnt. Und irgendwie war Henrik ja auch ein solcher Mythos gewesen. Der Mythos des perfekten Freundes, Liebhabers, Verlobten. Gut sieht er aus, wenn auch nicht im klassischen Sinne. Seine Augen stehen vielleicht einen Tick zu weit zusammen, und ja, vielleicht könnte er ein paar Kilo weniger auf den Rippen haben. Nein. Es ist nicht Henriks Aussehen, das ihn so unwiderstehlich macht, es ist vielmehr seine perfekte Masche. Er ist – mir fällt kein weniger banal klingendes Wort ein – charmant. Er trägt sein langes blondes Haar zu einem Pferdeschwanz gebunden, kocht wie eine italienische *mamma* und spielt Gitarre auf eine Art und Weise, die allen Frauen einen schmachtenden Blick in die Augen zaubert. Dieser Charme ist Anja nun, wie es scheint, zum Verhängnis geworden.

Ich erinnere mich an die langen Abende, in denen meine Freundin und ich zusammen im Sorsi e Morsi, der kleinen italienischen Weinbar im Prenzlauer Berg, saßen und das Für und Wider einer Beziehung mit Henrik abwogen. Um uns herum drängten sich Männer in Anzügen, Hippies und Modemenschen, doch die sahen wir kaum durch die dicken Rauchschwaden, die durch den kleinen erhitzten Raum zogen. Während sich unsere Zigarettenkippen im Aschenbecher häuften – damals rauchte ich noch – und der Rotwein unsere Lippen und Zähne dunkel färbte, fragten wir uns, ob es möglich sei, dass es einen *solchen* Mann wirklich gab. Wo war der Haken an Henrik? Doch als wir die zweite Flasche Pinot Nero öffneten, stellten wir uns diese Frage schon nicht mehr. Wir sahen nur noch seine tiefblauen Augen, die langen blonden Haare und seine sehnigen Hände, die auf eine Art Parmesan hobelten und die Gitarrensaiten berührten, die keinen Raum mehr für Zweifel ließ. Und so kamen Anja und Henrik vor drei Jahren zusammen.

Als ich mit meinem Laptop unter dem Arm gerade das Haus verlassen will, um in einem Café ein wenig an meinem Buch zu arbeiten, klopft es plötzlich an der Tür. »Herein«, rufe ich auf Englisch, worauf ich die Geräusche eines Schlüssels im Schloss vernehme. Die Tür wird aufgestoßen, und vor mir steht ein groß gewachsener, ziemlich durchtrainierter Thailänder, den ich auf Mitte dreißig schätze. »Ich bin Sun«, strahlt mein Vermieter mich an und geht sichereren Schritts direkt zum Tisch, wo er sich auf einen der Stühle fallen lässt. Er trägt eine dunkelblaue Jeans, dazu ein weißes kurzärmeliges T-Shirt und eine goldene Kette um den Hals. Seine Arme sind überzogen von Tätowierungen, und sein Haaransatz ist bereits bis zur Mitte seines Kopfes zurückgewichen. »So schön endlich dich kennenlernen! Ist gut hier, ja? Du happy?«, sagt er, während er mich mit einem breiten Grinsen mustert. Sein Gesicht hat die Form einer Birne, seine Haut schimmert karamellbraun. Er wirkt wie ein Junge, den man mal eben in den muskelbepackten Körper eines Mittdreißigers gesteckt hat.

»Und wie ich happy bin! Es ist sehr schön hier. Aber auch ein bisschen einsam ... Kommen denn noch andere Gäste?«, frage ich.

»Oh, es tut so leid mir. Keine anderen Gäste kommen. Nur du. Aber wenn du willst kommen heute mit, wir gehen Suppe essen auf Nachtmarkt! Richtiger Nachtmarkt, Thai Nachtmarkt, keine Touristen. Gute Essen! Sag ja!«

Ich bin etwas verunsichert ob dieser raschen Einladung zu einem gemeinsamen Abendessen – noch kenne ich Sun ja gar nicht. Außerdem kommt heute Abend Anja an, und natürlich braucht sie mich da. »Heute ist eher schlecht ...«, sage ich.

»Dann ein anderes Mal! Gehen wir auf Markt in ein paar Tagen einfach.«

»Das könnte gehen. Ich melde mich, okay?«

Er scheint zufrieden und nickt. Gemütlich lehnt er sich zurück und macht keinerlei Anstalten, sich zu erheben.

»Ich muss los, Sun. Also ein anderes Mal, ja? Es kommt noch eine Freundin von mir, eine gute Freundin! Sie schläft heute hier. Ich nehme sie zum Nachtmarkt mit, okay?«

»Freundin! Ah! Aus Deutschland? Gut! Ich mag deutsche Frauen, gut, gut, gut. Mitbring sie, ja?«

»Ja, Sun, ich bringe sie mit. Ich melde mich. Aber jetzt muss ich los, ich wollte noch ein bisschen arbeiten.«

Das Regenwetter hat sich verzogen, und ein strahlender Morgenhimmel begrüßt mich vor der Tür. Der Smog, der sich so dicht wie Sirup über die Dächer Chiang Mais legt, erreicht hier zu manchen Jahreszeiten tatsächlich Werte, die viele Menschen dazu bringen, die Stadt zu verlassen. Viele Expats und digitale Nomaden fliehen dann in die umliegenden Dörfer oder in den Süden des Landes, um nicht tagein, tagaus die giftige Luft einzuatmen. Atemschutzmasken sind hier so selbstverständlich wie in Berlin Basecaps. Sogar die Farbe des Himmels scheint durch den Smog gedämpft. Kaum habe ich das Haus verlassen, stürzt eine Unmenge an ungewohnten Eindrücken auf meine Ohren, meine Nase und meine Haut ein. Es fühlt sich an, als würde ich ein türkisches Dampfbad betreten, in dem jedes Geräusch sich tausendfach an den Wänden bricht. Mutig widerstehe ich dem Impuls, mich gleich wieder zurück ins ruhige Dunkel meines Hauses zu flüchten, und starte meinen Weg in dieses bebende Fangnetz voll zappelnder Fische, das sich Chiang Mai nennt.

Ich kenne mich noch nicht aus, lande aber direkt in einem sehr nett scheinenden kleinen Restaurant mitten in der Altstadt. Es liegt in einer Seitengasse, die so schmal ist, dass gerade mal ein Motorroller hindurchpasst. Vom Autolärm bin ich hier abgeschottet, das einzige Geräusch ist das beruhigende Plätschern des kleinen Brunnens, der neben meinem Tisch steht. Ich bestelle einen Kaffee und genieße dieses kleine Stück Glück in der weißen Tasse mit dem Sprung an der Seite in vollen Zügen, bevor ich mich an die Arbeit mache. Die Kaffeekultur in Chiang Mai ist eine der besten in ganz Thailand: Die saftig grünen, feuchten, kühlen Bergregionen rund um die Stadt im Norden des Landes bringen exzellente Bohnen hervor, die hier überall zu haben sind. Ob frisch geröstet und abgepackt zum Mit-nach-Hause-Nehmen, heiß aufgebrüht oder mit süßer

Kondensmilch gezuckert: Der Puls der Stadt wird von dem köstlichen schwarzen Getränk angetrieben wie die Tuk-Tuks vom stinkenden Diesel. Chiang Mai wäre ohne beides unvorstellbar.

Ich packe mein kleines silbernes MacBook aus und haue in die Tasten. Die Stunden verfliegen, während ich Texte für mein Buch über den Jakobsweg verfasse, umschreibe und korrigiere. Das Schreiben lag mir immer schon, zu meinem Beruf habe ich es jedoch erst vor kurzer Zeit gemacht. Nun möchte ich es aber gleich richtig wissen: Ich werde auf dieser Reise mein erstes Buch fertigstellen, koste es, was es wolle. Was danach kommt, ist erst mal zweitrangig. Eines aber ist klar: Arbeite ich nicht, verdiene ich kein Geld. Niemand unterstützt mich finanziell, schon als Teenagerin musste ich mir selbst mein Taschengeld erarbeiten. Und so schreibe ich wie besessen und hoffe inständig, dass es irgendwann mal jemand lesen wird.

Gegen acht Uhr abends breche ich auf, um Anja vom Flughafen abzuholen, der sich nicht weit außerhalb des Zentrums befindet. Es ist bereits stockdunkel, da die Sonne hier immer gegen 18 Uhr untergeht, doch die Hitze drückt sich nach wie vor an meine verschwitzte Haut. Schnell überquere ich die nasse Straße vor dem Flughafengebäude, in der sich die Lichter der Laternen und Taxis tausendfach spiegeln, und trete durch die Türen in die künstlich heruntergekühlte Flughafenluft. Sofort beginne ich zu frösteln, mein Kleid klebt mir am Leib. Begeisterung für Klimaanlagen liegt mir seit jeher fern, ich bevorzuge Ventilatoren um ein Vielfaches. So stehe ich zitternd und bibbernd vor dem kleinen Gate, aus dem die ankommenden Fluggäste portionsweise herauströpfeln. Anzugmänner, Anzugfrauen. Familien mit wahren Heerscharen kleiner Kinder, alle artig und penibel frisiert. Betont coole Backpacker. Charmant uncoole Backpacker. Aktentaschen, Rucksäcke, Rollkoffer …

und endlich: Anja. Meine Anja, das Nackenhörnchen noch um den Hals. Sie trägt eine große Sonnenbrille, die ihr halbes Gesicht verbirgt. Ihre Mundwinkel zieht sie bei meinem Anblick nach oben – aber ich weiß, dass ihr gerade gar nicht nach Lächeln zumute ist. Ihr Haar weist deutliche Spuren des langen Fluges auf, sie trägt eine schwarze Leggings und einen leichten Pullover in Dunkelgrün, der ihrer Haut in dem grellen Neonlicht einen dezent ungesunden Schimmer verleiht. Ach, Anja. Verdammt. Ich bin da. Wortlos kommt sie auf mich zu, wirft ihre Taschen auf den Boden und fällt mir in die Arme. Ihr Haar ist nass von Tränen, ihr Gesicht erwärmt. »Danke«, flüstert sie, das Gesicht an meine Wange gepresst. »Danke.«

Als ich am nächsten Tag die Augen aufschlage, dreht sich alles um mich. Mein Kopf fühlt sich an, als hätte man durch beide Ohren Korkenzieher hineingedreht und mir gleichzeitig ein glühendes Hufeisen auf die Stirn gedrückt. Ich blinzele und taste halb blind nach meinem Handy. Es ist halb elf, schon fast Mittag. Direkt neben mir in meinem viel zu kleinen Einzelbett, das Haar verwuschelt und leise schnarchend, liegt Anja. Ihre Augen sind geschwollen vom vielen Weinen gestern, und ein leichter Geruch nach schalem Bier strömt aus ihrem Mund. Damit ist sie sicherlich nicht allein: Gestern Abend ist das Kind nicht nur in den Brunnen gefallen, es ist kläglich darin ersoffen. Auf Anjas Ankunft folgten ein schnelles Abendessen und danach eine ausgedehnte Tour durch das Nachtleben von Chiang Mai. Die Stadt ist zwar nicht unbedingt als Partystadt bekannt, da die meisten Menschen hier am nächsten Tag doch immer irgendetwas vorzuhaben scheinen, aber wenn man es drauf anlegt, kann man in einer der zahlreichen Bars am Flussufer oder in einem fast französisch anmutenden Hinterhof herrlich abstürzen ... Dabei bin ich gestern tatsächlich in alte Muster verfallen, denn in meiner Jugend war ich nicht gerade bieder unterwegs.

Mein Körper, der sich bis heute im Großen und Ganzen stabil und gut angefühlt hat, rächt sich für diesen Ausrutscher sofort und beschwert sich lautstark über die Belastung, die ich ihm mit meinem nächtlichen Exzess zugemutet habe. Vorsichtig richte ich mich auf und hebe ein Bein aus dem Bett. Zuerst das rechte, denn die rechte Seite macht mir weniger Probleme als die linke. Dann setze ich das andere Bein auf dem Fußboden auf. Sofort spüre ich dieses altbekannte Ziehen, das vom Hüftknochen bis hinunter in meinen Fuß reicht. Es fühlt sich so ähnlich an wie ein Muskelkater oder eine hartnäckige Verspannung. So als hätte jemand ein Band zwischen meinem Hüftknochen und meinem Fuß gespannt, und zwar viel zu stramm. Ich strecke das Bein durch, schaue kopfschüttelnd hinunter zu meinem halb tauben Fuß und versuche, den Raum um mich herum zu fixieren. Auch meine Augen haben gelitten – ich spüre es ganz deutlich. Es fühlt sich so an, als drücke der Kopfschmerz auf meinen Sehnerv, mit dessen Entzündung meine MS-Karriere damals begann. Das Gefühl ist vergleichbar mit einem Ziehen hinter den Augen, ein glühender Schmerz, der mich bei jeder kleinsten Bewegung meines Augapfels unwillkürlich zusammenzucken lässt. Auch Doppelbilder und das Gefühl, durch Milchglas zu gucken, sind typische Symptome einer solchen Entzündung.

Zu sagen, dass ich mich gerade über mich selbst ärgere, wäre eine eben solche Untertreibung wie die Aussage, dass wir gestern nur ein, zwei Gläser getrunken haben. Ich bin so wütend auf mich selbst, dass ich dem Impuls widerstehen muss, mich unter meinem Bettlaken zu verstecken und weiterzuschlafen, bis dieser elende Tag vorbei ist. Stattdessen stehe ich auf, wanke die Treppe hinunter und setze Kaffee auf. Jetzt auch noch den ganzen Tag im Bett zu liegen, mit einer halb tauben Seite und einem schlechten Gewissen, würde mich nur noch tiefer in den Selbsthass stürzen. Ich habe das Gefühl, mich selbst betrogen zu haben. Ich habe mich nicht an die Regeln gehalten, die ich aufgestellt habe, um so gut wie möglich für mich und meine Gesundheit zu sorgen. Ich hätte einfach nicht so viel trinken dürfen ... Denn ich weiß, dass ich den Konsum von Alkohol, seit ich MS habe, wie viele Betroffene immer weniger vertrage. Die Symptome werden stärker, das schlechte Gewissen wird größer. Generell ist Alkohol bei Multipler Sklerose nicht verboten und kann – in Maßen – sogar als natürlicher Immunregulator dienen, da er das Immunsystem etwas bremsen kann. Aber: *In Maßen*. Nicht in Massen, junge Dame. Wenn ich zu viel trinke, kann ich zu hundert Prozent davon ausgehen, dass es mir am nächsten Tag schlechter gehen wird, auch wenn ich davor eine längere Ruhepause von meinen Symptomen genossen habe. Ich kann sicher sein, dass ich das eine Glas zu viel am nächsten Tag im Bein, im Arm, in den Augen spüren werde. Eine so direkte Reaktion des eigenen Körpers ist wirklich schwer zu akzeptieren. Denn trotz der Krankheit sehe ich mich als junge Frau in der Blüte ihres Lebens, die jedes Recht dazu hat, Spaß zu haben und auch mal einen über den Durst zu trinken. Ich möchte meine besten Jahre nicht mit einem Glas Saft in der Hand an mir vorüberziehen sehen. Mit meinem Background als Wilde im Berliner Nachtleben würde ich damit eine Rolle spielen, in die ich noch nicht hineingewachsen bin – so scheint es mir zumindest.

»Aua«, tönt es hinter mir. Anja kommt im Schlafshirt die Treppe hinuntergewankt. Ihre Augen gleichen denen eines Frosches: Sie sind dick und zugeschwollen. Ihr hellbraunes

Haar steht von ihrem Kopf ab, als hätte sie unter einem Fön geschlafen. Ihre blassen Beine sind mit Sommersprossen übersät. »Oh, Kaffee«, sagt sie dankbar und lässt sich auf einen Küchenstuhl fallen. »Irgendwas stimmt mit dem thailändischen Bier nicht.« Sie fährt sich mit den Fingern durchs Haar, um die gröbste Unordnung auf ihrem Kopf zu beseitigen. »Ich meine – *so viel* haben wir nun auch nicht getrunken, oder?«

»Ich denke, es kommt drauf an, ob man sich eher mit einer Ottonormalverbraucherin oder einem russischen Viehbauern vergleichen will«, gebe ich trocken zurück, woraufhin Anja ein heiseres Lachen ausstößt.

»Also, was ist der Plan für heute?«, fragt sie mich und schaut mich mit ihren Froschaugen an. Erst mal wieder geradeaus laufen können, ohne mich dabei konzentrieren zu müssen wie bei einem Seiltanz, denke ich. Anja weiß wie alle meine Freunde, dass ich MS habe – aber was das tatsächlich bedeutet, ist natürlich nicht so leicht zu verstehen, wenn man selbst diese chronische Erkrankung nicht hat. Dass ich gerade eigentlich zu gar nichts fähig bin, außer mich in Schonhaltung ins Bett zu legen und darauf zu warten, dass das Gefühl in meine linke Körperhälfte zurückkehrt, will ich ihr so direkt nicht sagen.

»Ich muss ein bisschen arbeiten«, antworte ich stattdessen.

»Oh, okay. Wie lange brauchst du, was meinst du?«

Keine Ahnung, wie lange ich brauche – auf jeden Fall möchte ich mich gerade eigentlich nicht unter Druck setzen lassen. Das teile ich auch Anja mit, die daraufhin die Augenbrauen so weit nach oben zieht, dass sie unter ihrem Pony zu verschwinden drohen.

»Schon gut ... Lass dich nicht aufhalten! Ich bin schon weg und such mir was Eigenes«, sagt sie.

Als sie ein paar Minuten später die Tür hinter sich schließt, prasselt meine schlechte Verfassung auf mich ein wie Asche aus einem rauchenden Vulkan: Flocke um Flocke verdichtet sich die graue Schicht, unter der ich heute zu ersticken drohe. Die Aschewolke macht meine linke Seite taub und umnebelt meinen Kopf. Anja hat heute mit den »normalen« Begleiterscheinungen eines Katers zu kämpfen – ich aber bekomme gleich die volle Breitseite meiner Erkrankung serviert. Zum Frühstück. Ohne Eis. Um mich abzulenken, hole ich meinen Laptop und beginne, weiter an meinem Buch zu arbeiten.

Kein Kuss für Sun

Eine knappe Woche später meldet sich Sun am Abend per WhatsApp: »Du kommst zum Markt jetzt, ja? Ich kommen abholen deine Freundin und dich! Halbe Stunde, ja?« Anja hat ein Zimmer in der Nähe gefunden, schien es bei mir in den letzten Tagen aber trotzdem deutlich bequemer zu finden, und so steht sie gerade wieder bei mir im Badezimmer und schminkt sich.

»Ich verhungere!«, ruft sie mir aus dem Bad zu. »Kannst du es glauben? Ich habe seit Jahren nicht mehr gekocht, weil das ja immer Henrik gemacht hat. Gut, dass das Essen hier so günstig ist. Und überhaupt, das ist so ultrageil hier! Was ich in den letzten Tagen alles erlebt habe … Ich kann gar nicht glauben, dass du die ganze Zeit vorm Laptop hockst. Es ist doch so schön da draußen!« Ich höre nur mit einem Ohr zu. Anja scheint das Prinzip, nach dem ich hier zu leben versuche, nicht so richtig zu verstehen.

»Ich arbeite, Anja«, sage ich leise eher zu mir als zu ihr.

»Was?«, ruft sie mir zu. »Wie ist er eigentlich so drauf, dein Vermieter? Ist er süß?« Keine Ahnung. Ist Sun süß? Darüber habe ich mir, um ehrlich zu sein, noch gar keine Gedanken gemacht.

»Heeey! Wir gehen, kommt!« Ein paar Minuten später steht Sun auch schon vor der Tür und deutet auf seinen Roller im Hof. Ich erkläre ihm, dass wir noch auf Anja warten, als diese auch schon freudestrahlend und nach Kokosöl duftend im Türrahmen auftaucht. Sie hat ihr Haar zu einem Kranz geflochten, der ihr schönes, markantes Gesicht umrahmt wie eine Efeuranke. Ihr Pony fällt ihr ins Gesicht, er ist schweißnass. Auch ihre Arme und ihr Dekolleté glänzen vor Schweiß – ebenso wie meine. Wir treten aus dem Haus, und ein leichter, angenehmer Wind trocknet unsere Haut.

Da wir beide keinen Roller haben, macht Sun kurzen Prozess: »Wir fahren zu dritt, keine Problem.« Ich bekomme einen Helm, Anja auch – Sun fährt ohne. Und so schlängeln wir uns, ich als Kleinste zwischen die warmen Körper vor und hinter mir geklemmt, durch das nächtliche Chiang Mai. Wie bei einem Tetris-Spiel arbeiten wir uns durch den Verkehr. Hinter mir ruft Anja die ganze Zeit begeistert unverständliche Worte, doch durch den Helm und den Fahrtwind fühle ich mich wie in einer kleinen Blase, die für einen kurzen Moment nur mir gehört. Nach einer guten Viertelstunde Fahrt, die uns einmal in die Altstadt und am Northgate wieder hinausführt, krabbeln erst Anja und dann ich mühsam von dem für uns viel zu hohen Roller herunter. Vor uns erstreckt sich ein Nachtmarkt, der so ganz anders aussieht als der in der Nähe meines Hauses: Hier liegen keine Speisekarten auf den Plastiktischen, die unter kleinen Schirmchen gruppiert zusammenstehen. Es gibt auch keine Bilder von dem angebotenen Essen an den Ständen, keine Kokosnusshändlerinnen, keine Buden mit der Aufschrift »Healthy Smoothies«. Die Vielzahl der Gerüche zu beschreiben, die auf meine Sinne einstürmen, ist genauso unmöglich wie der Versuch, eine Sinfonie von Mozart in zwei Worte zu fassen.

»Wir essen jetzt«, sagt Sun bestimmt und lotst uns zu einer Gruppe wackeliger Plastikhocker. »Was trinken?«

»Bier«, sagt Anja.

»Wasser«, sage ich. Ich habe keine Lust, morgen schon wieder nur mit einer funktionierenden Körperhälfte aufzuwachen. Und ich bin auch ein bisschen sauer, dass Anja sich in dieser Woche so gar nicht dafür interessiert hat, wie es mir eigentlich so geht. Kein einziges Mal hat sie mich gefragt – immer ging es nur um sie. Und um Henrik und diese Frau, mit der er sie betrogen hat und die ich noch nicht mal kenne. Ich schlucke meine tristen Gedanken herunter und versuche, mich auf das Spektakel um mich herum zu konzentrieren. Die ältere Köchin, vor deren Wagen wir Platz genommen haben, bietet allen Anlass zur Ablenkung: Sie kommt mir vor wie eine Mischung aus Cowgirl, Cher und Tänzerin aus dem Moulin Rouge. Überall an ihr funkelt und blitzt es: Riesige Kreolen, groß wie Untertassen, baumeln von ihren Ohren. Ihre Augen und Augenbrauen sind stark geschminkt, den Rest des Gesichts hat sie mit weißem Make-up aufgehellt. Die Lippen sind blutrot angemalt, und auf ihrem schwarzen Haar trägt sie einen weißen Cowboyhut aus Lack mit Nieten. Ihre Arme scheinen unter dem Gewicht der unzähligen Ringe, Armreifen und Ketten noch muskulöser und breiter geworden zu sein, als sie es eh schon waren. Ihr üppiger Körper steckt in einem fleckigen dunkelroten Samtkorsett, und um den Hals trägt sie ein eng anliegendes Band aus schwarzer Spitze. Sie schaut uns streng an, während Sun versucht, uns zu erklären, was es hier zu essen gibt.

»Bring uns einfach das Beste!«, sagt Anja und schlägt mit der Hand so fest auf den Tisch, dass Sun und ich zusammenzucken. Ihr Bier ist nach einem Zug schon halb leer. Na ja. Sie hat halt Liebeskummer.

»Okay – schmecken es wird, ich weiß!«

Einige Minuten später ist der Tisch reich gedeckt: Es dampft aus den Schüsseln, auf dem Gemüse glänzt eine dicke Soße. Dazu wird herrlich duftender Reis gereicht. Es ist ein Festmahl, und während wir beherzt zulangen und immer wieder unsere großen Löffel in diese und jene kleine Plastikschale tauchen, entspinnt sich ein angeregtes Gespräch zwischen uns. Sun ist Tätowierer und hat hier in Chiang Mai ein Studio. Davor hat er lange auf Koh Phangan gearbeitet. Die Insel liegt im Süden des Landes und ist bekannt für ihre ausschweifenden Full-Moon-Partys. In den Achtzigern mögen diese noch hippiesk, wild und frei gewesen sein. Heute sind sie ein abstoßender Mix aus Vollsuff, psychedelischen Pilzen, schlechten Ecstasy-Pillen und Fluten an Urin, die die Männer während dieser Nächte ins Meer pinkeln. Dennoch leben die meisten Bewohner der Insel vom Tourismus, und ohne die Full-Moon-Partys würden die Einkünfte ausbleiben.

»Hast du da im Tourismus gearbeitet?«, frage ich Sun. Er zuckt zusammen, was mich wundert.

»Ja, Tourismus«, sagt er kurz angebunden und wechselt das Thema. »Kommt, wir wollen jetzt in Jazzbar gehen – gleich da drüben!« Wir haben unser Festmahl beendet, und Sun will mit uns weiterziehen. Als er die Rechnung bestellt, zögern Anja und ich und tauschen unsichere Blicke aus: Möchte er, dass wir ihn einladen? Gehört sich das so? Was kostet das alles überhaupt? Wir haben gar nicht nachgefragt, so berauscht waren wir von den herrlichen Genüssen. »Habt ihr zweihundert Baht?«, fragt Sun, als er mit einem Zettel in der Hand zurückkehrt, auf dem in für mich unverständlichem Thai die Rechnung notiert ist.

»Was kostet es denn?«

»Fünfhundert. Ich bezahlen den Rest«, sagt er. Auch auf unseren Protest hin dürfen wir nicht mehr bezahlen, und so kostete das Festmahl uns umgerechnet gerade mal zwei Euro fünfzig pro Person.

In der Jazzkneipe gegenüber finden wir gerade noch Platz. Sie ist vollgestopft mit jungen Touristinnen aus den USA, die sich durch ihren starken Akzent verraten. Sie tragen tiefe

Ausschnitte und kurze Röcke und werden gierig von so ziemlich jedem Mann in dieser Bar beäugt. Ihr vom Alkohol angestacheltes Gekreische mischt sich mit den Klängen der Band, die am hinteren Ende des Raumes aufgebaut ist. Hippe junge Thais mit runden Brillen und Beinen in Skinny-Jeans jammen dort und machen einen grandiosen Job. Wir stehen auf, tanzen, lassen uns von der warmen, durch die Ventilatoren aufgewirbelten Luft umarmen und umarmen uns schließlich auch wirklich. Meine Anja und ich. Auch wenn sie mich nicht gefragt hat, wie es mir eigentlich geht, obwohl mein linkes Bein sich immer noch schwer und etwas verkrampft anfühlt. Meine Freundin strahlt, sie flirtet mit Sun, sie tanzt. Gestern hat sie mich gefragt, ob sie je wieder lachen würde. Ich bin unendlich dankbar dafür, dass ich mit meiner Antwort recht behalten habe.

Später sitzt Anja mir gegenüber, sie sieht entspannt aus.

»Ach, von mir aus könnte ich echt für immer hierbleiben ... Ich will gar nicht los«, sagt sie. Es ist ihr letzter Abend in Chiang Mai. »Ernsthaft, Samira. Ich weiß gar nicht, wie ich dir danken soll ... Das war meine Rettung hier, das war genau, was ich brauchte. Ich habe jetzt keine Angst mehr ... Ich werde es schaffen.« Wir plaudern noch ein bisschen über ihre Beziehung, ihre Pläne, wieder über Henrik. Über ihr Befinden, ihre Gedanken. Und irgendwann, als ich bereits im Begriff bin, die Rechnung zu bestellen, fragt Anja mich: »Sag mal – wie geht es dir denn überhaupt?« Ich zucke unwillkürlich zusammen. Ich will ins Bett, ich will nicht in die letzten zehn Minuten unseres Abends kurz hineinquetschen, wie es mir geht.

»Alles okay, mir geht es gut so weit«, sage ich. In meinem Kopf aber überschlagen sich die Gedanken, die Ängste und die Rastlosigkeit. All diese Gefühle, über die ich hier mit noch niemandem sprechen konnte, weil die einzige Person, mit der ich hätte reden können, die ganze Zeit über sich sprach. Es regt sich ein Unwohlsein in mir, und ich spüre, wie eine leise Wut in meinem Bauch aufsteigt. »Lass uns gehen«, sage ich barscher als beabsichtigt.

Schweigend laufen wir durch das nächtliche Chiang Mai zurück, Sun ist schon vorgefahren. Um uns herum fressen Katzen Essensreste aus Mülltonnen, der Geruch von Abwasser liegt in der Luft, steigt aus den Ritzen zwischen den unebenen Gehwegplatten empor und vermischt sich mit dem lauten Zirpen der Grillen.

»Es tut mir leid«, sagt Anja, als wir vor ihrem *guest house* stehen bleiben.

»Ja«, sage ich und starre auf meine schmutzigen Füße. »Ich weiß.«

Sie nimmt mich in den Arm.

»Ich weiß nicht, wie es dir geht, aber ich hoffe, du findest, was du suchst«, flüstert sie mir ins Ohr.

»Ja, ich auch«, sage ich und löse mich schnell aus der Umarmung. Zu viel. Es ist zu viel, zu nah, zu traurig. Ich bin zu traurig und auch zu wütend. Ich möchte mich nicht so verhalten, wie ich mich gerade verhalte, aber bevor ich weiß, was los ist, habe ich bereits einige Hundert Meter zwischen uns gebracht.

»Ich hab dich lieb!«, ruft Anja mir hinterher.

Ich dich auch, denke ich, und mein Herz fühlt sich so an, als hätte es jemand in ein kühles Kettenhemd gesteckt.

Einerseits habe ich die Woche mit Anja sehr genossen. Sie hat sich von Tag zu Tag mehr von einem Schwan mit gebrochenem Flügel in eine unternehmungslustige und strahlende junge Frau zurückverwandelt. Sie wurde von Tag zu Tag mehr sie selbst.

Ich konnte sie dabei beobachten, ihre Schritte mit ihr gehen. Doch meine Schritte hatten taube Sohlen. Und das konnte ich ihr nicht sagen, und sie fragte auch nicht danach. Tief in mir sehnte ich mich nach Ruhe, nach Zeit für meine Schreibarbeit, nach Einsamkeit und Stille. Anja sehnte sich nach allem, was Spaß machte, laut und hochprozentig war und ganz bestimmt nicht vor vier Uhr morgens endete. Sie ist wieder ganz die Alte geworden – doch ich bin nicht mehr die Alte. Seit Jahren nicht mehr. Ich möchte mir nicht anmaßen, über das Leid anderer zu urteilen. Man kann ein gebrochenes Herz nicht mit einem gekappten Nervenstrang vergleichen. Doch das eine heilt und vergeht wieder, während das andere bleibt – mal mehr, mal weniger stark ausgeprägt. Wie eine dunkle Erinnerung an einen besonders kalten Winter, an lange dunkle Tage, so schwebt auch meine Erkrankung oft über mir wie ein unsichtbarer Schatten. Noch gelingt es mir nicht, diesen Schatten mal länger als ein oder zwei Wochen am Stück abzuschütteln. Kein Tag vergeht, an dem ich nicht an meine Krankheit denke. Kaum eine Woche vergeht, in der ich nicht die Symptome spüre, selbst wenn sie nur leicht ausgeprägt sind. Dennoch, ich leide unter ihnen, wenn sie wieder mal über mich hereinprasseln wie ein Eisregen. Lange habe ich mit mir gehadert, habe mich gefragt, ob ich krank genug sei, um ab und an auch mal leiden zu dürfen. Um mich beschweren und auch mal selbst bemitleiden zu dürfen. Als wäre eine Krankheit nur dann beklagenswert, wenn sie einen vollkommen dahinrafft. Ich frage mich manchmal, ob es nicht die größere Last ist, etwas in sich zu tragen, von dem man nicht weiß, wie es sich in den nächsten Monaten und Jahren verhalten wird. Still? Langsam voranschreitend? Oder wird die MS eines Tages bei mir einschlagen wie eine Bombe, wird sie mich gehunfähig machen, unfähig zu sprechen, mich anzuziehen oder zu sehen? Manchmal habe ich das Gefühl, ich trage eine tickende Zeitbombe in meinem Gehirn und dass ich weniger tun kann, um diese Bombe zu entschärfen, als mir lieb ist. Ja, ich finde, ich habe das Recht, zu leiden. Jeder Mensch, egal was ihm widerfahren ist, hat das Recht, in dem Maße zu leiden, wie er oder sie es für angemessen hält. Es gibt keinen Katalog, in dem festgelegt wird, ab welchem Punkt eine Krankheit leidenswert wird. Der Verlust der Unbeschwertheit, der Verlust des Urvertrauens und des Glaubens, dass alles sich schon finden wird – das ist es, was die Krankheit mit mir gemacht hat. Sie mag mir nicht meine Gehfähigkeit oder meine Sinne genommen haben, und ich möchte fest daran glauben, dass sie das niemals tun wird. Aber sie hat meiner Fähigkeit zu träumen einen großen Knick versetzt. Einen Knick, den ich auf meiner Weltreise wieder etwas glätten möchte. Ich möchte wieder daran glauben, dass mir Gutes widerfährt, weil ich Gutes verdient habe. Ich möchte wieder glauben, dass es Halt und Hoffnung und so viel Schönheit auf der Welt gibt, dass es einen mit Glück erfüllt und man selbst ganz klein, unwichtig und demütig wird. Ich möchte dankbarer sein. Ich möchte spüren, aufsaugen, weinen, lachen. Ich möchte die Welt umarmen und von der Welt umarmt werden. Von Wellen umspült, vom Wind zerzaust und von der Hitze erdrückt werden. Ich möchte alles spüren, intensiv, jetzt und für immer. Ich möchte berührt werden, tief in meinem Inneren. Von der Schönheit der Welt, der Schönheit der Seelen, mit denen ich meine Tage teile. Der Schönheit der Natur, des Wassers, des Himmels. Komm schon, Leben. Gib mir alles. Ich bin bereit.

Als ich bei meinem Gasthaus ankomme, klingelt mein Handy. Meine Mutter ruft an, bei ihr in Deutschland ist es früher

Nachmittag. Mein Herz macht einen freudigen Sprung, und ich will schon auf den grünen Hörer drücken, um das Gespräch anzunehmen – doch dann zögere ich. Gerade bin ich so bei mir, so in Gedanken. So unsicher, ob ich mich richtig verhalten habe. Was meine Mutter wohl zu der Situation zu sagen hat? Ich kann mir mein Leben ohne meine Mama nicht vorstellen, und generell haben wir ein sehr gutes Verhältnis, aber manchmal kann sie ziemlich kritisch sein. Das eine oder andere Mal sind wir deswegen schon aneinandergeraten. Meine Mutter ist der Grund, warum ich ein so ehrgeiziger Mensch geworden bin, das weiß ich. Und dafür liebe ich sie mit einem weinenden Herzen.

»Hey, Mom!« Schließlich drücke dich doch den grünen Knopf auf dem Display und gehe ran. Im Hintergrund höre ich den Ton, den die Berliner S-Bahn macht, bevor sich die Türen schließen, und stehe augenblicklich in Gedanken neben meiner Mutter auf dem zugigen Bahnsteig der Station Friedrichstraße.

»Hey, meine Süße! Du hast ja gar nichts von dir hören lassen. Wie ist es denn? Gefällt dir Chiang Mai?« Ich kann hören, dass ihre S-Bahn sich mit einem metallenen Kreischen in Bewegung setzt.

»Ja, alles ist gut. Die letzte Woche war ganz schön hart, um ehrlich zu sein. Anja hat mich besucht, ganz spontan. Henrik, du weißt doch, ihr charmanter Freund ... na ja. Er hat sie betrogen, so charmant ist er also doch nicht. Um sich davon zu erholen und den Kopf ein bisschen freizubekommen, hat sie mich hier besucht«, erzähle ich und gieße mir ein Glas Wasser ein, mit dem ich mich auf dem riesigen Sofa niederlasse.

»Oh nein, das tut mir schrecklich leid für sie. Wie geht es ihr denn? Hattet ihr eine schöne Zeit?«

Ich schlucke, drehe das Wasserglas in meiner Hand und lasse einen kleinen Strudel entstehen. Ich weiß es nicht. Hatten wir eine schöne Zeit? Ich habe das Gefühl, dass wir zwar ein paar sehr witzige Momente zusammen erlebt haben, ich aber im Großen und Ganzen bei ihrem Besuch komplett auf der Strecke geblieben bin. Dass vielleicht nicht genug Platz für unser beider Leid war, weil ihres akuter war – und ich mir dennoch ein wenig mehr Interesse von meiner Freundin gewünscht hätte. Dafür schäme ich mich, doch ich kann es nicht abschalten. Noch bevor ich überlegen kann, ob ich diese Gedanken meiner Mutter anvertrauen soll, habe ich sie bereits ausgesprochen. Ich kann fast hören, wie sie am anderen Ende der Leitung den Kopf schüttelt.

»Ach, Kind«, sagt sie in dem mir so bekannten Tonfall. Augenblicklich bin ich wieder drei Jahre alt und kriege Ärger, weil ich etwas Böses gemacht habe. »Samira, jetzt mal ehrlich. Da kommt deine Freundin einmal um die Welt geflogen, um dich zu besuchen, hat ein gebrochenes Herz – und das Einzige, woran du denken kannst, ist, wie es *dir* damit geht? Ich meine – komm schon, Samira. Du bist doch eigentlich ein sehr einfühlsamer Mensch! Ich finde nicht, dass sie sich etwas hat zuschulden kommen lassen. Dafür sind Freunde da. Sie war sicher einfach sehr mit sich selbst beschäftigt. Dafür musst du doch ein bisschen Verständnis haben, findest du nicht?«

Ich schlucke. »Mama ... ich weiß nicht. Ich finde nicht, dass ich etwas falsch gemacht habe. Eigentlich wünsche ich mir schon, dass meine Beziehungen zu anderen Menschen ausgewogen sind! Hätte sie nicht wenigstens einmal danach fragen können, wie es mir geht? Funktionieren erwachsene Beziehungen nicht so?«

Stille am anderen Ende. Verkehrsrauschen. »Hm, vielleicht hast du recht. Mein erster Impuls war irgendwie, dir Kontra zu geben ... Aber ich war ja schließlich nicht dabei. Und du brauchst meine Unterstützung. Irgendwie finde ich schon auch, dass sie wenigstens mal kurz hätte fragen können, wie es dir geht. Dazu sind Freunde schließlich *auch* da.«

»Danke, Mama. Das bedeutet mir viel«, sage ich und spüre, wie sich der eisige Knoten in meiner Brust ein wenig lockert.

»Na klar, ich stehe immer auf deiner Seite, das weißt du doch?«

»Ja, das weiß ich«, antworte ich viel zu schnell. Aber stimmt das auch wirklich? Manchmal bin ich mir da nicht so sicher ... Egal. Ein bisschen Flunkern ist doch ab und an drin, wenn es dem Frieden zwischen Mutter und Tochter dient. Oder?

»Samira! Komm!«, ruft es von draußen. Grinsend steht Sun im matten Sonnenlicht, in der einen Hand hält er einen Motorradhelm, mit der anderen winkt er mir zu. »Habe ich ein ganz besonderes Überraschung für dich!«, sagt er, als ich verwundert auf den Rücksitz seines Rollers klettere und er den Motor anlässt. »Wirst du sehen. Wirst du mögen!«

Wir düsen durch den morgendlichen Verkehr, und die Fahrt vertreibt meine dunklen Gedanken der letzten Nacht. Ich denke nach vorn, nicht zurück. Zumindest versuche ich es. Bald verlassen wir die Stadt über eine vielspurige Autobahn und schlängeln uns in Serpentinen einen Berg hinauf. Die Luft wird kühler, frischer. Die Bäume rauschen, der Verkehr dünnt merklich aus.

»Wir gehen zum höchsten Tempel auf Berg, heiliger Ort!«, schreit Sun mir über die Schulter zu. Überall mäandern kleine Wasserfälle die Hänge hinab. Aus ihrer Richtung stäubt ein feiner Niesel zu uns herüber, der meine Arme überzieht und mich angenehm frösteln lässt. Als immer mehr kleine Stände und Buden die Straße säumen, verlangsamt Sun die Fahrt und kommt zum Stehen. Wir steigen ab, kaufen eine Kokosnuss und wenden uns den Treppen zu, die hinter dem Stand beginnen und hinauf zum Tempel führen.

»Du fleißig! Viele wollen nehmen den Aufzug, schau«, sagt Sun und deutet auf eine Art Fahrstuhl, vor dem sich eine lange Schlange aus Wartenden gebildet hat.

»Quatsch. Wir laufen!«, gebe ich zurück, und gemeinsam erklimmen wir Stufe um Stufe den Berg. Die Treppen werden von einem Geländer gesäumt, das mit einer Art dunkelgrünem Mosaik überzogen ist. Oben angekommen, mündet das aus kleinen Steinen bestehende Muster auf beiden Seiten in einem imposanten Drachenkopf.

»Dieser Ort ist sehr, sehr heilig«, sagt Sun und reicht mir einen Schal, damit ich mir diesen um die Hüften binden kann. »Hier in Thailand man darf mit nackig Beine nicht in Tempel. Ist nicht gut für Buddha.« Ich schäme mich ein wenig, aber natürlich habe ich auch nicht gewusst, wohin wir überhaupt fahren – wie hätte ich mich da passend anziehen sollen? »Komm, wir gehen rein«, sagt Sun, und ich laufe ihm hinterher, meine Schritte durch den engen, langen Schal abgebremst. Als wir durch den Torbogen ins Innere des Tempels treten, habe ich das Gefühl, jemand hätte mir einen goldenen Pfeil direkt in die Pupille geschossen. Vor uns vollzieht sich eine wahre Explosion des edlen Metalls, hell leuchtend und glänzend im smogfreien Sonnenlicht, tausendfach reflektiert in den kleinen goldenen Statuen, Tempelspitzen, Messingkannen und den Kameralinsen der Touristen aus aller Welt. Sun tauscht einen Geldschein gegen Münzen ein, die wir in die Messingkannen werfen – je eine Münze pro Kanne. Wir entzünden Öllichter an einem kleinen Schrein vor einem Tempel, immer wieder knien wir hier und da vor einer Buddhastatue nieder. Mein Begleiter beugt sich mit der Stirn bis auf den Boden und berührt diesen mit seinen Händen, während ich meine Hände in den Schoß falte. Ich bin sehr ergriffen davon, wie hingebungsvoll er betet. Er murmelt vor sich hin, lächelt mich immer wieder an, spricht aber nicht viel zu mir. Ich tue, was er tut, und versuche, so respektvoll wie möglich zu sein.

»Jetzt wir besuchen den Mönch«, sagt er. Wir betreten einen Tempel, über dem eine ausladende Goldkuppel thront. Drinnen ist die Luft erfüllt vom Geruch brennender Räucherstäbchen. Teppiche liegen aus, die Schuhe haben wir vor dem Tempel ausgezogen. Der Mönch, der direkt vor uns sitzt, ist in ein orangefarbenes Tuch gehüllt, seine nackten Arme und Schultern schimmern im schräg einfallenden Sonnenlicht. Sein Kopf ist kahl rasiert, und auf seinem Gesicht liegt ein so gelassener, ruhiger Ausdruck, dass ich nicht anders kann, als eine tiefe Bewunderung, ja, Verehrung für diesen heiligen Menschen zu empfinden. Diesmal neige auch ich mich hinab, bevor ich überhaupt darüber nachdenken kann. Als Sun das sieht, strahlt er übers ganze Gesicht. Immer noch auf Knien entfernen wir uns wieder von dem Mönch, unsere Gesichter halten wir ihm weiterhin zugewandt.

»Einem Mönch du nie zeigen deine Rückseite«, erklärt Sun, als wir wieder draußen stehen. Ich fühle mich ganz ruhig und gelassen, fast so, als wäre ein Millionstel des inneren Friedens, den dieser Mönch ausgestrahlt hat, auf mich übergegangen. Als hätte ich in seinen Augen gesehen, dass alles – egal was es ist – irgendwann in Ordnung sein wird.

»Jetzt fahren wir zu dem Essen«, sagt Sun und packt meine Hand. Ich bin überrascht und ziehe sie hastig weg. Vielleicht war es nur eine freundschaftliche Geste von ihm, aber ich fühle mich nicht wohl dabei. Er lässt sich nichts anmerken und kauft uns beiden ein Eis, das wir genüsslich verzehren, während wir die Treppen hinabsteigen. Immer noch fühle ich mich sehr ergriffen von der andächtigen Stimmung im Tempel und erzähle Sun davon.

»Ja, das macht Buddha. Er mich gerettet hat.« Wir essen schweigend das Eis auf, steigen auf Suns Roller und fahren die Serpentinen wieder hinunter. Die Luft wird langsam wärmer, die Vegetation verändert sich nach und nach. »Fisch?«, ruft Sun nach hinten. Ich gehe davon aus, dass die Frage sich auf das geplante Essen bezieht, und schreie ein lautes »Ja!« zurück. Wir fahren nicht zurück in die Stadt, sondern biegen links ab und fahren durch friedlich daliegende Reisfelder, weg von dem riesigen Berg in unserem Rücken. Bald erstreckt sich vor uns ein großer See, um den herum ich so etwas wie Bootshütten erahne. Als wir näher an den See heranfahren, sehe ich, dass es keine Bootshütten sind, sondern kleine schwimmende Tische auf Pontons mit einem Überdach aus Schilfrohr.

»Oh, wie schön!«, stoße ich begeistert aus. Sun grinst zufrieden und hält den Roller an.

»Ist eine besondere Ort, den ich nur für dich habe ausgesucht.«

Der See ist umrahmt von Restaurants, die ziemlich ähnlich aussehen und alle solche schwimmenden Tische haben, doch Sun scheint genau zu wissen, welches das beste ist. Er unterhält sich mit dem flinken Kellner, der höflich nickt und uns anschließend über wackelige Bambusstäbe, die als eine Art Brücke dienen, zu unserem schwimmenden Tisch führt. Der Boden ist mit Teppichen ausgelegt, und wieder ziehen wir unsere Schuhe aus. Sun würdigt die Karte keines Blickes, sondern bestellt direkt beim Kellner. Er schenkt uns Wasser ein, und wir blicken schweigend auf den braunen See. Ich lasse meine Füße ins

Wasser baumeln und denke über Sun nach. Er scheint so viele Geheimnisse in sich zu bergen.

»Als du sagtest, dass Buddha dich gerettet hat – wie hast du das gemeint?«, frage ich ihn.

»Du weißt, ich früher auf Koh Phangan gearbeitet, ja?«, sagt er, und ich nicke. »Dort ich viele Frauen gehabt. Viele. Ich arbeiten, viel Geld verdienen. Aber ist keine gute Arbeit, keine ehrliche Arbeit. Ist schlimm verbotene Arbeit gewesen.« Während er spricht, bewegt er sich keinen Millimeter. Er sieht mich nicht an, sein Blick ist auf die leicht gewellte Oberfläche des Sees geheftet, als wollte er sie durchstoßen.

»Was hast du gearbeitet, Sun? Willst du es mir erzählen?«

»Ich habe Drogen verkauft. Ich auch habe tätowiert, aber vor allem ich habe Drogen verkauft. An die Touristen. Viel Party. Ich viel getrunken, viele Frauen gehabt, so viele. So viel Party. War gut, kurz, dann war irgendwann sehr schlecht. Sind nicht sehr gute Leute, die so was machen, weißt du. Sagen, sie sind Freunde. Aber ich habe keine Freunde. Sie nicht meine Freunde gewesen. Nur Buddha ist mein Freund. Er helfen mir, als ich so war. Er helfen mir, nicht mehr zu trinken und nicht mehr Drogen verkaufen. Jetzt nehme ich keine Drogen, kein Trinken. Es ist drei Jahre her, dass ich war auf Koh Phangan. Und jetzt ich suche Frau.« Bei diesen Worten wendet er sich mir zu und schaut mir direkt in die Augen. »Wenn du hättest keinen Freund – du würdest mich jetzt küssen?«

Ich bin komplett überfordert von dieser etwas unbeholfenen Frage, die er doch, das kann ich sehen, komplett ernst meint. »Äh ... ich ... nun, ich weiß nicht! Ich kann es nicht sagen, ich habe ja nun mal einen Freund, und auch noch einen ganz schön tollen!«, gebe ich stotternd zurück.

Er wirft mir einen Blick zu, der mir zu sagen scheint, dass ich nicht wisse, was mir entgeht. »Ist deine Pech«, sagt er zwinkernd und zuckt die Schultern.

Der kleine flinke Kellner taucht auf und bringt uns unser Essen. Immer mehr und mehr duftende Gerichte füllen den Tisch: ein Oktopussalat, eine Steinschale, in der ein Fisch in einer roten Soße mit vielen Kräutern blubbert, Reis, noch mehr Fisch, Austern. Es ist ein wahres Fischfest, und die durch Suns Frage etwas angespannte Stimmung lockert sich sofort, während ich unter seinen belustigten Blicken nach jedem Bissen »Mmmhs« und »Ooohs« ausstoße. Es ist köstlich, phänomenal. Irgendwann setzt mein Sättigungsgefühl ein, und ich lege fast wehmütig mein Besteck zur Seite.

»Das war himmlisch, aber jetzt bin ich so voll, dass ich gleich platze«, sage ich zu Sun und strecke wieder die Beine ins Wasser. Einen langen Moment sitzen wir noch so da, lassen den Blick schweifen und das Essen nachwirken.

»Ich weiß, dass du mich hättest geküsst«, sagt Sun – vielmehr zu sich selbst –, als wir uns auf den Rückweg zu seinem Roller machen.

Healing House

»Wohin als Nächstes?«, habe ich vor fünf Tagen auf meinem Facebook-Account gepostet. Die Frage war halb als Scherz, aber durchaus auch etwas ernst gemeint gewesen. Es ist nun zwei Wochen her, dass Anja abgereist ist, und ich spüre, dass meine Zeit in Chiang Mai dem Ende zugeht. Ich habe einen leise nagenden Hunger nach mehr – mehr Welt, mehr Eindrücken, mehr Menschen.

»Komm mich auf Gili Air besuchen – du kannst gratis bei mir in einem Bungalow wohnen!«, schrieb mir ein entfernter Bekannter unter meine Frage. Ich habe Jerome, einen Enddreißiger aus Frankreich, vor vier Jahren auf meiner ersten Solo-Backpacking-Reise kennengelernt. Damals war er noch ein ziemlich verfeierter Hippie, der sich die Nächte mit LSD und Ecstasy und – wenn er es mal etwas ruhiger angehen lassen wollte – mit Gras und Schnaps um die Ohren schlug. Ich fand ihn damals ganz nett, ihn und seine Freundin. Beide waren so lange auf der kleinen Insel vor Lombok hängen geblieben, dass ihre Visa längst abgelaufen waren und ihre Freunde und Familien die Hoffnung aufgegeben hatten, die beiden in naher Zukunft wiederzusehen.

Soll ich wirklich dorthin fahren, zu Jerome? Er scheint mittlerweile der Manager eines der luxuriösesten Resorts auf der Insel zu sein, und ich traue meinem Glück nicht so recht. Er will mir – einfach so – einen Bungalow stellen? In diesem teuren Resort? Warum? »Ich hab einfach mal wieder Bock auf Besuch aus Europa«, antwortet er mir auf meine Frage nach dem Warum ganz locker, und so fällt meine Entscheidung:

Ich werde Jerome auf Gili Air besuchen gehen, vielleicht zehn Tage oder zwei Wochen bleiben, schreiben, tauchen, arbeiten und nette Leute kennenlernen. Ich dürste nach Abwechslung. Und auch nach etwas anderem, was mir erst heute bewusst wird: Ich dürste nach Gesellschaft. Ab und an skype ich mit Mats, um auf dem Laufenden zu bleiben, wie es meinem Geliebten im immer winterlicher werdenden Berlin geht, aber ansonsten beschränkt mein zwischenmenschlicher Kontakt hier sich auf die Servicekräfte in den Cafés, in denen ich arbeite. Sun habe ich nach seinen unbeholfenen Avancen eher gemieden, ob nun bewusst oder unbewusst. Keine Lust auf Drama. So bin ich jeden Tag allein aufgestanden, habe Yoga in einem wunderschönen kleinen Yogastudio gemacht, das mich mit seinen gläsernen Wänden und den vielen Pflanzen an ein Gewächshaus erinnert, und mich danach an meinen kleinen grauen Laptop gesetzt, um Wort für Wort, Seite für Seite, Kapitel für Kapitel meines Buches niederzuschreiben. Ich habe meinen Blog optimiert und überarbeitet und mich über die abebbenden Symptome der MS gefreut, die mich nach Anjas Abreise endlich wieder verlassen haben. Abends war ich allein, habe mir das Treiben in den Straßen und auf den Märkten angesehen und bin früh ins Bett gegangen. Ich habe Currys gegessen, mir ein Fahrrad gemietet, bin durch die schmalen Gassen geradelt und habe versucht, das alles so zu genießen, wie ich es mir vorgenommen hatte.

    Ich war in diesen Tagen nicht mehr oder weniger allein als heute ... eigentlich. Aber heute fühlt es sich dennoch anders an. Denn es ist ein besonderer Tag. Heute werde ich 28 Jahre alt – es ist mein Geburtstag, der jedes Jahr, wenn in Berlin die Blätter schon längst von den Bäumen gesegelt sind und sich im Rinnstein zu einer braunen, nassen Pampe verwandelt haben, an die Tür klopft. Ich liebe meinen Geburtstag – eigentlich. Doch wenn keiner weiß, dass man Geburtstag hat, wenn man niemanden kennt, mit dem man Kuchen essen oder anstoßen kann, wenn man keine Blumen, keine kleinen Geschenke oder wärmenden Umarmungen bekommt – hat man dann überhaupt Geburtstag? Ich selbst fühle mich heute auf jeden Fall weder besonders aufgeregt noch besonders glücklich. Auch nicht traurig. Eine mir im Angesicht meines Geburtstags unbekannte Gleichgültigkeit scheint von mir Besitz ergriffen zu haben, und so schlürfe ich teilnahmslos meinen Instantkaffee mit Kokosmilch, wie jeden Morgen seit fast einem Monat. »Ich bin doch nicht *wirklich* allein ...«, sage ich in besänftigendem Tonfall zu mir selbst. Doch während die Stunden vergehen und der silbrige Morgen dem golden schimmernden Nachmittag und schließlich dem zarten Blau des Abends weicht, beginnt mein gedanklicher Schutzwall zu bröckeln. Ich merke, wie ich mich mit einem fast masochistischen Vergnügen immer tiefer in die dunklen Täler meiner Grübeleien stürze. Ganz allein, an meinem Geburtstag. Allein in Chiang Mai. Das tut weh.

Da macht es plötzlich klick in meinem Kopf. Ich bin doch gar nicht allein hier, ich kenne doch jemanden! Martin, meinen sympathischen Erklärbar vom Hinflug. Er müsste mittlerweile in der Stadt sein! Hastig zücke ich mein Handy, um ihm eine Nachricht zu schreiben. »Martin, hier ist Samira, weißt du noch? Bist du in Chiang Mai? Ich hab heut Geburtstag und sitze hier allein mit einem trockenen Keks und einem Instantkaffee. Hast du Zeit?«

Ich muss nur ein paar Sekunden warten, bis Martins Antwort eintrudelt: »Komm vorbei! Wir sind im Healing House, und heute ist Open Mic. Lass den Kaffee stehen, hier gibt's gute Drinks und geiles veganes Essen!«

Die Adresse, die er mitschickt, befindet sich im Nordwesten der Altstadt. Ich zögere keinen Augenblick, schnappe mir meine Tasche und mein Rad und schwinge mich auf den Sattel, um durch das nächtliche Chiang Mai zu radeln. Immer am Kanal entlang, dann mit einem halsbrecherischen Manöver nach rechts und versuchen, dabei nicht überfahren zu werden. Die Stadt ist von einer vierspurigen Straße umgeben, auf der natürlich Linksverkehr herrscht, doch mittlerweile habe ich herausgefunden, dass man hier recht energisch fahren muss, wenn man überhaupt mal die Spur wechseln oder abbiegen möchte. Mein Rad ist mir eigentlich zu klein, und es klappert schrecklich laut, doch wir haben uns miteinander angefreundet. Ich biege in die von Martin beschriebene Seitengasse ein und stehe plötzlich vor einem einfachen zweistöckigen Haus, vor dem sich ein Meer aus Sandalen, Flipflops und Turnschuhen ausbreitet.

»Schuhe aus!«, ruft es von drinnen, während ich vorsichtig die Tür aufdrücke. Ich tue, wie mir geheißen, und betrete barfuß den hinter der Tür liegenden und durch einen Perlenvorhang abgetrennten Raum. Der Geruch von Sandelholz schlägt mir entgegen, Stimmengemurmel ist zu hören, und als sich meine Augen an das schummrig-rötliche Licht gewöhnt haben, das von hundert kleinen Lichterketten herzurühren scheint, erhellen sich meine Augen wie die eines Kindes beim Anblick eines geschmückten Tannenbaums mit Geschenken darunter. Überall sitzen und stehen Menschen jeden Alters und jeder Herkunft. Backpacker, Locals, schlanke Frauen mit schwarzen Dreadlocks und kunstvollen bunten Turbanen.

Eine junge Frau in meinem Alter mit kinnlangen schwarzen Haaren und dunklen Augen, die glänzen wie Lack, fragt mich auf Deutsch: »Du bist Samira?«

»Ja, genau – ich suche Martin«, sage ich und gehe auf sie zu, wobei ich über die Beine und Füße zahlreicher auf dem Boden sitzender Menschen steigen muss.

»Ich bin Sophia«, sagt sie und deutet hinter sich. »Martin macht die Bar, er hat mir schon gesagt, dass eine Freundin aus Deutschland kommt.« Hinter dem Bartresen, der sich in einer dunklen Ecke befindet, sehe ich die rötliche lange Mähne von meinem Freund aus dem Flugzeug schimmern.

»Hey!«, ruft er, als er mich erblickt, und kommt um den Tresen herum, um mich mit einer dieser Bärenumarmungen zu begrüßen, die einem das Gefühl von Geborgenheit und Akzeptanz geben. »Ich wusste, wir sehen uns wieder! *Happy birthday*«, sagt er, während er mich weiterhin fest an sich drückt. »Also, willkommen im Healing House. Keine Sekte, siehst du – nur Kunst! Das ist wohl einer der kreativsten und buntesten Orte in ganz Chiang Mai.« Er deutet auf eine Liste, die an der Bar ausliegt. »Es funktioniert folgendermaßen: Du kannst dich in diese Liste eintragen, wenn du etwas beisteuern willst heute Abend. Du kannst frei wählen, was du mit uns teilen möchtest: Poesie, Gesang, eine schöne Geschichte, einen Witz, ein Experiment ... Es ist ganz und gar dir überlassen. Du kannst auch einfach nur zuhören.«

Völlig spontan und ohne jegliche Vorbereitung setze ich meinen Namen in die »Geschichte«-Spalte. Ich möchte eine Geschichte erzählen. Meine Geschichte erzählen. Ich möchte heute diesen fremden Menschen erzählen, warum ich hier bin. Für mich selbst und vielleicht für die eine oder andere Seele im Publikum, die sich mit meinen Worten identifizieren kann. Das ist es wert.

»Großartig«, grinst Martin mich an, und ich suche mir ein freies Stück auf dem Teppich, um mich niederzulassen. Der

Raum ist etwa dreißig Quadratmeter groß, hat eine niedrige Decke und ist bis obenhin mit Menschen vollgestopft. Hinten führt eine Treppe ins Obergeschoss, auch auf dieser stapeln sich die Menschen. Es ist so heiß, dass allen die Schweißtropfen über die gespannten Gesichter rinnen, und das matte Licht spiegelt sich auf unserer nassen Haut. Faltige Haut, glatte Haut. Weiße Haut, schwarze Haut, Haut in allen möglichen Schattierungen. An diesem Ort sind heute Menschen zusammengekommen, die im normalen Leben nie oder nur selten zusammenfinden, das merke ich schnell. Mir ist nicht danach, mich mit einer bestimmten Person zu unterhalten. Viel lieber lausche ich den Gesprächsfetzen hier und da, labe mich am Duft der veganen Köstlichkeiten, die zwei Frauen in einer Ecke des Raumes verkaufen, spüre die Körperwärme der anderen Menschen, beobachte den aufgeregt hinter der Bar herumwuselnden Martin und blicke immer wieder zu Sophia, die mich aus einer Ecke des Raumes genau zu beobachten scheint. Sie ist eine der schönsten Frauen, die ich je gesehen habe. Ihr Gesicht ist spitz wie das einer kleinen Katze, und sie strahlt eine Ruhe und ein Selbstbewusstsein aus, die mich normalerweise ob meines eigenen Mangels dieser Attribute tief verunsichern würden. Doch heute nicht. Heute habe ich festen Boden unter den Füßen, einen Boden, der mich trägt, und ein Netz aus Menschen, das mich hält. Sophias Abgeklärtheit wirkt auf mich nicht bedrohlich, sondern interessant und mysteriös. Und gerade als ich meinen Blick von ihr abwenden will, sehe ich, wie sie, diese Erscheinung einer Frau, lächelt. Sie lächelt für mich, lächelt mich an, und ich glaube, instinktiv zu wissen, dass sie mit Bedacht auswählt, wem sie ihr Lächeln schenkt. Ich grinse unbeholfen zurück und wende dann, errötend, den Blick wieder auf meine nackten Füße.

»*Welcome, welcome, welcooome!*«, tönt es mit einem Mal durch den Raum. Gizzy, ein großer Mann mit einem Afro und einem fast schelmischen Zug um die Augen, hat sich ein Mikrofon geschnappt und sich auf einem Teppich vorn im Raum platziert, der die Bühne markiert. »Willkommen im Healing House, Brüder und Schwestern. Was heute Abend hier passiert, liegt allein in unseren Händen, aber ich kann spüren, dass hier heute ein verdammt arschgeiler Vibe herrscht. Whooop!«, sagt er, und alle klatschen. Schnell erklärt er die Regeln, an die man sich als Gast zu halten hat. Denn das hier ist tatsächlich das Zuhause von Martin, Sophia und ihm – wir sitzen hier quasi in ihrem Wohnzimmer. Das Healing House hat Tradition, und mit der gilt es, nicht zu brechen. Dort ist das Klo, Schuhe aus, nicht rauchen. Nicht zu laut klatschen, letzte Woche ist schon wieder die Polizei da gewesen. »Und das Wichtigste«, sagt Gizzy und macht eine bedeutungsschwere Pause, »das Wichtigste ist Respekt, Mann! Einfach Respekt, okay? Die Leute, die hier nach vorn kommen, um mit euch ihre Kunst zu teilen, die machen das nicht, weil sie sich für die Geilsten halten, sondern weil sie euch gern an etwas teilhaben lassen möchten, das ihnen viel bedeutet. Respekt ist das Wichtigste hier. Wir sind alle Brüder und Schwestern, und in der Familie hält man zusammen, alles klar? Alles klar, *then let's go!*«, sagt er, schnappt sich eine Gitarre und ein Loopgerät und leitet den Abend mit einer Mischung aus Gesang, Beatbox und Gitarrenspiel ein.

Alle wippen versonnen mit. Nach und nach treten nun Menschen aus der Menge und begeben sich nach vorn auf den Teppich ins schwache gelbe Licht. Viele sind aufgeregt, manche haben Instrumente dabei. Sie singen, sie erzählen. Manche laut und mit fester Stimme, manche mit zitternden Worten und zögerlichen Blicken. Manche schauen das Publikum an, manche blicken über unsere Köpfe hinweg, manche gucken auf ihre eigenen Füße. Kneten ihre Hände. Doch allen wird zugehört. Alle bekommen die Aufmerksamkeit und den Respekt, der ihnen gebührt. Menschen weinen – auf der Bühne und davor. Wir im Publikum weinen auch, und wir lachen. Wir schweigen, wir trommeln auf den Boden. Und dann bin ich dran.

»Schwester, was willst du mit uns teilen?«, fragt Gizzy und reicht mir das Mikrofon. Ich atme tief ein und hebe meinen Blick. Gespannte Gesichter. Sie scheinen mir wohlgesonnen zu sein, sehen neugierig aus, aber nicht unangenehm erwartungsvoll. Ich lege los.

»Hi, ich bin Samira. Ich bin hier, um euch zu erzählen, warum die Multiple Sklerose eins der besten Dinge ist, die mir je passiert sind.«

Schweigen. Blicke, die meinen Körper entlangfahren auf der Suche nach einer sichtbaren Behinderung. Nun mustert man mich doch etwas neugieriger. Ich habe MS, und die sieht man nicht. Wie bei sehr, sehr vielen Menschen mit der Krankheit übrigens. Man sieht nicht, dass die MS nach und nach unsere Nervenstränge freilegt, was dazu führen kann, dass wir doppelt sehen, schlecht fühlen können oder dass einige von uns unter einer bleiernen, chronischen Müdigkeit leiden, die mit »normaler« Erschöpfung nichts zu tun hat. Man sieht meinen Schwindel nicht, der mich oft wochenlang auf hohe See schickt. Der sich verstärkt, wenn ich Stress oder Streit habe, der mich bei sozialen Anlässen manchmal apathisch in einer Ecke sitzen lässt, weil er mir nur allzu deutlich macht, dass ich eine Last in mir trage, die mich nie, nie wieder verlassen wird. Oder vielleicht doch – wer weiß?

»Die Multiple Sklerose ist scheiße – und gleichzeitig ist sie eines der größten Geschenke meines Lebens. Als ich vor fünf

Jahren die Diagnose bekam, dachte ich, mein Leben sei vorbei. Ich sah mich selbst als Behinderte, als Krüppel. Als Pflegefall, der Windeln und Hilfe beim Essen und Anziehen brauchen würde. Ich wollte nicht mehr aufstehen, wollte mich einfach wieder im Bett umdrehen und entweder aufwachen in dem Wissen, dass all das ein böser Traum gewesen war – oder gar nicht mehr aufwachen. Ich hatte keine Kraft, zu kämpfen. Und so verdrängte ich, so gut ich konnte, was da in mir lauerte. Ich verschwieg allen, was mit mir los war, und schämte mich endlos. Ich machte weiter wie vorher, so als könnte ich mir die Krankheit selbst austreiben, wenn ich nur energisch genug wieder und wieder nach ihr trat. Doch erst mal passierte vor allem eines: nichts. Es ging mir rein körperlich nicht schlechter als vorher, von gelegentlichen Problemen mit den Augen abgesehen. Natürlich weiß ich, dass ich damit Glück hatte. Aber wir dürfen nicht vergessen, dass es viele Menschen mit MS gibt, die bis ins hohe Alter sehr gut und ohne größere Beeinträchtigungen leben können! Ich dachte immer, dass ich nicht zu diesen Menschen gehören würde. Wenn schon MS, dann sicher auch Rollstuhl, dachte ich. Wenn es kommt, dann richtig dicke. Doch nach einer Weile, in der nichts passierte, schöpfte ich Hoffnung: Was, wenn mein Verlauf nicht der schlimmstmögliche sein würde? Was, wenn ich Glück im Unglück hätte?«

Ich blicke auf, meine Augen flitzen durch den Raum, über das Publikum. Keiner regt sich, und ich rede weiter.

»Ich begriff, dass es keinen Sinn macht, den Rest meines Lebens in Angst vor etwas zu verbringen, was nicht unbedingt eintreten muss. Und mit diesem Wissen begann ich, mein Leben zu ändern. Ich fing an, ungesunde Angewohnheiten über Bord zu werfen, ebenso wie ich mich von ungesunden Beziehungen und Freundschaften trennte. Ich gab endlich das

Rauchen auf und schwor den nächtelangen Partys ab, auf denen ich mich aufgrund meiner Arbeit herumtrieb. Ich sagte Adieu zu meiner inneren Couchpotato, begann, Sport zu treiben, und spürte, wie mein Körper dank dieser Veränderungen immer stärker und stärker wurde – anstatt schwächer zu werden, wie ich es erwartet hatte. Meine Einstellung zu ändern, war nicht leicht, und noch schwieriger war es, alten Traditionen und Angewohnheiten abzuschwören. Doch es hat sich gelohnt, denn obwohl die MS mich nicht völlig in Ruhe lässt, finde ich doch, dass ich mit ihr gut leben kann. Und auch wenn mir das kein Arzt bestätigen kann, glaube ich fest daran, dass ich mit meinem veränderten Lebensstil meinen Beitrag dazu leiste.«

Wieder lasse ich meinen Blick über die am Boden sitzenden Menschen schweifen. Manche schauen mir direkt in die Augen, und ich werde mir kurz des warmen Schweißfilms bewusst, der mein Gesicht, meine Arme, mein Dekolleté überzieht. Die meisten aber schauen auf den Boden, sie wirken fast versonnen. Einige halten sich an den Händen oder liegen sich in den Armen, viele haben die Augen geschlossen. Gizzy grinst mir aus der hintersten Ecke des Raums zu und formt mit den Lippen die Worte: »*You go, girl!*« Sophia blitzt mir aus ihren schwarzen Skarabäus-Augen entgegen, ihre Miene ist unergründlich. Ich atme tief durch, fokussiere mich und erzähle weiter.

»Und ich habe noch etwas getan, was ich ohne die MS nie gemacht hätte – und das ist die größte und wichtigste Veränderung, ja, das größte Geschenk gewesen, das dieser unliebsame Gast mitgebracht hat. Vor einigen Monaten habe ich meine Festanstellung und damit meinen sicheren Rahmen zu Hause in Berlin aufgegeben. Ich wollte nicht mehr einer dieser Menschen sein, die sich immer denken, dass sie dieses und jenes ja noch irgendwann gern mal machen würden. Ein Mensch, der andere Reisende beneidet, weil diese nicht wissen, wo sie in einer Woche, in einem Monat oder gar in einem Jahr sein werden. Ich wollte die Samira sein, die wild ist, frei. Die Samira, die morgens und abends in den Spiegel schaut und eine starke, selbstbewusste Frau erblickt, die für ihren Traum und ihre Ideale kämpft. Also habe ich aufgehört, zu warten und aufzuschieben, und habe angefangen, zu kämpfen. Und als ich anfing, zu kämpfen, fing ich endlich an, zu leben.«

Wenn es vorher ruhig war, dann ist es spätestens jetzt so still wie in einem Museum. Doch die Stille ist nicht einschüchternd. Hier herrscht die sonnige Stille eines Morgens am Meer.

»Die Multiple Sklerose ist für mich eines der besten Dinge, das mir passieren konnte, weil sie mir gezeigt hat, dass unsere Zeit hier auf Erden wertvoll ist. Dass keine Minute, die wir mit Warten, Bangen und Hoffen verbringen, uns wieder gutgeschrieben wird. Ich habe verstanden, dass es allein an mir liegt, womit ich meine Tage füllen will – die guten zumindest. Denn natürlich gibt es auch schlechte Tage, klar. Aber die machen nur, dass ich umso mehr begreife, wie wundervoll die Tage sind, an denen es mir gut geht. In meinem Leben gibt es nun mehr Kontrast, mehr Schatten – aber auch mehr Licht. Und dafür bin ich unendlich dankbar«, schließe ich meinen Redebeitrag ab.

Ich bin nervös und habe meinen Blick auf die Wand hinter den vielen Köpfen geheftet. Die Sekunden fühlen sich wie Stunden an. Und dann – bricht endlich Applaus los. Unzählige Hände strecken sich mir entgegen, um mir auf den Rücken zu klopfen.

»Das war fantastisch!«, sagt Martin und hüpft begeistert hinter der kleinen Bar herum.

»Ich glaube, das, was du wirklich hast, ist *multiple dopeness*«, sagt Gizzy grinsend, als ich ihm das Mikro überreiche. Ich wanke unsicher über die Füße, Hüften, Hände und Getränke auf dem Boden hinweg durch den Raum, weg von der Bühne. Und dann steht sie plötzlich vor mir: Sophia. Ihre Perlenaugen wirken nun nicht mehr hart, sondern warm, offen und glühend.

»Das war gut. Danke«, sagt sie und nimmt mich, die ich völlig perplex bin, in den Arm.

Das schönste Geburtstagsgeschenk, das ich in diesem Jahr bekommen habe, waren diese Stunden im Healing House.

Augen der Einsamkeit

Mit dem Aufsetzen des Flugzeugs auf der Landebahn von Denpasar, der Hauptstadt Balis, wache ich auf. Wie immer habe ich den ganzen Flug verschlafen. Flugzeuge haben auf mich eine fast sedierende Wirkung. Ich setze eine Schlafmaske auf, stopfe mir Ohropax in die Ohren und schlafe in Sekundenschnelle ein – so auch heute. Der Einladung meines französischen Bekannten folgend, werde ich heute noch bis nach Gili Air weiterreisen. Diese Insel hat für mich eine besondere Bedeutung, denn dort lernte ich das erste Mal einen digitalen Nomaden kennen. Natürlich wusste ich damals weder, dass das überhaupt ein Lifestyle ist, noch, dass es Tausende Menschen gibt, die so leben. Doch ich war sofort hin und weg von Lukas, der mit seinem Laptop um die Welt reiste und hier und da arbeitete. Der nichts weiter brauchte als WLAN und ein Paar Flipflops.

Meine Weiterreise nach Padang Bai, von wo aus das Speedboat nach Gili Air abfährt, ist schnell organisiert, und ich quetsche mich neben fünf andere Backpacker in einen niedrigen Kleinbus, der auf die Temperatur eines Frischfleischtransporters heruntergekühlt ist. Alle bibbern und versuchen, sich mit dem zuzudecken, was sie gerade zur Hand haben. Eine Klimaanlage ist hier ein Statussymbol, je kälter, desto besser. Als sich die Türen nach einigen Stunden Fahrt in der feuchten Hitze Padang Bais öffnen, flutet die warme Hafenluft unsere kleine Kühlkammer. Ich rutsche von der Eisscholle meines Sitzes herunter und blinzele in das helle Sonnenlicht, das hier so anders als in Chiang Mai wirkt. Heller, irgendwie klarer und reiner.

Rufe von Männern, die Cola, Bier und Früchte verkaufen, und von spielenden Kindern dringen vom großen Pier in unsere Richtung. Auf ihm stehen sich sonnenverbrannte Australier, betrunkene Holländer und grimmig dreinschauende Deutsche die Beine in den Bauch. Mir schwant Übles: Wollen die auch alle nach Gili Air? Och nee. Sie alle tragen enge, knappe Kleidung, die sie aussehen lässt wie aufgegangener Hefeteig, der aus seiner Backform geplatzt ist. Die Verkäufer schielen aus den Augenwinkeln auf die Pobacken der Holländerinnen, die zur Hälfte aus ihren Shorts herausschauen. Gili Air ist, wie ganz Lombok, muslimisch. Ein solches Outfit ist ganz und gar nicht angemessen, doch das scheint niemanden der Wartenden zu kümmern. Ich frage mich, ob meinen Mitreisenden, mit denen ich nun in das schaukelnde Speedboat gepfercht werde, überhaupt bewusst ist, dass Gili Air zu Lombok und nicht zum buddhistischen Bali gehört. Oder ob es ihnen ganz einfach egal ist. Hauptsache, billiger Urlaub am Strand. Malle, Bali, Türkei, Mexiko – ist doch eh alles das Gleiche? In meinem Bauch spüre ich diese kleine Enttäuschung, die einen überkommt, wenn man feststellt, dass man doch keine coole Entdeckerin, sondern einfach nur ein weiterer Tourist ist. Ich begehe hier keine neuen Pfade. Ich betrete eine wahre Autobahn, die Tausende von Menschen aus aller Herren Ländern vor mir bereits ausgetreten haben: erst mit Rucksäcken auf dem Rücken, und mittlerweile fast ausschließlich mit Rollkoffern in jeder erdenklichen Farbe des Regenbogens. Vier Jahre ist es her, dass ich hier war, doch scheint sich das Publikum im Zeitraffer verändert zu haben und exponentiell angewachsen zu sein. Während der Überfahrt schiele ich immer wieder auf die verbrannten Gesichter und die nackten Beine meiner Mitreisenden. Ich kann nicht anders: Ich fühle mich schäbig und überheblich, und doch habe ich das Gefühl, dass ich nichts weniger möchte, als mit diesen Menschen auf einer Insel gefangen zu sein, die so klein ist, dass man in anderthalb Stunden einmal komplett um sie herumlaufen kann.

Doch das Meer glitzert herrlich blau, und als wir anlegen und die Rollkoffer einer nach dem anderen im flachen Wasser landen, weil die Infrastruktur eben doch immer noch auf Backpacker und nicht auf Pauschaltouristen ausgelegt ist, kann ich mir ein kleines Schmunzeln nicht verkneifen. Ich hüpfe von Bord und stehe bis zur Hüfte im Wasser, das sich auf meiner Haut warm und weich wie Milch anfühlt. Die Wellen ziehen an meinen lockeren Seidenhosen, als ich an Land schlurfe. Sofort rennt eine Gruppe junger Männer auf mich zu, die mir beim Tragen helfen wollen. Ich lächle und lehne dankend ab. Meinen Neun-Kilo-Rucksack schaffe ich selbst, *terima kasih*. Der Weg zu meiner Unterkunft, die mir Jerome so großzügig angeboten hat, wird gesäumt von kleinen Kutschen, die hinter noch kleinere Pferde gespannt sind. Ich erinnere mich noch gut an diese armen, abgemagerten Tiere, die mit allerlei Zierrat und Glöckchen behangen sind und die regelmäßig einfach tot vor ihren kleinen Karren zusammenbrechen. Diese Kutschen werden genutzt, um die Rollkoffer (und oft auch ihre Besitzer) zu den Resorts zu bringen, da die Wege hier so sandig sind, dass man schon beim Gehen ins Schwitzen kommt. Und die Tiere scheinen viel zu tun zu haben. Seit ich das letzte Mal hier war, muss ein Betontsunami über die Insel geschwappt sein. Ich sehe kaum noch unbebaute Flächen. Hier »Fine European Dining«, da ein »Adult Only«-Fünfsterneresort. Spa dies, Wellness das.

Schweiß läuft mir über die Stirn, als ich endlich vor dem kühlenden Ventilator an der Rezeption des edlen Resorts stehe, in dem ich unterkommen soll. In mir herrscht Unruhe: Bin ich wirklich richtig hier? Habe ich Jerome richtig verstanden – wird er mich wirklich einladen? Und da ist sie auch wieder, diese eine große Frage: *Pourquoi?* Warum zum Teufel tut er das? Erhofft er sich etwas von mir, das ich nicht bereit bin, ihm zu geben? Bin ich verkorkst, weil ich solche Gedanken überhaupt habe? Eine junge Frau reißt mich aus meinen Gedanken. »Sie sind die Freundin von Monsieur Jerome, ja? Willkommen! Er ist nicht da, aber ich zeige Ihnen schon mal Ihr Haus.« Ich schlucke. Haus? Ich dachte, ich bekomme einen Bungalow, und nun ist sogar von einem Haus die Rede?

Ich laufe der Frau hinterher, ihre flinken Schritte kennen hier jede Treppenstufe, jede Welle im Boden, jeden Ast, der über den Weg wächst. Das Resort erstreckt sich über ein grünes, gepflegtes Grundstück, auf dem ein Pool vor sich hin plätschert. Definitiv einhundert Hausnummern zu groß und zu luxuriös für mich und meinen extrem schmalen Geldbeutel. Nie im Leben könnte ich mir hier auch nur eine Nacht leisten ... »Das ist Ihr Haus, kommen Sie herein, bitte!«, sagt die kleine Frau und bleibt vor einer Villa mit Dachterrasse und vollverglaster Front stehen. Ich öffne meinen Mund zu einem stummen Ausdruck der Bewunderung. Solche Villen kenne ich nur von Websites und Prospekten, ganz sicher aber nicht von innen! Wenn meine Mutter, mein Bruder und ich mal Urlaub machten, dann führte dieser an den Balaton oder, wenn wir gerade etwas mehr Geld hatten, nach Frankreich. Dort wurde gecampt, selbst auf dem Gaskocher gekocht, und einmal im ganzen Urlaub gingen wir ins Restaurant. Jedes Kind durfte dann genau ein Getränk und ein Essen bestellen, und dieser Restaurantbesuch war immer mein Highlight gewesen. Ich erinnere mich an den Pfirsichsaft in Ungarn, der so süß war, dass ich davon immer

Bauchschmerzen bekam. Was ich meiner Mutter aber nicht erzählte, aus Angst, ich dürfte ihn dann nicht mehr trinken.

Staunend trete ich in das angenehm kühle, wohlriechende Innere des Hauses. Die Frau zeigt mir alles: die Dachterrasse, die frei stehende Badewanne, das übergroße Bett, auf dem sich ein Haufen flauschiger, strahlend weißer Kissen türmt. Die Regendusche, die Klimaanlage, die unzähligen Lichteinstellungen, zwischen denen ich hier wählen kann. Als meine Begleiterin mich in diesem unglaublich riesigen Haus allein lässt, setze ich mich vor lauter Überforderung erst mal kurz auf das weiche Bett und lasse den Blick über den – ich kann es nicht anders nennen – Reichtum um mich herum schweifen. Irgendwas muss an der Nummer faul sein – da bin ich mir sicher. Oder? Ich hole mein Handy hervor und schreibe Jerome eine Nachricht. »Was soll das noch mal kosten die Nacht? Ich hab eigentlich nicht so viel Budget ...« Unsicher starre ich auf mein Handydisplay. Es wäre mir so unangenehm, direkt wieder abreisen zu müssen. Noch unangenehmer wäre sicherlich nur eine exorbitante Rechnung, die zu begleichen ich mir definitiv nicht leisten kann. Doch Jeromes Antwort kommt sofort: »Nichts musst du zahlen. Ich hab doch gesagt, dass du mein Gast bist, Mademoiselle. Mach dir keine Gedanken.«

Nach einer ausgiebigen Regendusche versuche ich, mich in meinem neu errungenen Pomp so mondän wie möglich zu geben. Ich teste jedes Sitzmöbel aus – die Sofas, Récamieren und die Hängeschaukel auf der Dachterrasse. Ich mache mir einen Kaffee, lasse meine Finger über die sauberen Kissenbezüge gleiten und atme den Duft nach Jasmin und Frangipani ein, der in dem Haus hängt wie ein feiner, leichter Nebel. Ich bin im Himmel gelandet und fühle mich, als hätte ich dafür mein Sündenregister verstecken müssen. Ich gehöre hier nicht hin, das spüre ich, und doch versuche ich, es mir nicht anmerken zu lassen.

Am Abend bin ich mit Jerome auf ein Bier zum Sonnenuntergang verabredet. Da ich am Nachmittag gut mit meinem Buch vorangekommen bin, sehe ich keinen Grund, die Einladung meines so großzügigen Gastgebers auszuschlagen, den ich heute noch gar nicht gesehen habe. Er wartet an der Rezeption auf mich. Sein rabenschwarzes Haar ist kurz geschnitten, nur eine verwegene Locke hängt ihm in die Stirn. Seine Haut hat den goldenen Ton angenommen, der einem sofort sagt, dass dieser Mensch schon lange keinen europäischen Winter mehr gesehen hat. Jerome sieht von Weitem deutlich besser und gesünder aus als noch vor vier Jahren, auch wenn er immer noch sehr dürr ist, und erst als ich vor ihm stehe, um ihn zur Begrüßung zu umarmen, nehme ich den müden, gleichgültigen Zug wahr, der seine Augen umgibt und den ich nicht richtig zuzuordnen weiß. Wir laufen los, tauschen Höflichkeiten und Belanglosigkeiten aus, und er erzählt mit seinem starken französischen Akzent von sich. Davon, warum er immer noch hier auf der Insel ist und dass er sich von seiner Freundin von früher getrennt habe, diese aber dennoch eifersüchtig darauf sei, dass ich nun hier bin. *Mon dieu.* Ich beschließe, konsequent nur über Mats zu sprechen, um direkt klarzumachen, dass bei mir nichts zu holen ist. Dennoch möchte ich irgendwie nicht unhöflich erscheinen. Ich merke, wie diese Zwickmühle mich zu irritieren beginnt.

Auf der anderen Seite der Insel angekommen, ordert Jerome zwei Bintang-Bier, und wir lehnen uns zurück und blicken auf die spiegelglatte Oberfläche des Wassers vor uns. Man kann bis zur benachbarten Insel schauen. Mein Begleiter monologisiert weiter über dieses und jenes, schimpft über die Touristen und darüber, wie die Insel sich verändert hat. Da kann ich mitreden, und nach einer Stunde ist die Stimmung endlich etwas lockerer, der Abend beginnt, Spaß zu machen. Das könnte eventuell auch daran liegen, dass Jerome bereits bei seinem dritten Bier ist. Das Bintang kommt hier in Flaschen mit sechshundert Millilitern Fassungsvermögen, und mein Gastgeber hat einen Zug drauf, der dem von Anja in nichts nachsteht. Seine Augen werden immer wässriger, seine Pupillen scheinen in den hellblauen Strudel seiner Iris hinabgezogen zu werden. Nach einer weiteren Stunde – und zwei weiteren Bieren – beginnt er, etwas undeutlich zu sprechen.

»Du musst mir hier echt nichts für geben, weißt du! Nicht dass du denkst, ich will was von dir oder so, nee, also echt nicht! Nur weil alle das denken, dabei freu ich mich einfach, echt, ich will dich auch überhaupt nicht anbaggern!«, lallt er und klopft mir auf die Schulter. Die Berührung ist mir unangenehm. Ich fühle mich immer unbehaglicher und steige auf Cola um. Jeromes Augen aus Stahl lassen mir keine Ruhe. Irgendetwas Hartes, Kaltes ist an ihm, das mir das Blut in den Adern gefrieren lässt.

Wir beschließen, etwas zu Abend essen zu gehen. Jerome kann mittlerweile kaum noch geradeaus laufen.

»Alles okay?«, frage ich ihn, als wir uns in einem kleinen Restaurant, die sich hier *warung* nennen, an einem Plastiktischlein gegenübersitzen. Er hebt die schweren Lider und blickt mich durch den dichten Schleier des Alkohols an.

»Weißt du was?«, lallt er und nimmt noch einen Schluck aus seiner Bierflasche. »Ich hasse so Touri-Bräute wie dich. Ehrlich. Ihr kommt hierher und denkt, euch gehört die verfickte Welt. Kommt hierher, um schön Urlaub zu machen auf Bali. Dabei habt ihr keine Ahnung, dass das hier Lombok ist, ne? Ich war hier, da war alles noch anders. Ihr kommt her mit eurem Scheißgeld und euren Scheißerwartungen und euren Kinderärschen und wollt was erleben. Ich hasse das. Du isst kein Fleisch? Toll! Fahr doch nach Ubud und geh da einen Kack-Soja-Flat-White trinken und lass meine Insel in Ruhe!«

Genug ist genug. Während ich fluchtartig und sprachlos das Restaurant verlasse, laufen mir Tränen über die Wangen. Es sind Tränen der Wut und des Schmerzes. Ich glaube, es gibt keinen Tränencocktail, der bitterer schmeckt als dieser. Am nächsten Tag schultere ich um sechs Uhr morgens meinen kleinen Rucksack, verlasse mein riesiges, überkandideltes Haus und gehe zum Pier. Bis auf ein kleines Trinkgeld für die Mitarbeiter habe ich keine Rupiah bezahlt. »Merci für alles. Ich musste los«, habe ich auf einen Zettel für Jerome gekritzelt. Jerome aus Montpellier mit den blauen Augen, die Einsamkeit, Alkohol und Selbsthass zu Eis haben werden lassen. Nein, im Paradies zu leben, reicht nicht, um glücklich zu sein. Das Paradies beginnt im Inneren, nicht im Äußeren. Jede noch so schöne Umgebung kann die Hölle sein, wenn man nicht auf sich aufpasst. Wenn man niemanden um sich hat, dem man etwas bedeutet. Jerome tut mir in diesem Moment sehr leid.

In der Hektik der letzten Stunden, in denen ich versucht habe, mich nicht zu sehr von Jerome runterziehen zu lassen und gleichzeitig einen neuen Plan für meine Weiterreise zu schmieden, habe ich das Internet nach einem nahen Ort durchsucht, der nicht komplett gentrifiziert und zugebaut ist. Die Suche gestaltete sich schwierig: Von allen Orten, an die man als Touristin auf Bali und Lombok nun mal so fährt, winkten mir Smoothie Bowls und Yogastudios entgegen. Doch dann stieß ich auf einem kleinen deutschen Blog auf eine Insel, die mein Interesse weckte: Nusa Penida. Sie liegt etwa eine Stunde mit dem Boot von Bali entfernt und ist gar nicht mal so klein, dafür aber noch umso unerschlossener. Zwei Tauchschulen, eine Handvoll Resorts. Straßen in schrecklichen Konditionen, kein *European dining* und genau so viel Internet, dass es für mich zum Arbeiten reichen würde – perfekt.

Und so stehe ich jetzt um gerade mal acht Uhr morgens nach meiner Rückkehr von Gili Air bereits am nächsten balinesischen Hafen, um nach Nusa Penida zu fahren. Der Morgen schält sich faul und grau aus dem trägen Meer. Ich blicke mich um, und es fühlt sich an, als hätte man mich in einen alten Schwarz-Weiß-Fotoabzug hineingeklebt: Der Strand ist hier schwarz durch das Vulkangestein der Insel, das Wasser wird vom Himmel in ein helles Grau getaucht. Schwarze Vögel, die mir unbekannt sind und die aussehen wie eine Mischung aus Möwe, Rabe und Truthahn, picken lange, nasse Würmer aus dem matten Sand. Frauen und Männer drücken sich mit mir unter ein kleines Vordach und trinken zuckersüßen Kaffee aus winzigen weißen Styroporbechern. Ich spüre, dass ich verstohlen und doch neugierig gemustert werde. Ich bin die einzige Person hier, die nicht aus Indonesien stammt. Weit und breit keine Smoothie Bowl, kein Yogastudio. Nur das graue Meer, der schwarze Sand und die schwarzen Vögel. Dazu gesellt sich herrlich beruhigend die Aussicht auf eine Insel, die vielleicht etwas von dem sauren Geschmack vertreiben wird, den die Begegnung mit Jerome bei mir hinterlassen hat. Sie durchfährt mich immer noch ab und zu wie eine Grippe, die ich nicht auskuriert habe. Denn natürlich haben Jeromes Worte in mir mehr bewegt, als ich das gern zugeben würde. Natürlich frage ich mich, ob ich nicht einem irrsinnigen, einem kindischen, ja geradezu lächerlichen Traum hinterherrenne. Was suche ich denn hier in der Ferne? Mich? Wie pathetisch. Wie abgedroschen. Warte ich darauf, endlich erwachsen zu werden? Wie fühlt Erwachsensein sich eigentlich an? War ich erwachsen, als ich vierzig Stunden die Woche im Büro gesessen habe? Würde ich je mit Sicherheit sagen können, dass nun der Tag gekommen ist, an dem ich diese Ebene erreicht habe, dass ich nun reif, erfahren und selbstbewusst bin?

Denn mein Selbstbewusstsein, und das wird mir schmerzlich bewusst, während ich in meinen kleinen Styroporbecher starre, ist nicht das einer erwachsenen Frau. Es scheint mir, als hätte ich es irgendwann auf meinem Weg einfach verloren. Zwar habe ich eine gute Taktik entwickelt, um diesen Mangel an echtem Selbstbewusstsein zu überspielen und nach außen hin selbstsicher, ja vielleicht sogar arrogant zu wirken. Ich habe Ehrgeiz entwickelt, der mich meine Ziele in einer solchen Windeseile erreichen lässt, dass ich zumindest wegen irgendetwas stolz auf mich sein kann. Aber Selbstbewusstsein – echtes und ungespieltes Selbstbewusstsein – wie fühlt sich das eigentlich an?

Herrlich festgeklebt

Mit dem Geräusch eines Spatens, den man in einen nassen Haufen Sand stößt, läuft mein Boot auf den hellen Strand von Nusa Penida auf. Ich springe waghalsig von Bord und werde gebadet im warmen Wasser und in den neugierigen Blicken, die mir die Einheimischen zuwerfen. Hier sehe ich viele lächelnde Gesichter, viel Wohlwollen, viel unverhohlenes Interesse. Keiner bestürmt mich, keiner will mir dieses oder jenes verkaufen. Mein Gepäck darf ich hier auch allein tragen.

Ich schaue mich um. Der Hafen ist geschäftig, aber nicht in dieser aggressiven Art, die Häfen manchmal an sich haben. Hier scheint es eher wie in einer kleinen Fabrik zuzugehen, in der jeder Mitarbeiter genau weiß, was er zu tun hat. Und so brauche ich etwas Zeit, bis ich einen jungen Mann finde, der mich für einen kleinen Geldbetrag auf seinem Roller zu den Full Moon Bungalows fährt. Da es auf der ganzen Insel nur ein einziges Hostel gibt und ich nach der komischen Nacht in diesem viel zu großen Haus nun dringend etwas Gesellschaft brauche, möchte ich auf jeden Fall in einem Schlafsaal schlafen. Außerdem kann ich nicht leugnen, dass das Geld mittlerweile immer knapper wird, denn ich gebe zwar jeden Tag etwas aus, verdiene momentan aber so gut wie gar nichts. Mein Buch ist noch lange nicht fertig, ich bekomme kaum eine Kooperationsanfrage für meinen Blog, und mein Erspartes tröpfelt von meinem Konto in mein Portemonnaie und von dort in die Kassen der Restaurants, Unterkünfte, Taxis und Boote auf meinem Weg. In den Full Moon Bungalows komme ich für umgerechnet acht Euro die Nacht unter. Wenn ich dazu noch auf ein richtiges Frühstück verzichte und mich nur von günstigem Obst und Lombok-Kaffee ernähre, dann kann ich hier gut und gern ein paar Tage bleiben.

Warmer Wind, in dem der Geruch von verbranntem Laub und Plastik liegt, weht mir in die Nase, während wir über die Straße rasen, die wirklich in einem schrecklichen Zustand ist. Ab und an stehen kauende Kühe am Wegesrand, der gesäumt ist von Palmenwäldern. In den zwanzig Minuten, die wir zu meiner Unterkunft brauchen, sehe ich gerade mal eine Handvoll Menschen und etwa drei Restaurants. Immer noch keine Touristen weit und breit, dafür Kinder, die schreiend und lachend dem Roller hinterherrennen, als wir an ihnen vorbeifahren. Hier bin ich die Attraktion, und das verkrampfte Lächeln, das mich seit Gili Air begleitet, weicht endlich einer angenehmen Ruhe und dem Gefühl, zusammen mit dem Boot, das mich hierhergebracht hat, endlich angelegt zu haben.

Wir kommen an, und ich steige mit zittrigen Beinen vom Roller. Die Full Moon Bungalows liegen direkt an einer unspektakulären Kurve an der einzigen Straße auf dieser Seite der Insel. Links Palmen. Rechts Palmen. Gegenüber ein Kind mit einem Schwein an der Leine, das so groß ist, dass es eher wie ein Pony mit zu kurz geratenen Beinen aussieht. Das Kind streichelt dem Schwein gedankenverloren über den Kopf.

»Die sind so süß, oder?«, höre ich plötzlich eine freundliche Stimme auf Deutsch hinter mir. Ich drehe mich um: Hinter mir steht eine junge Frau mit wilden blonden Haaren, einigen Ketten an Armen, Händen und Beinen und dem sonnigsten Lächeln, das mir seit einigen Wochen begegnet ist. Ihre Wangen bekommen kleine Grübchen, wenn sie lacht, ihre Augen strahlen blau und ruhig, ihre Nase ist gesprenkelt mit Sommersprossen.

»Woher weißt du, dass ich aus Deutschland komme?«, frage ich erstaunt.

»Na, dein Pass!«, sagt sie und deutet auf das kleine dunkelrote Büchlein in meiner Hand, das ich gerade für den Check-in ausgepackt habe. »Ich bin Luise«, sagt sie – und nimmt mich in den Arm. »Ich hänge hier schon eine ganze Weile fest, irgendwie. Du wirst es lieben!«

Luise. Sie begleitet mich zur Rezeption, und nachdem ich eingecheckt habe, folge ich ihr zum Schlafsaal, in dem zwischen mit Bastmatten behangenen Wänden sechs hohe, stabile Doppelstockbetten stehen. Mir fällt auf, dass Luise leicht humpelt, und ich erkenne einen Verband an ihrem linken Bein. Sie folgt meinem Blick und verzieht das Gesicht.

»Absolute Scheiße ist das, ich sag's dir. Hab mich mit dem Roller hingelegt – schon vor drei Tagen. Scheißstraßen hier, ehrlich. Pass bloß auf, wenn du Roller fährst, das ist hier kein Spaß. Na ja, ich hab das jetzt seit drei Tagen und nehme es als Ausrede, einfach noch ein bisschen länger zu bleiben. Ich bin nämlich schon seit einer Woche hier! Alle sagen, nach ein paar Tagen wurde ihnen hier langweilig, aber ich kann das echt überhaupt nicht verstehen. Ich meine, wie kann das bitte sein? Es ist so wunderbar hier. Kaum andere Touristen und eine Natur, die echt zum Heulen schön ist, einfach nur irre!«

Sie erzählt mir von halsbrecherischen Abstiegen zu versteckten Stränden und zu wilden Buchten und Kletterpartien über dschungelbedeckte Felsen. Von Sonnenuntergängen und Mantarochen, und ich denke nur: Ja, ja, ja! Ich weiß, hier bin ich richtig.

»Oh, und der Nachtmarkt! Du musst mitkommen, da gehen wir heute Abend hin! Abendessen für fünfzig Cent – klingt gut, oder?«

Nachdem ich auf Gili Air beinahe zehn Euro pro Mahlzeit berappen musste, klingt das nicht nur gut, das klingt nach meinem neuen Lieblingslied. Luise quatscht ein bisschen weiter, und ich lasse mich von ihrer Stimme forttragen wie von einem schaukelnden Floß, während ich auf meinem Bett liege und an die hohe Decke starre.

Ich muss eingeschlafen sein, denn als ich die Augen aufschlage, dämmert es bereits draußen. Luise ist wieder da und grinst mich an.

»Ich nehm das mal nicht persönlich, dass du einfach eingeschlafen bist«, sagt sie und lacht. »Wir wollen gleich etwas essen fahren, kommst du mit?«

Sie stellt mir, nachdem ich mich kurz frisch gemacht habe, die anderen Reisenden aus unserem Schlafsaal vor. Ein weiterer Deutscher namens Jan, ein junger Schwede und eine Engländerin mit den rötesten Haaren, die ich je gesehen habe. Sie macht mich auch mit Jim, dem niederländischen Besitzer der Full Moon Bungalows, und Thony, seinem besten Freund, bekannt. Thony kommt von der indonesischen Insel Komodo, hat wilde Dreadlocks und spricht ein piekfeines, beinahe akzentfreies britisches Englisch. Ich sehe, wie Luise und er miteinander umgehen, und verstehe sofort, dass sie sich sehr zueinander hingezogen fühlen.

Jan, der deutsche Backpacker, nimmt mich auf seinem Roller mit, und so rasen wir einige Minuten später im Konvoi über die einzige Straße hier, auf der das Licht der blauen Stunde langsam dem Schwarz der Nacht weicht. Ich werde durchgeschüttelt und klammere mich an den Unbekannten vor mir. In meinem Inneren ist so viel Freude, Aufregung und Glück, dass es sich anfühlt, als hätte ich eine Popcornmaschine verschluckt. Endlich. Endlich darf ich das erfahren, wonach ich mich so lange gesehnt habe. Liebe Menschen. Bodenständigkeit. Und Essen für fünfzig Cent, das tatsächlich köstlich ist. Auf dem winzigen Nachtmarkt, der aus nur drei Ständen und einem Kinderkarussell besteht, das schräg und blechern die Melodien von Kinderliedern dudelt, nehmen wir an den Plastiktischen vor einer Garküche Platz. Es gibt herrlich scharfes Gado-Gado, ein Gericht aus Erdnüssen, Gemüse, Eiern und Reis. Dazu trinken wir eine hellrote Brause mit undefinierbarer Geschmacksrichtung.

Thony erzählt, wie er nach Nusa Penida gekommen ist und dass er hier als Tourguide und als Sänger arbeitet. »Wir jammen später noch ein bisschen, das wird abgefahren«, sagt er. Ich habe bereits bei meiner Ankunft gesehen, dass die Bar der Full Moon Bungalows mit Instrumenten und einer Soundanlage ausgestattet ist, und mich darüber sehr gefreut. Ich selbst singe ganz passabel und klampfe dazu gern unbeholfen auf meiner Ukulele herum, und ich habe große Lust, nachher etwas Musik zu machen. Aber erst mal: essen, quatschen, ankommen. Die würzige Luft einatmen, in der sich Meer und Chili, Kräuter und Nachtwind mischen. Meine liebste Duftnote: der Duft des Abenteuers. Ja, Abenteuer. Danach dürstet es mich. Ein wenig Improvisation, ein wenig Chaos, ein wenig herzliche Planlosigkeit. Ich giere nach dem Knistern, dem Funken, dem Feuer, das ein solcher Ort in mir auslöst und mit dem ich die Erinnerung an das mit Beton glasierte Gili Air ausräuchern kann.

»Du siehst aus, als würde es dir hier gefallen«, sagt Luise. »Wer weiß, vielleicht kleben wir ja ab jetzt gemeinsam hier fest.«

Der Abend endet mit einer kleinen Beachparty, wie Jim es nennt: Wir paar ausländischen Gäste sitzen mit einer bunten

Truppe einheimischer Männer am Strand, spielen Instrumente, singen und tauschen Lebensweisheiten aus. Das Bintang wirkt wie Schmieröl auf unseren Stimmbändern, und Luise und ich singen abwechselnd, dann gemeinsam – bis Thony mit einsetzt. In dem Moment, als seine wunderschöne, glasklare Tenorstimme sich über die unseren erhebt, verstummen Luise und ich in beinahe andächtiger Überraschung. Ich weiß nicht, ob ich schon mal jemanden so habe singen hören: Thonys Stimme bohrt sich durch mein Trommelfell direkt in mein Herz, und in diesem Augenblick verstehe ich, warum Luise ihn mit diesem Blick ansieht. Einem Blick voller Angst, dass etwas Wundervolles, beinahe Heiliges zerbrechen könnte, wenn man ihm zu nah kommt. Dass man eine Schicht aufreißen könnte, unter der so viel Schmerz, Heimweh und Sehnsucht liegen, dass diese Gefühle seine Stimme sogar beim Singen einfacher Popsongs erfüllen. Thony ist der Star dieser Insel, und an der Rechtmäßigkeit dieser Auszeichnung besteht kein Zweifel. Wenn er seine großen braunen Augen schließt, wirken seine langen Wimpern fast feminin. Seine Stimme klingt süß wie ein Honigbrot, warm wie ein Sommerregen und sanft wie die Berührung eines Geliebten. Ich sehe, wie seine Kumpels grinsen: Sie wissen genau, dass ihr Freund mit dieser Stimme die Damenwelt verzaubert. Von Jim erfahre ich jedoch recht schnell, dass Thony das nie ausnutzt, sondern sich eher rarmacht und eigentlich sehr schüchtern ist.

»Morgen wieder das Gleiche?«, fragt Jim uns, als Luise und ich beide in Richtung Bett aufbrechen. Ich drehe mich um und blicke auf das Meer, in dem sich das Licht des Mondes tausendfach bricht. Ich höre das Rauschen der Wellen, die sanft und leise ans Ufer schlagen, spüre den warmen, salzigen Wind auf meinen Wangen und an meinen Beinen.

»Ja, morgen wieder«, sage ich und verschwinde mit Luise in Richtung Schlafsaal. Morgen und übermorgen und überübermorgen ...

Ein paar Tage später weiß ich: Luise hatte recht, als sie meinte, wir würden hier zusammen festkleben. Ich bin nun seit fünf Tagen auf der Insel, und ginge es nach mir, würde ich bleiben. Endlos lange bleiben. Würde mich auf kaputten Straßen durchrütteln lassen und dem Kind mit dem dicken Schwein vom Palmengarten gegenüber zusehen. Würde abends Musik machen und morgens eine ganze Papaya zum Frühstück essen, so wie ich es die letzten Tage gemacht habe. Würde abends meine Zehen in den Sand einsamer Strände graben und Kokosnüsse trinken und tagsüber am Laptop sitzen und weiter an meinem Buch arbeiten. Ich spüre, wie die Zeit hier nicht nur meinem Geist, sondern auch meinem Körper guttut.

Momentan spüre ich von meiner Krankheit so gut wie nichts, ein Zustand, den ich schon seit einem guten halben Jahr nicht mehr hatte. Mein letzter Schub, also die letzte Aktivität der Multiplen Sklerose, liegt nun etwa ein halbes Jahr zurück. In den Jahren davor hatten sich alle durch Schübe neu aufgetretenen Symptome immer wieder vollständig zurückgebildet – aber dieses Mal nicht. Dieser Schub war anders gewesen. Stärker, mächtiger, beängstigender. Dieses Mal hatte meine MS mir kurz den Boden unter den Füßen weggezogen, hatte mich ins Wanken gebracht. Sie hatte mir gezeigt, dass sie nicht zu unterschätzen war. Doch ich war wieder aufgestanden und hatte weitergemacht. Hatte Schwindel, Missempfindungen und Schmerzen hinter den Augen versucht, mit Arbeit niederzukämpfen. Mein letztes Aufbäumen gegen die Krankheit. Ich versuchte mit allen Mitteln, gegen sie anzukämpfen.

Bis ich meinen Job kündigte und auf meine Pilgerreise ging. Sechshundert Kilometer auf dem Jakobsweg später hatte ich etwas Essenzielles gelernt und verstanden: Wenn ich kämpfe, kämpfe ich nicht gegen die MS, sondern gegen meinen Körper und damit gegen mich selbst. Jeder Versuch, die Krankheit mit noch mehr Verausgabung, Arbeit und Sport zum Schweigen zu bringen und wieder »in den Griff« zu bekommen, war ein Vergehen an mir selbst. An meiner Seele, an meinem Körper. Ich hatte nach dieser Pilgerreise endlich verstanden, dass nichts sich zum Positiven wenden würde, bevor ich nicht anfing, *mit* meinem Körper statt *gegen* ihn zu arbeiten. Ich würde endlich lernen müssen, auf die Bremse zu treten, anstatt bei voller Fahrt den Sicherheitsgurt zu lösen und zu denken: Dann fahr doch gegen die Wand. Ich will nicht gegen die Wand fahren. Ich will liebevoll mit meinem Körper umgehen. Ich will mein Nervensystem, mein Gehirn und jedes Körperteil unterstützen. Ich möchte lernen, mir selbst mit Liebe und Fürsorge zu begegnen. Und mit Verständnis. Ja, ich denke, Verständnis wäre das größte Geschenk für mich selbst. Ich *bin* mein Körper, mein Nervensystem. Ich existiere nicht unabhängig von ihm, ich brauche ihn – und zwar noch so lange und so gesund, wie es eben geht.

Hier auf Nusa Penida spüre ich endlich, wie ich mich entspanne. Wie meine fast konstant verspannte linke Seite sich etwas lockert. Weniger schmerzhafte Blitze durchzucken nun die Nervenstränge, die von meinen Pupillen in mein Gehirn führen. Weniger Schwindel schwappt über mich. Die MS wird momentan weniger – und ich, meine Seele, meine Persönlichkeit, werde mehr. Ich bin wieder gern in mir, in dieser Hülle, die mich manchmal so ratlos, so wütend, so hilflos macht.

Es gibt eben kein Handbuch, das einem erzählt, wie man mit der Multiplen Sklerose umzugehen hat. Es gibt nur Hunderte von Ärzten, von denen jeder einem etwas anderes erzählt. Und eine Bandbreite an Medikamenten, die alle keine Heilung, aber dafür eventuell einen besseren Verlauf in Aussicht stellen. Und von denen man sich dann das geringste Übel aussuchen darf, ohne zu wissen, ob es auch wirklich anschlagen wird. Was auf jeden Fall immer dabei ist? Nebenwirkungen. Diese sind, im Gegensatz zur Wirkung, nachgewiesen. Bei jeder Person anders, so wie die Wirkung, aber sie treten definitiv auf.

Und so sehe ich das, was ich hier tue, als die eigentliche Therapie an: Ich kümmere mich um meine Freiheit, meine Ruhe, meine Selbstbestimmtheit. Dazu gesunde Ernährung, Sport und, ja, weniger Stress und mehr Schlaf. Das ist meine Therapie. Die blauen Kapseln, die ich schlucke und deren Wirksamkeit nicht so richtig nachgewiesen ist, sind Pflicht. Was ich mit meinem Körper anstelle, das ist die Kür. Das ist, was ich in der Hand habe. Und anstatt meinen Körper mit Faustschlägen zu malträtieren, halte ich ihn nun sicher und warm. Ich passe auf dich auf, Körper. Ich passe auf mich auf.

Bis hierhin und nicht weiter

Der wievielte Morgen es ist, den ich mit dem Blick auf die Bastmatten an der Decke meines Schlafsaales aufwache, weiß ich schon kaum mehr – mittlerweile muss ich über zehn Tage hier auf Nusa Penida sein. Natürlich zusammen mit Luise, die ebenso wenig wie ich einen Gedanken daran verschwenden möchte, dass unsere Zeit hier bald zwangsläufig zu Ende gehen wird. Denn sowohl auf mich als auch auf sie wartet ein Flug. Luise fliegt weiter zu ihrem nächsten Reiseziel, das sich in die Perlenkette der Länder reiht, die sie besucht und in denen sie einen Hauch ihrer Wärme und ihrer Schönheit hinterlässt, die sie mit ihrem Lächeln dort sät wie eine seltene Blume. Für mich geht es, mit einem zweitägigen Stopover in Berlin, weiter nach Lateinamerika – erst Mexiko, dann Kolumbien. Der Plan sieht folgendermaßen aus: In Berlin werde ich auf einer Konferenz zum Thema »Influencer im Gesundheitsbereich« sprechen. Ich werde Mats sehen, und wir werden aus diesen zwei kurzen Tagen so viel wie möglich herausholen. Werden schön essen gehen, Händchen halten und uns tief in die Augen schauen, um uns zu vergewissern, dass unsere Beziehung diese Belastungsprobe aushält. Danach werden weitere anderthalb Monate vergehen, bis wir endlich für längere Zeit in Kolumbien vereint sein werden.

Nach Mexiko, wo ich mit 16 Jahren ein Jahr lang gelebt habe und zur Schule gegangen bin, reise ich erst mal allein. Ich möchte dort gern die kleine Stadt Oaxaca besuchen, in der ich damals lebte und wo ich noch viele Freunde aus Highschool-Zeiten habe. Auch in Juchitán, dem Heimatdorf meines besten mexikanischen Freundes Estebán, will ich vorbeischauen. Das Dorf befindet sich in einer Bergregion und ist in Hinsicht auf Frauenrechte, Anerkennung von Homosexualität, Gleichberechtigung und Umweltschutz sehr fortschrittlich. Vor einigen Wochen wurde die Region jedoch von einem starken Erdbeben erschüttert. Estebán und seine Freunde setzen sich rund um die Uhr dafür ein, Spenden im Erdbebengebiet zu verteilen, Notunterkünfte zu bauen und Wasser in die entlegenen Winkel der Stadt zu bringen. Um sie zu unterstützen, habe ich in Berlin Spenden bei meinen Freunden und Kollegen gesammelt. Nun möchte ich selbst dorthin fahren, um mit Estebáns Hilfe zu entscheiden, wo diese Gelder investiert werden sollen. Nach meiner Reise nach Mexiko geht es für mich dann weiter nach Kolumbien, das – vorerst – letzte Ziel meiner Reise. Dort werde ich für anderthalb Monate die Pferdefarm meiner Freundin Lilly aus Berlin managen, während sie Weihnachten mit ihrem Freund in Deutschland und Irland verbringt. Und dann, dann kommt endlich Mats.

So bin ich einerseits etwas traurig, dass meine Zeit hier auf der wunderschönen, ruhigen Insel bald zu Ende geht – zum anderen aber freue ich mich auch auf den neuen Abschnitt meines großen Abenteuers. Ich nehme den Blick von der Decke und sehe mich im Schlafsaal um. Alles ist in ein bläuliches Licht getaucht, es muss noch sehr früh sein. Nur Jan ist schon wach, und ich sehe seine weißen Zähne in dem schummrigen Licht leuchten, als er mich angrinst.

»Mann, die Mantas! Die waren so geil, oder?«, flüstert er mir zu und kommt auf leisen Sohlen näher an mein Bett heran.

»Das war das Beeindruckendste, was ich je erlebt habe«, antworte ich – und es stimmt.

Wie auch ich ist Jan Taucher, und gestern haben wir uns beide einen Traum erfüllt: Tauchen mit Mantarochen. Hier auf Nusa Penida gibt es einen Tauchspot, der sich Manta Point nennt – an diesem Ort kommen die riesigen Meerestiere zusammen, um sich von anderen Fischen putzen zu lassen. Und so hievten wir in aller Frühe das unfassbar schwere Equipment an Bord des kleinen Bootes der Tauchschule, das uns aufs Meer hinausbringen würde. Ein paar andere Taucher waren noch mit an Bord, aber alle waren sehr ruhig, fast in sich gekehrt. Man hörte nur die Wellen dumpf glucksend gegen den Bug schlagen, die Mienen der anderen leuchteten vor Aufregung, doch ihre Münder blieben verschlossen. Der Motor heulte auf, und schon jagten wir hinaus aufs endlose Blau des Meeres, tanzten und sprangen über die Gischt wie ein Kieselstein, den man in einen Fluss schnippt. Am Manta Point sprangen wir in die kühlen Fluten, gaben uns die entsprechenden Zeichen – und tauchten ab.

Wenn man die Wasseroberfläche hinter sich gelassen hat, fühlt sich das so an, als hätte jemand kurzerhand alle Einstellungen an der Musikanlage, die den Ton im Kopf macht, geändert. Helle Töne werden dumpf und dunkel. Leise Geräusche scheinen tausendfach verstärkt. Boote, die zwanzig Meter über einem über die Wellen donnern, klingen wie ein startender Düsenjet. Die Geräusche scheinen vielmehr im eigenen Kopf zu entstehen, als tatsächlich von den Dingen auszugehen, die sie auslösen. Ich liebe diesen Zustand, und mein Atem wurde ruhiger und ruhiger, während die Farben um mich herum langsam blauer wurden, die Kraft der uns umherwirbelnden Wellen geringer und mein Geist klarer. Es dauerte nur wenige Minuten, bis sie angeschwommen kamen – riesige Mantarochen, mit einer Eleganz und traurigen Schwere, die mich an betende Mönche in langen Kutten erinnerte. Wie in Zeitlupe schwebten diese riesigen Geschöpfe über uns hinweg, ihre riesigen, bis zu vier Meter breiten Körper warfen schwarze Schatten auf uns. Die Mimik eines Tauchers zu erkennen, ist wegen des Atemreglers und der Maske nicht immer leicht, aber nun sprangen mir die Blicke meiner Mittaucher geradezu so durchdringend entgegen, dass ich kurz Angst bekam, sie könnten die Scheiben ihrer Tauchermasken durchbrechen. Die Blasen, die aus unseren Mundstücken aufstiegen, schienen die »Aaahs« und »Ooohs«, die uns entwichen, portionsweise an die Wasseroberfläche zu tragen. Wir schwammen mit den Mantas, die uns relativ wenig beachteten und sich lieber ganz der Körperpflege widmeten, und als die Stunde unter Wasser vorbei war und wir auftauchen mussten, fühlte es sich an, als würden wir einem wunderbaren abenteuerlichen Traum entrissen. Ja, das war wirklich das beeindruckendste Naturschauspiel, das ich je gesehen habe. In einem solchen Moment fühlt man sich so klein und unwichtig, dass man sich seiner eigenen Existenz fast ein wenig schämt. Man möchte diesen übernatürlichen Geschöpfen keinen Millimeter Platz wegnehmen auf diesem Planeten, der sie so dringend braucht und den der Mensch tatkräftig zerstört. Den ich zerstöre, weil ich nun mal da bin, weil ich atme, esse, reise, mich kleide und Dinge benutze. In diesem Moment hätte ich meine eigene Existenz verfluchen können, mit der ich den Lebensraum dieser Giganten bedrohe, die schon Millionen von Jahren vor mir da waren und – wenn wir sie nicht ausrotten – uns auch um Millionen von Jahren überleben werden.

Bevor Luise und ich morgen mit der klapprigen Fähre zurück nach Bali fahren, um dort nach einer Übernachtung beide in verschiedene Richtungen aufzubrechen, möchten wir uns heute noch mal einen der berühmtesten Aussichtspunkte der Insel ansehen. Ich bin mit meinem Buch hier sehr gut vorangekommen, und so habe ich kein Problem damit, mal einen Tag »frei« zu machen und einfach nur Touristin und Entdeckerin zu sein. Nach meinem traditionellen Papayafrühstück, in das sich Luise mittlerweile dankend eingeklinkt hat, springen wir auf die Roller und düsen los Richtung Kelinking Beach – ich bei Jan, Luise bei Thony hinten drauf. Sie schlingt ihre gebräunten Arme um seine schmalen, fast jungenhaften Hüften und legt den Kopf an seinen Rücken, und ich wünsche mir so sehr, dass ihre Zuneigung ja vielleicht heute, an ihrem letzten Abend auf der Insel, endlich von Thony erwidert wird. Er hat Luise gehegt und gepflegt, während sie Abend für Abend ihren von dem Mopedunfall verletzten Fuß betrachtete, verband und reinigte. Oft hatte sie Tränen in den Augen, die manchmal auch den Weg über ihre weichen Wangen fanden.

Wir fahren über die Insel, so schnell es die Straßen zulassen. Immer wieder liegt Rauch in der Luft, in dem das Aroma von geschmolzenem Plastik und brennenden Palmenzweigen liegt. Eine Müllabfuhr gibt es auf Nusa Penida nicht, und so bleiben den Einheimischen genau drei Möglichkeiten: Sie können den Müll vergraben, verbrennen – oder ihn ins Meer werfen. Jim, der Besitzer unserer Unterkunft, hat mir versichert, dass das Verbrennen immerhin noch besser ist, als alles ins Meer zu kippen, und so nehme ich diese giftigen Wolken, so traurig sie mich stimmen, als Teil der Insel an – wenn auch einen zerstörerischen Teil.

Die Straße wird immer zerstückelter, steiler und abenteuerlicher. Ständig muss ich absteigen, weil Jan Angst hat, bergauf zu langsam zu werden und zu stürzen. Da Luise kaum laufen kann, kämpft Thony sich tapfer mit ihr die Berge hoch – er kennt die Straßen natürlich auch besser als wir zwei Käsegesichter! Nach einer guten Stunde Fahrt haben wir es geschafft und stehen oben auf einer Klippe, die in schwindelerregender Höhe über dem Kelinking Beach thront. Der Ausblick ist so atemberaubend, dass er einen vor Ungläubigkeit fast albern werden lässt. Ich kann kaum glauben, dass es solche wunderschönen Orte wirklich gibt und dass ich nun hier oben stehe, mit lieben Menschen an meiner Seite. So gesund, wie es nun mal geht. Und frei. Und irgendwie gerade auch verdammt glücklich. Als mich vor fünf Jahren die Diagnose MS von den Beinen fegte, hätte ich niemals damit gerechnet, dass ich jemals den Mut finden würde, den Traum von meiner Weltreise wahr werden zu lassen.

»Ich will da runter!«, sagt Jan kurzerhand.

»Wie, da runter? Wie kommt man da bitte schön hin?«, frage ich irritiert zurück, während ich den Blick kaum von dem weißen, mondsichelförmigen Strand in der Tiefe reißen kann, der von türkisblauem Wasser umspült wird.

»Es gibt da hinten ... na ja, so was wie eine Treppe«, sagt er gedehnt.

So was wie eine Treppe? Was genau meint er damit? Ich folge ihm, angefixt von der Idee, mich in die kühlen blauen Fluten zu stürzen, die da unten an den Strand schlagen. Einige Schritte später stehen wir vor einem Gebilde, das mich an die Baugerüste in China erinnert: Dort, das habe ich mal in einer Doku gesehen, werden sogar die Wolkenkratzer mithilfe von Baugerüsten aus Bambus errichtet. Stellt man sich nun ein solches

Baugerüst vor, lässt zwanzig Jahre Wind und Wetter darüber tosen und flickt die kaputten Stellen notdürftig mit Paketband und blauen Plastikschnüren, dann dürfte man ungefähr bei der Qualität von »so was wie einer Treppe« angekommen sein, die hier in einem halsbrecherischen Winkel in die Tiefe führt. Ich kämpfe die in meiner Magengegend aufsteigende Angst nieder, denn ich möchte unbedingt da runter.

»Okay, los geht's!«, sage ich und steige über die Absperrung vor der Treppe, an der einige Verbotsschilder vor dem Abstieg warnen. Luise kann aufgrund ihrer Verletzung nicht mitkommen, und Thony leistet ihr in sicherer Höhe Gesellschaft. So sind es nur Jan und ich, die uns an den Abstieg wagen. Erzählt das bloß nicht meiner Mama, schießt es mir durch den Kopf. Und während ich mit Händen und Füßen immer wieder nach Halt suchend weiter und weiter in die Tiefe steige, denke ich daran, wie leichtsinnig wir doch manchmal mit uns, mit unserer Gesundheit, unserer Sicherheit umgehen. Warum neigen wir so oft dazu, uns in eine solche Gefahr zu begeben? Macht die Gefahr erst, dass wir uns wirklich lebendig fühlen? Und warum verstehen wir erst, wie kostbar unser Leben ist, nachdem uns ein Teil unserer Lebensqualität aus dem einen oder anderen Grund abhandengekommen ist?

Es ist brütend heiß, und die indonesische Sonne knallt mir ungefiltert auf den Turban, den ich notdürftig aus einem Tuch um meinen Kopf gebunden habe, um nicht unterwegs einen Sonnenstich zu erleiden. Jan ist schon weit unter mir, immer wieder ruft er hoch, ob alles okay sei. Ist alles okay? Ich bin mir nicht komplett sicher. Meine Turnschuhe sind überzogen von einem Gemisch aus weißem Schlamm und noch weißerem Staub. Meine Hände bekommen immer wieder hier und da kleine Kratzer und Macken ab, und mein Schweiß brennt in diesen Wunden, brennt in meinen Augen. Regelmäßig bricht unter meinen Schritten ein Bambuszweig durch, entdecke ich eine fehlende, nicht abgesicherte Stufe, ein loses Bambusgeländer, einen sich lösenden Plastikseilknoten. Von oben rieseln ab und an kleine Steinbrocken herunter, losgetreten von den Menschen hoch über mir. Der Wind pfeift um mich, und es ist eine derart laute Stille, dass ich es plötzlich mit der Angst zu tun bekomme. Mittlerweile gleicht die Treppe eher einer Leiter nach einem Wirbelsturm, der Abstieg verläuft komplett vertikal und am Hang entlang.

»Jan!«, schreie ich nach unten, mich zitternd an das wackelige Bambusgestänge klammernd. Dass ich zittere, bemerke ich erst jetzt. »Jan!«, rufe ich noch einmal, bis endlich ein gedämpftes »Ja!« aus der Tiefe zu mir dringt. »Jan, ich kann nicht mehr! Ich drehe um!«, schreie ich, und ohne eine Antwort meines Mitabenteurers abzuwarten, mache ich mich wieder an den Aufstieg, bevor ich auch nur einen Schritt auf dem verheißungsvollen weißen Sand tun konnte. Genug. Ich merke, dass ich meinen eigenen Grenzen auf diesem Abstieg so nah gekommen bin wie vielleicht noch nie in meinem Leben. Ich liebe Adrenalin, Nervenkitzel. Fallschirmspringen, schwindelerregende Höhen – alles kein Problem. Aber »so was wie eine Treppe« am Kelingking Beach, das ist der eine Endgegner, den ich heute nicht besiegen werde – und wahrscheinlich nie. Und wahrscheinlich ist das auch okay, denn muss man immer die Grenzen sprengen, die einem der eigene Körper und der eigene schreiende Geist auferlegen? Warum fällt es mir so schwer, mich an das zu halten, was mein Kopf und Körper mir sagen? Ich habe das Gefühl, heute das erste Mal seit langer Zeit auf meine Intuition gehört zu haben, wenn es darum geht, kürzer zu treten. Ich muss nicht immer alles durchboxen, ich muss mich nicht beweisen – nicht vor mir, nicht vor anderen. Manchmal ist die mutigste Entscheidung, umzukehren. Einen Schritt zurückzutreten. Zu sagen: »Ich kann das nicht« oder auch »Ich will das nicht« – das ist ein wirklicher Triumph. Eine Selbstfürsorge, die einen groß macht. Innerlich.

TEIL 2
WACHSTUMSSCHMERZ

Zeitzonenwechsel

Berlin, sechs Grad, Regen. Übermüdet und auch ein wenig mürrisch blicke ich aus dem eiförmigen Flugzeugfenster auf die nur allzu vertraute nassgraue Landebahn von Berlin-Tegel. *Hello, again* – ich bin dann mal wieder da, wenn auch nur kurz. Alle wärmeren Anziehsachen, die ich in Thailand und Indonesien dabeihatte, habe ich übereinander angezogen, um mich mit dem Zwiebelprinzip gegen die bissige Kälte meiner geliebten Heimatstadt zu wehren. Es ist noch früh, Mats wird auf der Arbeit sein, wenn ich bei ihm ankomme. Einen Schlüssel zu seiner Wohnung habe ich schon seit den ersten Wochen unserer Beziehung, denn als wir uns endlich entschieden, »ernst« zu machen, waren wir schon so felsenfest ineinander verliebt, dass es zum Zweifeln keinen Anlass gab. Den gibt es immer noch nicht. Ich habe mit ihm das erste Mal das Gefühl, angekommen zu sein. Ich habe das Gefühl, dass der beste Mann für mich Mats ist. Dass ich dieses eine große, unvergleichliche Geschenk, nach dem wir uns doch alle irgendwie unser Leben lang sehnen, bereits erhalten habe – die große Liebe. Und dafür bin ich unendlich dankbar. Denn ohne Mats wäre ich, um es kurz zu sagen, nicht die Person, die ich bin. Es waren seine starken Hände, die mich hielten, als meine MS sich vor einem halben Jahr plötzlich von einer stillen Violinistin in eine lautstarke Punkrockerin verwandelte und meinen Kopf schwindelig und mein Bein taub machte. Es waren seine kastanienbraunen Augen, die mich vertrauensvoll ansahen, als ich sagte, dass es mir gut geht und dass ich das auf jeden Fall packe. Es waren seine Ohren, die ich mit meinen geschluchzten Worten über Zukunftsängste füllte, als ich beschloss, meinen Job zu kündigen und in die größte, aufregendste Dummheit meines Lebens aufzubrechen. Sein Herz ist es, das mich hält und das mich heilt. Seine Wärme, seine Nähe. Von Tag zu Tag liebe ich diesen Mann mehr und möchte ihm so viel geben, wie er mir gibt. Aber vielleicht ist das nicht möglich. Vielleicht sind zwischenmenschliche Beziehungen nicht dazu gemacht, ausgewogen zu sein. Vielleicht braucht ein Liebespaar wie ein Perpetuum mobile ein gewisses Ungleichgewicht, um in Bewegung zu bleiben. Ich schäme mich sehr dafür, dass ich nicht der Part bin, der mehr gibt, sondern mich immer so fühle, als würde ich mehr nehmen. »Das ist Unfug«, sagt Mats dann und streicht mir über die Haare. »Du hast eine Krankheit, die ich nicht habe, und deswegen helfe ich dir. Du hast genug abbekommen vom Schicksal.« Habe ich das? Wann hat man eigentlich das Soll an Mist und Rückschlägen erfüllt, die das Leben einem so reinwürgt auf dem Weg von der Babywiege ins Grab? Gibt es so etwas wie eine Skala oder ein Konto, auf dem Erfolge und Misserfolge dokumentiert und gegeneinander aufgewogen werden?

Oftmals frage ich mich, warum dieses oder jenes einer bestimmten Personen widerfährt. Meine Freundin Nele zum Beispiel: Irgendwie habe ich manchmal das Gefühl, dass sie vom Pech verfolgt wird. Wenn einer Person nach nur einer Woche der neue Laptop in der Bahn geklaut wird, ist sie es. Wenn eine Person beim Schwarzfahren erwischt wird, weil sie sich ein Mal kein Ticket gekauft hat, dann ist es sie, und genauso ist sie es, die ihren Pass im Flugzeug in der Sitztasche vor sich vergisst oder im Urlaub ihre Kreditkarte im Automaten stecken lässt – und natürlich hat sie nur die eine dabei. Ich muss immer schmunzeln, wenn ich an sie denke, denn ich liebe sie sehr – aber manchmal frage ich mich, warum es Menschen gibt, die mehr Pech anzuziehen scheinen als andere.

Und dann gibt es da noch die Liebesmagneten, zu denen ich Mats zählen würde. Menschen, die man einfach unmöglich nicht mögen kann. Das scheint in ihrer DNA einfach nicht so vorgesehen. Menschen, die mit ihrem sonnigen Lachen, dem Strahlen in ihren Augen und der Wärme ihrer Berührung dafür sorgen, dass das Gegenüber sich in Millisekunden geliebt, verstanden und geachtet fühlt. Ich teile meinen wunderbaren Freund quasi mit halb Berlin, denn alle lieben Mats – und ich bin manchmal, auch wenn ich mich insgeheim dafür schäme, sogar ein bisschen stolz darauf, dass *ich* es bin, die diesen wunderbaren Mann an ihrer Seite hat.

Nachdem ich mich träge aus meinem Flugzeugsitz geschält habe und durch das wuselige Flughafengebäude ins kalte Nass draußen gewankt bin, sitze ich endlich in der Bahn und zuckele Richtung Friedrichshain. Die Stadt versinkt im frühwinterlichen Nebel. Es ist Anfang Dezember, doch eine klirrende Kälte scheint sich, wie in den letzten Jahren, auch dieses Jahr nicht einstellen zu wollen. Stattdessen spiegeln sich in dem Regenfilm auf dem nassen Asphalt die Lichter der Autos, Geschäfte und Ampeln. Übermorgen geht es für mich bereits weiter. Bei diesem Wetter hält sich die Trauer darüber in Grenzen. Morgen werde ich auf einer Konferenz sprechen und kurz meine Mutter, meinen Bruder und natürlich Mats sehen. Rein, raus, Hallo und Tschüss. Nur kein Aufheben darum machen. Keine Aufmerksamkeit auf mich ziehen, denn Zeit für weitere soziale Happenings oder Verabredungen bleibt mir in diesen wenigen Stunden ganz sicher nicht.

Während ich schläfrig in der Bahn sitze, überkommt mich das unbestimmte Gefühl, jetzt schon eine andere Frau zu sein. Dass ich das Wort »Frau« wähle, um über mich selbst zu sprechen, könnte schon der erste Hinweis darauf sein, dass einige Dinge bei mir sich tatsächlich im Wandel befinden und ich in den letzten knapp zwei Monaten in Asien doch die eine oder andere neue Erkenntnis gewonnen habe. Ich denke an Luise, daran, wie sie die Welt sieht, denke an ihr Lächeln und diesen besonderen Ausdruck in ihren Augen. Für Luise ist alles ein Wunder, ist alles aufregend und neu. Anstatt sich über Dinge zu ärgern, nimmt sie sie an – mit der Neugier eines Kindes. Gleichzeitig ist diese Einstellung so erwachsen, wie ich gern eines Tages auch mal sein möchte.

Der Tag siecht in einem tristen Grau dahin, während ich in Mats' kleiner dunkler Wohnung ankomme, meine Sachen wasche, dem Kaffeemaschinenmonster einen Kaffee nach dem anderen abringe, um nicht vom Jetlag heimgesucht zu werden, und mich auf die morgige Konferenz vorbereite. All der Stress und die Übermüdung sorgen dafür, dass meine Symptome explodieren. Immer wieder muss ich mich zwischendurch hinsetzen, kurz die Beine hochlegen und meinen verspannten Rücken strecken. Zwischendurch checke ich dennoch meine Mails, schaue auf meinem Blog vorbei. Ob mittlerweile eine neue Anfrage reingekommen ist? Eine, die endlich mal nicht Gratisarbeit von mir will, sondern bei der mein potenzieller Kunde auch bereit ist, meine Arbeitszeit zu vergüten? Ich habe zwar noch Erspartes übrig, aber lange werde ich mir meinen Traum vom Reisen nicht mehr erfüllen können, wenn nicht bald etwas passiert. All diese Gedanken, die Sorgen versetzen mich zusammen mit dem Nieselregen vor dem Fenster in eine düstere Stimmung. Ich kann kaum glauben, dass *ich* es war, die noch vor drei Tagen die Füße in den Sand von Nusa Penida gegraben hat.

Ich lege mich ins Bett, auch wenn ich von den Unmengen an Kaffee viel zu aufgedreht bin, und warte auf Mats. Um mich ist Dunkelheit, ich weiß nicht, wie viel Zeit vergeht. Und endlich, endlich kommt Mats nach Hause. Die Unruhe in mir verwandelt sich in ein sanfteres, wärmeres Gewässer, in das er die blütenweißen Papierschiffchen seiner Worte und Berührungen setzt und das mich sicher umspült. Letztendlich sind wir dort zu Hause, wo unsere Liebe ist. Das zeigt mir dieser Abend aufs Neue nur zu deutlich.

Nachdem ein wunderbarer Abend vergeht und ich die anstrengende, aber erfolgreiche Konferenz – für die es zum Glück auch etwas Geld gibt – hinter mich gebracht habe, stehe ich schon wieder vor meinem kleinen auberginefarbenen Handgepäckrucksack. Morgen geht es weiter. Keine Zeit zu verlieren, keine Zeit, anzukommen. Die Klamotten wandern direkt von der Wäscheleine wieder in meinen Packwürfel und in meinen Rucksack. Ich fühle mich wie eine Banane, die man zu einem Smoothie verarbeitet hat – durchgerüttelt und matschig. Das Einzige, was mir gerade die Kraft gibt, diesen Wahnsinn durchzustehen, ist das Wissen, dass ich mich danach erst mal zwei Wochen in Mexiko erholen kann. Das sage ich mir immer wieder überdeutlich, um mich von der Tatsache abzulenken, dass der Flug, den ich gebucht habe, um in Oaxaca anzukommen, alles andere als ein angenehmes Reiseerlebnis sein wird. Die Route hätte sich mein schlimmster Feind nicht besser ausdenken können: Berlin – Oslo – Los Angeles – Mexico City – Oaxaca. Vier Stopovers, 24 Stunden. Zwei Beine, von denen eines jetzt schon schlappzumachen droht. Und eine sich winzig klein fühlende Samira mittendrin, die nicht weiß, wo ihr der Kopf steht, und die sich am liebsten selbst eine Ohrfeige dafür verpassen würde, dass sie sich diesem unmenschlichen Reiseplan aussetzt.

Als sich meine Mutter und mein Bruder am Abend über meinen Multistoppflug lustig machen, lächle ich tapfer. Nur Mats drückt unter dem Tisch meine Hand. Er sieht, wie sich meine Kiefermuskeln anspannen, als ich versuche, mich locker zu geben und nicht zu erzählen, dass ich große Angst davor habe, was diese Flugverbindung in Verbindung mit einem jetzt schon amtlichen Jetlag mit meinem Körper anstellen wird. Mats weiß, dass ich diesen Flug nur gebucht habe, um Geld zu sparen. Geld heißt Sicherheit. Geld in den Komfort eines Lufthansa-Flugs zu stecken, käme mir schlicht dekadent vor. Manchmal denke ich, dass ich eine gute religiöse Fanatikerin geworden wäre, denn darin, mich selbst zu geißeln, bin ich wahrlich ein Profi. Nur dass mir zum Dank für meine Kasteiung nicht das Paradies, sondern nur hundert Euro mehr auf dem Konto winken. Aber hundert Euro – das ist mein Lebensunterhalt für eine Woche in Lateinamerika! Und ja, so muss ich rechnen, solange ich keine Aufträge habe. Ob diese nicht kommen, weil ich mich nicht genug anstrenge, oder ob sie ausbleiben, weil ich vor Anstrengung schon ganz verkrampft und verbissen bin, vermag ich nicht zu sagen. Ebenso wenig weiß ich, ob ich genug Zeit in meine Arbeit investiere oder sogar zu viel. Mit Sicherheit kann ich gerade nur sagen, dass mein Körper sich anfühlt wie ein umgeknickter Grashalm und ich so erschöpft bin, als zöge ich hinter mir einen Traktor übers Feld.

Wir verabschieden uns von meiner Mutter, und statt ins Bett zieht es uns noch in den Nachtklub, in dem ich vor meiner Kündigung als Künstleragentin gearbeitet habe. Wenn mein Zeitgefühl eh schon völlig durcheinander ist, ist es jetzt eigentlich auch egal – dann bleib ich halt bis zum Abflug morgen früh um sieben Uhr wach. Ich muss ja eh um halb sechs am Flughafen sein, also müsste ich um halb fünf hier losfahren, müsste um halb vier aufstehen ... und es ist bereits kurz vor Mitternacht. Wofür mich also noch mal drei, vier Stunden hinlegen? In meiner überdrehten Übermüdung erscheint mir mein Plan geradezu revolutionär, und ich freue mich, meinen Jetlag so auszutricksen, ja, ich werde geradezu von dem verwegenen Gedanken des Durchmachens angestachelt. So bleiben wir im Klub, tanzen, quatschen, knutschen – und verabschieden uns erst, als es für mich höchste Zeit für eine Dusche und den Zug zum Flughafen wird.

Eingehakt laufen wir durch das nächtliche Berlin. Unser Atem steigt in leisen Wölkchen vor unseren Mündern auf, während wir uns aneinanderschmiegen und versuchen, uns gegenseitig zum Lachen zu bringen, um von der Tatsache abzulenken, dass wir uns nun bald für anderthalb Monate verabschieden werden – schon wieder. Schon wieder verlasse ich meinen geliebten Partner und Freund, um mich selbst, um meine Berufung irgendwo da draußen, weit weg von Betondschungel, U-Bahn und Oberbaumbrücke zu finden. Meine Karriere im Musikbusiness ist für mich schon fast nur noch eine blasse Erinnerung an etwas, was ich vor langer Zeit einmal unbedingt wollte. Wie eine Puppe, die ich mir als Kind unendlich doll gewünscht habe und mit der ich nun als erwachsene Frau nicht mehr viel anfangen kann. Liegt es an der Puppe oder an mir? Meine Vergangenheit wirkt wie ein Kleid, aus dem ich herausgewachsen bin. Es gefällt mir zwar immer noch, doch ich passe einfach nicht mehr hinein. Es ist nicht mehr mein Stil.

Zum Abschied küssen Mats und ich uns lange, meine Augen ruhen auf seinen Lippen. »Ich werde dich so vermissen«, sagen wir uns wieder und wieder. Fassen uns bei den Händen.

»Danach sind wir erst mal einfach wieder zusammen«, flüstere ich, als ich meinen Rucksack schultere.

»Wir sehen uns unter Palmen wieder, mein Herz«, sagt Mats, und dann drehe ich mich um und tanze, taumle die Treppen in seinem Treppenhaus hinab. Auf zu den Palmen.

Corazón Mexicano

Spätestens als wir in Los Angeles landen, wird mir die verhängnisvolle Reihe an Fehlern bewusst, die ich begangen habe. Zum einen, dass ich überhaupt dieses irre Routing gebucht habe. Zum anderen, dass ich mal eben in zwei Tagen durch drei Zeit- und Klimazonen getingelt bin, als wären es Geschäfte, in denen man einfach so ein und aus geht. Und mein letzter großer, dummer Fehler war es, nicht noch mal schlafen zu gehen, bevor ich mich auf diese halsbrecherische Flugroute begeben habe. Ich dummes, dummes Mädchen. Ich bin noch weit davon entfernt, eine verantwortungsbewusste Erwachsene zu sein, denn so eine Person schafft es, Verantwortung für sich und ihre Gesundheit zu übernehmen. Und ich? Sobald der Schwindel mich mal ein, zwei Tage in Ruhe lässt, sobald das Gefühl in mein Bein zurückkehrt, malträtiere ich meinen Körper, mein Hirn, mein Nervensystem mit einem Vorschlaghammer – nur weil es eben gerade mal geht. Ich könnte mich ohrfeigen, wäre ich nicht zu müde dafür.

Die Flughäfen auf meinen Zwischenstopps verschwimmen zu einem unbestimmten Wirbel aus Farben, Gerüchen und Geräuschen. Oslo, Los Angeles, Mexiko ... Überall warten, einchecken, aufstehen, anstellen, hinsetzen, anschnallen, abfliegen. Ich will nur noch ankommen. Schleppe mich ins nächste Flugzeug, versuche, zu dösen und gleichzeitig nicht so tief in den Schlaf zu gleiten, dass das baldige Aufstehen mich noch mürber, noch müder macht.

Ich versuche, mich auf halbmast und den Akku immer halb voll zu halten. Nicht aufgeben, nicht aufgeben, nicht aufgeben. Weitermachen. Durchhalten. Es ist bald geschafft.

Und endlich, Tage, Wochen später, so scheint es mir, lande ich in Oaxaca. Der Stadt, in der ich mit 16 Jahren bereits ein Jahr meines Lebens verbracht habe. Einer Stadt, in der ich das erste Mal vor lauter Einsamkeit und Verzweiflung so tief gefallen bin, dass ich dachte, aus diesem Loch würde ich nie wieder herauskommen.

Es war der Sommer 2006, in Berlin hatte ich meine Metamorphose vom Kind zur Jugendlichen mit Bravour abgeschlossen. Ich saß mit Freunden in Parks, trank Bier, rauchte Zigaretten, flirtete mit Jungs und liebte Reggae. Mein Leben war eine Aneinanderreihung von langen schulfreien Nachmittagen und Reis mit Sojasoße, den ich mir kaufte, um das Geld, das meine Mutter mir fürs Mittagessen gab, besser in Eis am Stiel und einige weniger harmlose Dinge investieren zu können. Ich war nicht besonders wild, aber auch kein Musterkind, sondern einfach eine ganz normale Teenagerin.

Und dann Mexiko, für ein Jahr. Ich wollte Spanisch lernen, aber Spanien erschien mir so offensichtlich und langweilig, dass ich mich spontan für das nördlichste Land Lateinamerikas entschied, das Land, aus dem – viel mehr wusste ich damals nicht – Tequila, *mariachi* und ziemlich gutes Essen kamen. Doch in Oaxaca tickten die Uhren damals anders, als ich mir das vorgestellt hatte. Vor allem hatte ich das Gefühl, dass die Stadt und ihre Bewohner in diesem Moment vor allem eines nicht gebrauchen konnten: eine Austauschschülerin, die noch naiv und grün hinter den Ohren war und mal eben ein bisschen Spaß in Mexiko haben wollte. Denn in Oaxaca herrschten zu dieser Zeit an Bürgerkrieg grenzende Zustände.

Die Lehrer der öffentlichen Schulen hatten mit den Protesten begonnen, weil das Geld von der Regierung, das eigentlich den Bildungseinrichtungen zukommen sollte, niemals seinen Weg in die Klassenzimmer fand. Es versickerte, wie so viele Gelder in Mexiko, in den teuren Autos und Häusern einflussreicher Männer. Also streikten die Lehrer, und ein Zusammenschluss aus indigenen Völkern und vielen anderen Organisationen, der sich dem Protest anschloss, forderte den Rücktritt des korrupten Bürgermeisters. Die Maßnahmen, die diese Gruppe ergriff, waren drastisch: Radiostationen wurden besetzt, brennende Straßensperren errichtet. Der Hauptplatz, genannt Zócalo, wurde in Beschlag genommen und in ein Zeltlager verwandelt – und ich, die 16-Jährige, die so gern ein bisschen pittoreskes, buntes Mexiko haben wollte, stand da und verstand die Welt nicht mehr.

Mein Schulweg führte vorbei an Trümmerhaufen, ich musste mich zwischen den stählernen schwarzen Skeletten noch brennender Busse hindurchquetschen. Die Polizei hatte sich aus der Stadt zurückgezogen und beobachtete erst mal die Lage, während die Nächte immer unsicherer wurden. Denn natürlich gab es Trittbrettfahrer, die diese Zeit der scheinbaren Rechtlosigkeit ausnutzten, um kleinere und größere Verbrechen zu begehen. Raub, Überfälle und Diebstähle waren an der Tagesordnung. So saß ich abends vor dem Fernseher, was ich noch nie gern getan hatte. Weil ich nicht vor die Tür durfte, weil ich meine neuen Freunde nicht besuchen fahren durfte. Ich wurde immer trauriger und einsamer, aß zu viel, nahm zu und wurde sehr unglücklich.

Mein Unglück erreichte an dem Tag seinen Höhepunkt, als die Bundesstaatspolizei in die Stadt einmarschierte, um die Rebellen mit Tränengasgranaten zu bewerfen. Das Haus, in dem wir lebten, befand sich an einem Brennpunkt, der angegriffen wurde. Wir wussten, dass an diesem Tag das Tränengas kommen würde, und stopften die Ritzen der Fenster und Türen mit nassen Lappen aus, um das Gas am Eindringen zu hindern. Dann warteten wir, bis ein ohrenbetäubender Lärm vor der Tür losbrach. Den Essig, den wir gekauft hatten, um uns damit bei Bedarf die Augen auszuspülen, brauchten wir glücklicherweise nicht, denn das Tränengas blieb vor der Tür. Das Ganze geschah drei Tage nach meinem 17. Geburtstag. Insgesamt starben in diesem Konflikt 26 Menschen.

Die Zeit danach war schwer, auch wenn die Lebensumstände sich besserten und Oaxaca endlich wieder zur Normalität zurückkehrte. Aber ich hatte durch diesen holprigen Start meine Leichtigkeit verloren. Ich war traurig und ruhig geworden und verstellte mich, wenn man mich nach meinem Befinden fragte. Tag für Tag hüllte mich meine Einsamkeit ein. Sie schützte mich einerseits vor all den fremden Menschen um mich herum, deren Sprache ich nicht sprach, und war andererseits erstickend wie das Tränengas, das einige Wochen zuvor noch vor unserer Tür explodiert war. Ich fand Freunde, die keine waren. Ich ging auf Partys, auf denen ich mich mit Menschen unterhielt, ohne mit ihnen zu sprechen. Ich ging in die Schule, ohne mich auf die Pausen zu freuen, in denen ich meist am Rand einer Gruppe saß, deren Verhalten ich nicht verstand. Ich war so schrecklich einsam, dass ich immer und immer wieder versuchte zu verstehen, wo genau mein Fehler lag. Daran zerbrach ich fast. Bis einige Monate später die beste Freundin meines damaligen Freundes mich wieder lebendig machte. Leticia kam in mein Leben wie der Frühling und verwandelte mich von einer Knospe, die schon fast verkümmert war, in eine farbenfroh blühende Blume. Sie rettete mich, hörte mit mir Nine Inch Nails, rauchte Gras mit mir und nahm mich mit zu ihren Freunden, die allesamt Künstler waren, älter als wir, und die gern Gläserrücken spielten. Und da waren sie wieder, meine endlos scheinenden Nachmittage – endlich. Nachmittage, an denen wir in Gedanken versunken in Leticias Auto herumfuhren und Musik hörten. An denen wir uns unterhielten und dabei wirklich miteinander sprachen, während wir uns tief in die Augen schauten.

Und in ebendiese Augen, auch wenn sie nun, zehn Jahre später, von kleinen Lachfalten umgeben sind, blicke ich auch jetzt als Erstes, als ich in den Sonnenschein vor dem kleinen Flughafen Oaxacas trete. Leticia. Sie ist wie versprochen gekommen, um mich abzuholen. Sie und ihr Freund, den ich noch nicht kenne und der mit einer Sonnenbrille auf der Nase hinterm Steuer wartet, werden mich bei sich wohnen lassen in den zwei, drei Wochen, die ich hierzubleiben gedenke.

»Samira«, flüstert meine Freundin mir ins Haar. »Wir haben so sehnlichst auf dich gewartet.« Danke, Leticia. Danke.

Ich mache mich mit Paul, ihrem aus Großbritannien stammenden Freund, bekannt, und schon quälen wir uns durch den zähen Verkehr der Stadt, in der fast das ganze Jahr über frühlingshafte Temperaturen herrschen. Leticia hat eine Ausstrahlung, die ich nicht anders als mit dem Wort »weich« bezeichnen kann. Statt ihres langen Armeemantels, den sie früher nur zum Schlafen abgelegt hat, trägt sie mittlerweile täglich traditionelle mexikanische Blusen, die mit bunten Blumen bestickt sind, zu Jeans und Turnschuhen. Die Farben stehen ihr gut und schmeicheln ihrem sehr hellen Teint. Ihre Augen haben die Farbe von Butterkaramell, und ihr Haar ist hellbraun wie vom Wetter gegerbtes Holz. Es umrahmt ihr hübsches, junges Gesicht. Die Ruhe, die ihr schon früher innewohnte, strahlt sie noch immer aus, und so unterhalten wir uns so entspannt, dass man nie auf die Idee kommen würde, dass wir uns seit einem Jahrzehnt nicht gesehen haben.

Das Haus von Paul und Leticia liegt in Xochimilco, in Laufweite des Zentrums der Stadt. Die Häuser hier sind bunt wie Bonbons, haben weiß gestrichene Holzgitter vor den Fenstern und liegen an Pflastersteinstraßen, über denen bunte Papierwimpel in der morgendlichen Brise flattern. Ich atme den mir noch immer so vertrauten Duft ein: Der Geruch nach Reinigungsmitteln vermischt sich mit dem Aroma der würzigen Gerichte, die hier auf mit Kohle und Holz befeuerten *comals*, heißen Eisenpfannen, zubereitet werden. Es riecht nach Sand und Sonne und nach den unzähligen blühenden Bäumen, die wie Farbkleckse die Straßen und Plätze der Stadt bunt tüpfeln. Ein Lächeln umspielt meinen müden Mund, als ich aus dem Auto steige und mich umblicke: Ich bin an einem Ort, an dem ich mich unerwarteterweise zu Hause fühle.

Das heiße Wasser der Dusche eine halbe Stunde später unterstreicht noch mal, was ich bereits auf dem Marterflug hierher gespürt habe: Ich habe meinen Körper über seine Grenzen hinaus geprügelt. Mein linkes Bein fühlt sich an, als hätte man die Leitung vom Fuß zum Hirn durchtrennt und danach amateurhaft wieder zusammengelötet. Es scheint, als würden die Befehle, die mein Hirn dem Bein gibt, besonders lange brauchen, um in seiner Zehenspitze anzukommen. Andersherum genauso: Berühre ich mein Bein, spüre ich alles verzögert und gedämmt, so als läge zwischen meiner Hand und dem Bein eine Gymnastikmatte. Hitze tut vielen Menschen mit MS nicht gut, und auch wenn das für mich eigentlich eher nicht zutrifft, macht das heiße Wasser gerade alles nur noch schlimmer. Ich drehe den Hahn zu und setze mich nackt und tropfend auf den Klodeckel. Lege das Gesicht in meine Hände. Alles dreht sich. Das Klo fühlt sich an wie ein Schleudersitz. Warum? Warum muss es mir ausgerechnet heute so gehen? Ich möchte mit Leticia umherlaufen, möchte alle Plätze und Orte meiner Jugend sehen, möchte überall alles auf einmal essen und trinken und probieren und anfassen und spüren. Nicht gedämmt, sondern hundertfach verstärkt, intensiv will ich spüren und mich von den Geschmäcken und Gerüchen davontragen lassen ...

Doch mein Körper hat sich etwas anderes überlegt. Er fordert jetzt und auf der Stelle den Tribut dafür, dass ich mit ihm umgegangen bin, als wäre er ein Felsklotz und ich eine Bergarbeiterin. Ich weiß, dass ich sofort die Quittung für leichtsinniges Verhalten bekomme, und dennoch halte ich mich nicht immer an die Ratschläge meiner Ärzte. Zu oft halte ich mich nicht mal an die Ratschläge, die ich selbst auf meinem Blog verteile. Weil ich es so gern können würde. Weil ich so gern mal wieder 150 Prozent geben würde. Ich denke nicht, dass ich gerade einen neuen Schub, also eine neue Krankheitsaktivität, habe – aber meine Symptome haben sich durch den Stress und die Erschöpfung merklich verstärkt, wie das bei fast jeder Person mit MS so ist.

Beim Frühstück vertraue ich mich Leticia an: Ich erzähle ihr von meiner Krankheit, über die sie sogar schon Bescheid weiß – der Buschfunk scheint bis hierher zu funktionieren –, und dass ich heute definitiv nicht mehr auf die Reihe bekommen werde, als im Bett zu liegen und einen Film zu schauen. Sie schaut mich mit ihren Karamellaugen an und ergreift meine Hand. Ihre Finger sind so weich wie ihr ganzes Wesen.

»Samira. Du hast alle Zeit der Welt. Warum hast du das Gefühl, dass alles *jetzt gleich* passieren muss? Hab Geduld. Ich weiß, das sagt sich für mich so leicht, aber es bricht mir das Herz, wenn ich sehe, wie sehr du mit dir kämpfst. Ich habe keine Eile, mit dir all die tollen Dinge zu machen, die wir hier auch machen werden. Nur halt nicht heute. Das ist doch okay. Du hast so ein schönes Zimmer hier bei uns – du kannst dich dort erholen, und das sollst du auch. Ich bin dann glücklich, wenn es dir gut geht. Und bis dahin bin ich einfach nur für dich da.«

Nach diesen wunderschönen Worten lege ich mich erschöpft, aber dankbar ins Bett. Ich bin gerade eine ziemlich glückliche Seele in einem ziemlich erschöpften Körper. Und, das realisiere ich nun: Dieser Zustand wird sich auch wieder ändern. Ich werde auch wieder mal eine sehr unglückliche Seele in einem fitten Körper sein auf meinem Weg. Auch mal eine niedergeschlagene Seele in einem kranken Körper. Aber, und das ist das Letzte, was mir durch den Kopf geht, bevor ich zwischen den Leinenlaken, die nach Seife und Schokolade riechen, in den Schlaf sinke: Ich werde auch wieder eine glückliche Seele in einem Körper sein, der sich – im Rahmen meiner Möglichkeiten – gesund und stark anfühlt. Immer wieder wird auch das auf meinem langen Weg der Fall sein. Das weiß ich einfach.

Die kommenden Tage sind trotz der anhaltenden körperlichen Beschwerden so süß wie die heiße Schokolade, die hier mit Wasser angerührt wird, so sahnig wie der Käse, der in Mexiko *quesillo* heißt und herrlich zwischen knusprigen Tortillas dahinschmilzt, und so leicht wie die Brise, die stetig durch das zwischen hohen Bergen liegende Oaxaca fegt. Meine Zeit ist so voll von schönen Erlebnissen, wie die Märkte mit frischem Obst und Gemüse überquellen. Außen und innen ist alles so … lebendig. Es pulsiert in mir und um mich herum, und während meine linke Seite immer noch hin und wieder die Eskapaden beklagt, die ich ihr zugemutet habe, befinde ich mich doch definitiv auf dem Weg der Besserung. Ich habe eine Dachterrasse, auf die ich von meinem Zimmer aus gelange und auf der ich jeden Morgen Yoga mache. Ich schreibe wie eine Besessene an meinem Buch, während Leticia und Paul bei der Arbeit sind. Sie arbeitet bei einem Kunstfestival, er ist Englischlehrer. Abends sitzen wir in der gemütlichen Küche zusammen, ich koche, und wir reden bis tief in die Nacht.

Leticia und Paul waren beide sofort vor Ort, nachdem vor ein paar Wochen das Erdbeben Juchitán, das Heimatdorf meines Freundes Estebán, erschütterte. Ich hatte Leticia und Estebán damals einander vorgestellt, und zwischen beiden ist in den Jahren danach eine schöne Freundschaft entstanden.

»Einerseits wollte ich nicht weg, andererseits konnte ich auch nicht bleiben«, sagt Leticia und wischt mit einer weichen Maismehltortilla ihren Teller sauber. »In Juchitán ist das so eine Sache ... Einerseits gibt es viele Menschen, die helfen wollen. Andererseits ist es für viele, mich eingeschlossen, schwierig, zu helfen, wenn man die Gegebenheiten vor Ort nicht richtig kennt – und das trifft auf mich zu, obwohl ich ein ganzes Jahr lang in Juchitán gelebt habe!« Die Tortilla verschwindet in ihrem Mund.

»Es stimmt. Du kannst dir ja vorstellen, wie schwer es da für mich als ›Gringo‹ war, mich irgendwie nützlich zu machen«, pflichtet Paul ihr bei. Er ist zwar mit seinen dunklen Haaren und seinen kräftigen Augenbrauen, seinem gebräunten Teint und seinem sehr guten Spanisch nicht der klassische Engländer, aber seine Körpergröße von über einem Meter neunzig verrät ihn sofort.

»Gerade ist dort auch sehr viel Verbrechen im Gange. Du wirst es sehen ... Momentan ist es wirklich kein schöner Ort. Das Juchitán, das wir von vorher kennen, das gibt es nicht mehr«, ergänzt Leticia.

Sie und Paul blicken sich in stummem Einvernehmen an, und ich frage mich, was sie dort zusammen erlebt haben, das sie zu dieser nüchternen Erkenntnis gebracht hat. Ich werde es nächste Woche herausfinden.

Die Bar Jardín – oder was von ihr übrig ist

Seit etwa zwei Stunden stehen wir an derselben Stelle auf der gewundenen Straße, die von Oaxaca durch die Berge in die kleine Stadt Juchitán führt. Der Fahrer des Busses hat den Motor abgeschaltet, und statt eisiger Klimaanlagenluft umfängt uns nun tropische Hitze im Reisebus. Kinder jammern auf den Schößen ihrer Mütter, der Rest des Busses scheint einvernehmlich ein Schlafmittel genommen zu haben, denn wirklich alle Passagiere sind, seit wir uns nicht mehr von der Stelle bewegen, einfach eingeschlafen. Ich wünschte, dieser Kelch wäre nicht an mir vorübergegangen. Doch es ist Mittagszeit, und wenn ich eines nicht verspüre, dann Müdigkeit. Stattdessen sind in mir drin Unruhe und auch ein bisschen Zorn. Warum stehen wir hier verdammt noch mal einfach so rum? Ein Stau scheint es nicht zu sein. Gab es einen Unfall? Und warum bin ich die Einzige, die es zu kümmern scheint, dass wir uns seit einer halben Ewigkeit keinen Zentimeter mehr voranbewegt haben? Ich rutsche auf meinem warmen Plüschsitz hin und her.

»Was ist denn los?«, traue ich mich endlich, meinen Sitznachbarn zu fragen, als dieser kurz aufwacht. Ich spreche seit meinem Jahr in Mexiko sehr gut Spanisch, und so habe ich keine Probleme, seine Antwort zu verstehen.

»Es gibt eine Blockade«, sagt der Mann müde und blinzelt verschlafen. Sein Gesicht ist dunkelbraun und glänzt wie geöltes Leder. Aus seinen Nasenlöchern wachsen graue Haare.

»Wie meinen Sie das – eine Blockade? Wer blockiert denn und warum? Gab es einen Unfall?«

»Nein, kein Unfall«, sagt der Mann gelangweilt. »Einfach eine Blockade. Durch das Dorf, das auf dieser Höhe der Straße liegt. Die protestieren, weil ihnen mal wieder Geld von den Politikern gestohlen wurde.«

Ich seufze und lehne mich zurück. Also – mal wieder eine Blockade. Ja, Oaxaca, ich habe dich auch vermisst! Natürlich fühle ich mich gleich schäbig, weil ich die Einzige bin, die sich beschwert. Denn selbstverständlich sind die meisten Insassen des Busses auch gegen die Korruption, die hier in Mexiko genauso häufig vorkommt, wie es Tortillas zu essen gibt. Und so ist ihr Schlaf, ihre Akzeptanz dieser Blockade, ebenfalls fast so etwas wie ein rebellischer Akt gegen die Regierung. Schlafender Protest, bis das Dorf sich entschließt, die Blockade wieder aufzulösen und uns Durchfahrt zu gewähren. Ich betrachte die Landschaft hinter der Fensterscheibe, um mich zu beruhigen. Die Berge, die Oaxaca umgeben, sind karg und felsig. Sie werden nur an manchen Stellen von Kakteen oder staubtrockenen Büschen überzogen. Trostlos wirkt das Ganze auf mich. Wie eine bizarre Mondlandschaft. Mein Wasser neigt sich dem Ende zu, und meine Reiseverpflegung habe ich natürlich innerhalb der ersten halben Stunde der Fahrt verzehrt. Ich habe nicht damit gerechnet, dass eine solche Verzögerung eintreten würde.

Eine weitere Stunde später sind einige meiner komatösen Mitfahrenden ausgestiegen, um sich die Beine zu vertreten. Auch ist die Temperatur im Bus mittlerweile höher als vor der Tür, und so fächeln die Mütter dort draußen, mitten im Nirgendwo auf einer staubigen mexikanischen Landstraße, ihren vom Schreien erschöpften Babys Luft zu. Auch ich trete aus dem Bus, der Gedanke an eine Zigarette fährt mir durch den Kopf. Früher hätte ich in einer solchen Situation Kette geraucht. Nun bleibt mir nichts, als mit meinen Schuhen Muster in den Staub der Straße zu malen und von einem Fuß auf den anderen zu treten. Ich laufe die Schlange der vor uns wartenden Autos entlang. Taxierende Blicke folgen mir auf Schritt und Tritt, bis ich in der Ferne, am Ende der Schlange, die Blockade erkenne. Dort stehen Männer mit Waffen, es könnten Schrotflinten sein, und verbarrikadieren die Fahrspur. Sie haben gemusterte Dreieckstücher über Mund und Nase gebunden, um sich vor Blicken und vor dem Staub und der Sonne zu schützen. Ich kann nicht erkennen, ob es sich bei den Blockierenden um Frauen oder Männer handelt, sie sind zu weit weg. Mir wird mulmig zumute, obwohl ich weiß, dass sie eine *gringa* wie mich sicherlich nicht anrühren würden, zumal ich nicht Spanisch, sondern richtig breites Gossenmexikanisch spreche. Mit den rotzigen Sprüchen im derbsten Dialekt, die ich so kenne, habe ich schon einige Einheimische zum Lachen gebracht, nachdem sie mich eigentlich ein wenig übers Ohr hauen wollten. »*Aguevo wey, esa guera si tiene un corazón mexicano!*« – »Verdammt, dieses Weißgesicht hat ja wirklich ein mexikanisches Herz!«

Ich trotte zurück zu meinem Bus und quetsche mich wieder auf meinen Sitz. Kurz nachdem ich mich niedergelassen habe, springt plötzlich der Motor an, und mit ihm setzt dröhnend die Klimaanlage wieder ein. Jubel bricht los, die Bustüren schließen sich – die Barrikade wurde aufgelöst. Wie genau diese Einigung zustande kam, ist mir schleierhaft, aber dass eine ganze Stange Geld dafür nötig war, liegt nahe. Wenn sie das Geld für die Reparatur der Straßen nicht von der Regierung bekommen, erpressen die Dorfbewohner es eben von den Autos, die an ihrem Dorf vorbeifahren. Gerechtigkeit? Nein. Aber Realität, ja, die sieht hier so aus.

Endlich setzt der Bus sich in Bewegung. »Haben drei Stunden an einer Straßenbarrikade gestanden – rollen jetzt wieder. Ich melde mich, wenn wir nach Juchitán reinfahren!«, schreibe ich Estebán schnell. Er und seine Freundin, die ich noch nicht kenne, werden mich am Busbahnhof abholen. Bei ihnen soll ich in den kommenden Tagen auch wohnen. Sie haben, so sagte Estebán es mir, sich ein kleines Haus am Stadtrand gemietet – ihre alte Wohnung im Zentrum der Stadt wurde durch das Erdbeben komplett zerstört. »*Ya no hay nada ahí*« – »Dort gibt es jetzt nichts mehr«, hat Estebán mir erklärt.

Er betreibt in Juchitán die Bar Jardín, ein Restaurant mit Kneipe, das seit vielen Generationen in der Hand seiner Familie ist. Hier finden Konzerte, Lesungen und andere kulturelle Veranstaltungen statt, eine wahre Revolution im bildungsschwachen, armen Juchitán. Doch Estebán stammt aus einer Künstlerfamilie. Seine Mutter ist eine bekannte und vor allem talentierte Sängerin. Sie gleicht einer Flutwelle aus Charisma, Eleganz und frischen roten Blüten, die jeden Tag ihr pechschwarzes Haar zieren. Ohne den *huipil*, das traditionelle Gewand der Frauen Oaxacas, und den Blumenschmuck auf dem Kopf geht sie nicht aus dem Haus. Estebán selbst ist studierter Schauspieler, doch nach dem Ende seines Studiums kehrte er nach Juchitán zurück, da er nun an der Reihe ist, das Familienbusiness weiterzuführen. Sein breites, jungenhaftes Grinsen schwebt mir noch heute so deutlich vor Augen wie vor zehn Jahren, und ich kann es kaum erwarten, meinen so lang vermissten Freund wieder in die Arme zu schließen.

Als wir uns weitere vier Stunden später endlich dem bereits nächtlichen Juchitán nähern, rebelliert mein Magen bereits heftig vor Hunger. Ich habe Appetit auf irgendetwas mit vielen Kohlehydraten und ein eiskaltes Bier dazu und freue mich, mit

Estebán heute den Abend in seiner Bar zu verbringen. Langsam verdichten sich die blinkenden Lichter und der Verkehr um uns, und nach wenigen Minuten fahren wir im Schneckentempo in den quirligen Busbahnhof der kleinen Stadt ein. Als ich das letzte Mal hier war, war ich 17 Jahre alt – ein Mädchen, ein Kind. Nun, zehn Jahre später, habe ich das Gefühl, deutlich älter und irgendwie ernster und weniger naiv geworden zu sein – aber dennoch nicht erwachsen. Nicht so, wie die 17-jährige Samira sich ihr zehn Jahre älteres Selbst vorgestellt hätte, bestimmt nicht. Ob sie dennoch stolz auf mich wäre?

»Na, da hast du doch gleich mal 'ne richtig schöne Portion Oaxaca auf dem Weg hierher abbekommen«, grinst Estebán mich an und schließt mich in seine starken Arme.

Ich lege meinen Kopf an seinen Hals, er riecht nach Küche, nach den Abgasen der Stadt und ein bisschen nach Schweiß, aber nicht unangenehm. Er riecht wie ein Mann, der anpackt – und das tut er auch, seit das Erdbeben nicht nur seine Wohnung, sondern auch sein Restaurant fast komplett zerstörte. Vom wahren Ausmaß der Zerstörung habe ich natürlich keine Ahnung, und so bitte ich Estebán gut gelaunt, mich zur Bar Jardín zu fahren. Er blickt ein wenig verlegen und dreht sich zu seinem Auto um. In seinem zerbeulten dunkelroten Pick-up-Truck sitzt Maria José, seine Freundin, die hier aus der Region stammt und die ich gleich kennenlernen werde.

»Weißt du, Samira ... meine Bar, die sieht nun ganz anders aus als früher. Es ist viel passiert«, sagt er und blickt auf seine Füße. Ich lege ihm die Hände auf die Schultern. Er trägt ein weiches, rot kariertes Flanellhemd, trotz der hier herrschenden Hitze.

»Estebán«, sage ich, und endlich hebt er den Blick und schaut mir direkt in die Augen. »Ich bin nicht hier, weil ich Urlaub machen will. Ich habe keine Vorstellung davon, was passiert ist, aber ich weiß, dass es ein Erdbeben gegeben hat. Bitte schone mich nicht, bitte schäme dich nicht. Ich weiß, dass hier vor einigen Wochen eine Katastrophe passiert ist, okay? Ich bin hier, weil du mein Freund bist und weil du in meinem Herzen bist. Es ist mir egal, wie du lebst oder arbeitest.« Sein Blick öffnet sich wie der Deckel einer dunklen Holztruhe. Eine Truhe, in der in den letzten Wochen so viel Leid und Kummer angehäuft wurden, dass mein Freund keine andere Wahl hat, als sie die meiste Zeit fest verschlossen zu halten, um von ihrem Inhalt nicht von den Füßen gefegt zu werden. Sein breites Gesicht ist, wie mir nun auffällt, sichtlich gealtert. Auch wenn seine Augen noch denselben jungenhaften Charme versprühen, sehe ich deutlich die feinen Falten, die sie umgeben, und das zarte Grau, das Estebáns schwarze Locken durchwebt. Ich lächle ihm aufmunternd zu, was mir absolut fehl am Platz erscheint und dennoch das Einzige ist, was mir momentan einfällt. Überfordere ich ihn mit meinem Besuch? Ich habe gar nicht daran gedacht, was es für ihn bedeuten würde, in einer solchen Situation Besuch zu bekommen. Wie nachlässig von mir.

Er hilft mir, meinen kleinen Rucksack auf die Ladefläche seines Pick-up-Trucks zu schmeißen, und stellt mir dann Maria José vor. Sie ist wahnsinnig jung, sicherlich gerade mal Anfang zwanzig, und sehr klein und zierlich, was den Eindruck des Mädchens natürlich noch verstärkt. Ich habe Estebán noch nie mit einer Freundin gesehen – immer war ich diejenige, die einen Freund hatte. Estebán hatte ich immer für mich allein, und ich spüre, was mich zutiefst ärgert, einen winzigen Stich der Eifersucht in mir – nicht in romantischer Hinsicht, sondern einfach nur, weil ich ihn nun nicht mehr »für mich allein« haben werde. Ich schüttle den Kopf über mich selbst. In Anbetracht der Katastrophe, die sich hier vor einigen Wochen ereignet hat, komme ich mir bei diesem Gedanken richtig einfältig vor. Die Zahlen variieren, aber als hier im September 2017 die Erde bebte, fanden über neunzig Menschen den Tod.

Wir drücken uns im Schritttempo durch den Verkehr, der zäh durch die Straßen der Stadt fließt. Kein Luftzug weht durch die heruntergekurbelten Fenster ins Auto, die Musik, die Estebán laut aufgedreht hat, wirkt im Kontrast zu der gedämpften, niedergeschlagenen Stimmung draußen auf den Straßen fast wie ein schlechter Scherz. Da es bereits dunkel ist, bleibt mir das wahre Ausmaß der Katastrophe noch verborgen. Die Straßenbeleuchtung ist fast komplett erloschen, und so sehen wir nur, was die Lichter der Autos erhellen: Bürgersteige, auf denen Schuttberge liegen. Besen, die danebenstehen und die vor der schieren Größe der Geröllhaufen klein wie Spielzeuge wirken. Ich erkenne nichts wieder. Die Straßen, die Menschen. Meinen besten Freund da vorn auf dem Fahrersitz. Ich kenne hier nichts, niemanden. Mit einem Mal bin ich völlig überfordert von der Aufgabe, zu entscheiden, für welche Aktion ich die Spenden freigeben soll, die ich unter meinen Freunden gesammelt habe. Es sind über zweitausend Euro, und das ist hier mehr als so manches Jahreseinkommen. Aber an welchem Ort werden sie hier am ehesten gebraucht, wo können sie am meisten Gutes tun? Ich fühle mich hilflos und frage mich, wie es da erst meinem lieben Freund gehen muss, der hier in dieser zerrütteten Stadt lebt. Noch kann ich ihm diese Frage nicht stellen, denn die laute Musik und die Geräusche des Verkehrs unterbinden jegliche Kommunikation.

Endlich biegen wir von der Hauptstraße in eine Seitengasse ab. Estebán parkt und stellt den Motor ab. »Wir sind da – das ist, was von der Bar Jardín übrig ist.« Er sagt das nicht in einem traurigen Tonfall, sondern ganz nüchtern und abgeklärt.

Wir steigen aus, und alles ist mir fremd. Früher lag die Bar Jardín im Innenhof eines alten, weiß gekalkten Kolonialhauses. In der Mitte wuchs ein Baum, und hohe Galerien umgaben den schattigen Hof. Wie viele Nächte ich dort mit Emilio, meinem damaligen und überhaupt ersten Freund, und Estebán verbracht habe! Ich habe in diesem Innenhof die beste Meeresfrüchtesuppe der Welt gegessen, über das Leben philosophiert und so viel über Juchitán gelernt. Die Männer fahren hier zum Fischen – das Meer ist nicht weit – oder arbeiten auf den Feldern. Die wahren Heldinnen aber sind die Frauen, sie haben in der Stadt das Sagen und steuern und kontrollieren die Marktwirtschaft. Wenn eine Frau einen Sohn bekommt, der transsexuell ist und lieber eine Frau sein möchte, dann ist das für die Familie eine große Ehre. Damals wie heute beeindruckt mich dieser Feminismus in einem sonst so männergesteuerten Land sehr.

Von der Bar Jardín ist im Gegensatz zu früher nur der Baum in der Mitte des Hofes geblieben. Die komplette Front des Hauses ist verschwunden. Mit ihr die Galerie und natürlich auch das gesamte Vorderhaus. Alles ist einfach weg. Die Bar wird nun zur Straße hin von einer provisorischen Mauer geschützt, und im Innenhof spendet ein aus Palmenblättern geflochtenes Dach tagsüber Schutz vor der Sonne. Die Küche wurde Hals über Kopf in den hinteren Teil des Hauses verfrachtet, der noch halbwegs intakt ist. Eisenstangen und Steinreste ragen wie abgebrochene Zahnhälse aus ihm heraus.

»Ich sagte ja …«, beginnt Estebán zu erklären, doch ich schüttele nur den Kopf.

»*Lo siento*«, sage ich. Es tut mir so leid, was meinem Freund widerfahren ist, so kurz nachdem er dieses Familienunternehmen geerbt hat. Es ist zwar Abend, eine Zeit, zu der die Bar normalerweise brummt, doch nur zwei oder drei Tische sind jetzt mit schweigenden, Mezcal trinkenden Männern besetzt.

»Während des Erdbebens sind hier drei Menschen umgekommen«, erklärt Estebán, während wir hineingehen. »Zwei waren sofort tot, einer starb später an seinen Verletzungen. Das Beben passierte nachts gegen ein Uhr, alle waren schon arg betrunken, die meisten waren eh schon gegangen – und keiner hatte damit gerechnet, dass es so schlimm werden würde! Ich meine, hier bebt es ja irgendwie ständig … Aber da war dieser Lärm … dieser ohrenbetäubende Lärm, wie ein Heulen, tief aus dem Inneren der Erde. So hatte das bisher noch nie geklungen, und ich schrie, dass alle raus und auf die Straße rennen sollen … Doch viele schüttelten nur den Kopf über mich. Ich bin für die doch nur ein kleiner Junge. Einige suchten Schutz unter den Tischen, einige nicht. Dann fiel der Strom aus, es wurde dunkel, und plötzlich spürten wir, wie ernst die Lage ist. Alle schrien durcheinander, und dann gab es ein weiteres lautes Geräusch. Ein unfassbar lautes Krachen, und da stürzte das Vorderhaus samt der Galerie ein. Auf die Menschen. Samira, die Menschen, die saßen doch da drunter …« Estebáns Stimme erstickt, er schaut mich mit großen Augen an, die in den letzten Wochen zu viele Tränen vergossen haben. »Ich konnte sie nicht retten. Ich konnte nur, als es endlich aufhörte zu beben, mit dem Licht meines Handys und der Hilfe meines Cousins die Leichen bergen. In diesem Moment habe ich irgendwie gar nichts mehr gedacht. Ich habe einfach nur funktioniert, bin wie hypnotisiert gewesen. Es gab seitdem keinen einzigen Tag, nicht mal eine Minute, in der ich aus dieser Hypnose aufgewacht bin.«

Maria José nimmt seine Hand. Estebán entspannt seine Schultern, als sie ihn berührt, und wir setzen uns an einen Tisch.

»Seit zwei Wochen haben wir wieder auf ... Wir sind doch hier die Einzigen, die auch mal ein bisschen Kulturprogramm machen. Ich glaube, die Menschen brauchen das jetzt mehr als jemals zuvor: Spaß, Ablenkung, Gesellschaft. Wir müssen reden über das, was passiert ist, und über das, was passieren wird. Und vor allem auch über das, was gerade passiert«, sagt er, und seine Stimme klingt plötzlich wütend.

Wir bestellen Fischsuppe, warme Tortillas und drei eiskalte Pacífico, und Estebán erklärt mir, woher sein Zorn kommt. Natürlich hat es viele Spenden gegeben, die Juchitán nach und nach erreichten. Und wie das hier in Mexiko halt oft so ist, ist da, wo Geld fließt, auch eine Menge Dreck zu finden. Spenden wurden veruntreut. Raubende Banden zogen durch die Straßen, was auch den Sicherheitsmann erklärt, der am Eingang zur Bar Jardín Wache hält.

»Gerade weiß man hier nicht, wem man trauen kann«, sagt Estebán.

Nach und nach tröpfeln weitere junge Männer und Frauen ein, alle in Arbeitskleidung, alle mit müden Gesichtern und dem gleichen erschöpften Ausdruck in den Augen wie Estebán und Maria José. Sie lassen sich auf die freien Holzstühle an unserem Tisch fallen und strecken ihre Glieder. Einige von ihnen kenne ich von früher, am besten erinnere ich mich an Estebáns Cousin Bazendu. Seine Eltern haben einen Haufen Geld, aber er hat früh beschlossen, sich lieber künstlerisch zu betätigen und in Mexico City Regisseur zu werden. Nach der Tragödie vor ein paar Wochen ist er in sein Heimatdorf zurückgekehrt, um sich der Spendenverteilung anzunehmen.

»Wie hätte ich anders handeln können?«, fragt er mich und fixiert mich mit seinen Augen, die so grün schimmern wie das Blattwerk des Baums über ihm, der den Erdbeben in Juchitán schon seit Hunderten von Jahren ungerührt zuschaut.

Wo er hier wohne, frage ich ihn, und er schaut sichtlich irritiert zu Boden.

»Ich wohne ... na ja, wir alle eigentlich, wir wohnen im Spendenlager«, antwortet er.

»Wie meinst du das?«, frage ich irritiert. Nachts wird es empfindlich kalt, die Temperaturen fallen hier oben im Gebirge durchaus auf fünf Grad, während am Tag die Sonne unbarmherzig brennt.

»Wir schlafen im Spendenlager, um es zu bewachen. Es wird immer wieder eingebrochen – von Banden, von betroffenen Familien, von Kriminellen. Wir wissen es nicht. Wir haben Angst, und gleichzeitig müssen wir die Sachspenden doch beschützen, müssen sie gerecht verteilen. Das ist nicht leicht, wenn fast jeder Zweite hier obdachlos geworden ist. Und dann steht ihm trotzdem nur ein Schlafsack für die ganze Familie zu. Aber was sollen wir machen? Einer muss es tun, es muss reguliert werden, also tun wir es.«

Ich blicke reihum, alle mustern mich aufmerksam, wenn auch müde.

»Ich möchte helfen«, sage ich – es ist das Einzige, was mir einfällt. »Ich möchte sehen, was ihr macht. Und mitmachen. Ich habe außerdem Geld gesammelt, das viele liebe Menschen gespendet haben – und ich will, dass *ihr* entscheidet, wofür ihr es braucht.«

Anpacken

Nachdem ich mich mit Bazendu und den anderen darauf geeinigt habe, dass wir morgen gemeinsam bei einem Projekt mithelfen werden, verabschieden sie sich. Alle ächzen und stöhnen und stemmen sich die Fäuste ins Kreuz. Junge Menschen Mitte zwanzig, die so hart arbeiten, dass ihr Körper und ihr Geist mittlerweile denen alter Menschen gleichen. Estebán, Maria José und ich plaudern noch ein wenig, doch die intensiven Gespräche mit den Helfern lassen mich nicht mehr los. Ihre Hingabe fesselt mich und beeindruckt mich zutiefst. Ich habe in meinem Leben noch nie das Wort »Held« oder »Heldin« für eine Person gebraucht – doch in Bezug auf Bazendu und seine Truppe fällt mir kein anderer Begriff ein. Sie sind Heldinnen und Helden, die sich aufopfern, die ihren eigenen Komfort und ihre eigene Sicherheit aufs Spiel setzen. Weil irgendwer es nun mal machen muss, damit die Gesellschaft, ja, vielleicht damit die Welt funktioniert.

Die leeren Schalen der Meeresfrüchte türmen sich in der irdenen Schüssel vor uns, die Biere sind ausgetrunken, und Estebán und ich haben endlich einen kleinen Teil der Geschichten ausgetauscht, die wir uns in all den Jahren nicht erzählt haben.

»Ich muss ins Bett«, sagt er gähnend und streckt sich. Maria José steigt in das Gähnen mit ein. Also stehen wir auf, begeben uns am Wachmann vorbei auf die Straße und steigen in seinen Pick-up. Ich bin gespannt auf Estebáns Haus, auch wenn ich natürlich weiß, dass es ein Provisorium ist. Wir fahren immer weiter aus der Stadt heraus, es ist hier genauso dunkel wie in der Innenstadt, wo die Straßenbeleuchtung zerstört ist. Nur dass es so weit vom Zentrum entfernt sowieso noch nie Straßenlaternen gegeben hat. Als wir ankommen und aus dem Auto steigen, spannt sich über uns der Nachthimmel wie dunkelblauer Samt, gespickt mit tausend hellen Sternen.

»Wie gesagt ...«, beginnt Estebán wieder, doch ich fahre ihm über den Mund.

»Estebán, ist okay – du hast dich genug gerechtfertigt!«, sage ich bestimmt und folge der zierlichen Maria José durch das quietschende Eisentor. Wir stehen auf einem ummauerten Hof, in dessen Mitte ein großer Baum sich schwarz gegen den Nachthimmel abzeichnet. Maria José schaltet das Licht ein, und das, was kaum mehr als eine Baracke ist, wird in ein warmes Gelb getaucht. Wir gehen ins Haus, die Tür ist nicht abgeschlossen.

»Wir schließen hier nie ab, dafür sind wir viel zu weit von der Stadt weg«, erklärt Maria José. Das Haus besteht aus nackten grauen Betonsteinen, die in dem Funzellicht noch spartanischer wirken. »Hier schläfst du«, sagt Estebáns Freundin und deutet auf ein Bett, das in einem leeren Raum steht. Auch sonst stehen in dem Haus keine Möbel außer einem Kühlschrank, einem Tisch und zwei Stühlen.

»Es gibt kein fließendes Wasser, das müssen wir von der Straße holen«, sagt Estebán und zeigt mir das Bad. Es besteht aus einer nackten Kloschüssel ohne Spülkasten, daneben steht ein Wasserbottich mit einem Eimerchen zum Spülen darin – sonst nichts.

»Wo duscht ihr denn?«, frage ich Estebán und kann meine Überraschung, so sehr ich mich auch bemühe, nicht verbergen.

»Zum Duschen holen wir einen Eimer Wasser vom Hahn an der Straße und kippen ihn uns über den Kopf. Das Wasser ist eiskalt – danach ist man auf jeden Fall wach«, grinst er matt. Ich weiß, wie Estebán früher gewohnt hat – ein großes Haus, wunderschöne alte Möbel, überall bunte Gemälde an den Wänden und eine Flut an gemütlichen Hängematten. Dieses Haus hier ist so ziemlich das Negativ von dem, wie er vorher gelebt hat. Ich will ihn fest in die Arme nehmen, aber Maria José steht daneben, und deswegen begnüge ich mich damit, meinen Rucksack neben das Bett zu stellen und zu murmeln, dass es hier doch gar nicht so übel sei.

»Und wo schlaft ihr?«, frage ich neugierig. Ich habe hier nur ein Zimmer, ein Bett gesehen.

»Wir schlafen in der Garage«, sagt Estebán grinsend.

»Was? Komm, hör auf, mich zu verarschen. Das kommt auf gar keinen Fall infrage, Estebán. Ich komme hier nicht an und besetze euer Bett, während ihr im Freien schlaft!«, sage ich bestimmt.

Doch Estebán versichert mir, dass Maria José und er gern draußen schlafen würden und das ganz romantisch fänden. Unter dem Dach der Garage stehen zwei Klappbetten mit flauschigen Decken. Ich zögere.

»Bitte, Estebán. Warum kuscheln wir uns nicht zu dritt ins Bett, das ist doch kein Problem. Oder ich leg mich draußen in die Hängematte ...«

Doch ich habe keine Chance, gegen die Gastfreundschaft eines Mexikaners anzukommen, gegen sein großes Herz, das auch in dieser schweren Zeit von so viel Großzügigkeit erfüllt ist. Und so lege ich mich nach diesem langen, schweren Tag allein in das große Bett, während ich den durch die leeren Wände verstärkten Geräuschen der Nacht lausche. Ich grusele mich ein wenig, so weit ab von der Zivilisation, mit einer nicht abgeschlossenen Tür und meinen Gastgebern in der Garage. Lange starre ich in die Finsternis und frage mich, wie es sich anfühlen muss, wenn man plötzlich gezwungen ist, so zu leben. Wie sehr muss einem das Herz schmerzen, wenn einem von einem Tag auf den anderen alles genommen wird?

Ich sehe mich in diesen Tagen in Juchitán mit meinen eigenen Schatten so stark konfrontiert wie wohl noch nie zuvor. Hier wird mir zum ersten Mal hautnah bewusst, wie gut ich es habe. Was für ein reicher Glückspilz ich doch bin, wie viel ich doch besitze – und wie wenig ich davon tatsächlich brauche. Sei es gleich am Morgen nach meiner Ankunft unter dem eiskalten Eimer Wasser, den Estebán mir schelmisch grinsend über den Kopf kippt, sei es beim Frühstück, bei dem wir aus Mangel an Stühlen auf dem Boden sitzen, uns zwei Tassen teilen und es für jeden nur eine Banane gibt. Es ist eine gute Banane. Ich esse sie langsam und bewusst und genüsslich, genüsslicher, als ich je eine Banane gegessen habe. Sie ist reif und matschig und süß, und wir drei lächeln uns in stillem Einvernehmen darüber an, dass das die beste Banane der Welt ist.

Estebán und Maria José müssen sich heute um Versicherungskram kümmern, denn sie bekommen etwas Geld für die Bauarbeiten an der Bar Jardín zurückgezahlt, und so bringen sie mich zu Bazendu, mit dem ich den Tag bei seinem Projekt verbringen werde. Gestern haben wir gemeinsam lange darüber diskutiert, wofür man die Spenden am besten einsetzen könnte. Für eine Kooperative, die Frauen dabei unterstützt, das Nähhandwerk zu erlernen, um so für den Unterhalt ihrer Familie zu sorgen? Sicher, das ist wichtig – aber momentan ist der Schaden noch so akut, dass daran fast nicht zu denken ist. Die Grundversorgung mit Wasser, Kleidung und Lebensmitteln steht mehr oder weniger – hier braucht es also bereits keine Hilfe mehr. »Die Marktstände müssen wiederaufgebaut werden!«, schlug ein blonder junger Mann mit eisblauen Augen aus Mexico City vor. »Das Geld könnte in ein Theaterprojekt für Kinder gesteckt werden«, meinte eine junge Frau im befleckten Blaumann. Wir diskutierten hin und her und grübelten herum, bis die Entscheidung letztendlich auf das Projekt fiel, das ich mir heute ansehen werde.

Bei diesem Projekt geht es darum, die Menschen, die ihr Hab und Gut und vor allem ihr Obdach verloren haben, erst mal von der Straße zu holen und ihnen einen Raum zu geben. Einen Ort, an dem sie sein können, an dem sie vor den nächtlichen Temperaturen Zuflucht finden können. An dem sie kochen, leben und schlafen können, ohne Angst zu haben, überfallen oder krank zu werden. Die kleinen Hütten, in denen diese Menschen untergebracht werden, bestehen aus vier Seitenplatten und einer Dachplatte sowie einem Boden aus Holz und einem einfachen, aus x-förmig gekreuzten Holzbalken und Stoff gefertigten Bett. Die Seitenplatten und das Dach – und spätestens hier war ich mir der Sache sicher – werden aus gepresstem und recyceltem PET hergestellt, eine Erfindung einer Studentin aus Mexico City. Das alles – die Nachhaltigkeit, die Sinnhaftigkeit, der direkte Nutzen – überzeugt mich, dass die Spenden meiner lieben Freunde für dieses Projekt eingesetzt werden sollen.

Bazendu ist in Hochform und plappert munter drauflos, während wir uns zu siebt – *no pasa nada!* – in seinen kleinen silbernen Golf pressen. Ich drifte ab, denn nun sehe ich das zerstörte Juchitán das erste Mal im Tageslicht, und ich traue meinen Augen kaum. Hier im Zentrum steht kaum noch ein Haus, das nicht zerstört ist. Alle Gebäude haben Risse, die ihre Fronten durchschneiden, keine intakte Glasscheibe weit und breit. Manche Häuser sehen aus, als hätte man ganz einfach ein Stück von ihnen abgehackt. Überall türmen sich Berge aus Schutt. Manche Menschen betreiben ihre halb eingestürzten Geschäfte weiter, andere sitzen scheinbar planlos vor den Trümmern ihrer Existenz auf Klappstühlen und schauen ausdruckslos auf das Chaos.

»Diese Zone ist eine von denen, die am stärksten betroffen waren«, erklärt mir Bazendu, als wir nach rechts abbiegen. Das Dach einer Sporthalle ist halb auf den Grund herabgesackt, es sieht aus wie eine Scheibe Käse, mit der man den Boden überbacken hat. Es schmiegt sich förmlich um die Sportgeräte, die unter ihm begraben liegen. Auch die danebenstehende Kirche ähnelt vielmehr einem weißen Skelett als einem Gebetshaus.

In der Schreinerwerkstatt, in der die Holzteile der Hütten gefertigt werden, liegt Staub in der Luft. Man atmet Holz, man trägt es im Haar, im Gesicht, es verfängt sich in meinen Augenbrauen und bleibt auf meiner feuchten Haut kleben. Es riecht herrlich hier drin, und die Stimmung ist trotz des schrecklichen Anlasses für diese Arbeit gelöst und fast fröhlich.

»Ich glaube, alle hier freuen sich, dass mal wieder jemand von außerhalb kommt«, sagt Bazendu, als er meine verblüffte Miene sieht. »Natürlich hatten wir in den ersten Tagen nach dem Beben jede Menge Presse, aber gerade sind wir schon wieder von den Titelseiten und damit auch vom Schirm der internationalen Medien verschwunden. Du bist bestimmt die erste ... na ja, Touristin, die hier seit ein paar Wochen vorbeikommt. Und auf jeden Fall bist du die erste Touristin, die unsere kleine Produktion hier besucht. Und die mit anpackt. So eine richtige Touristin bist du eh nicht, du bist doch schon eine halbe Mexikanerin«, grinst er.

Ich habe zuvor mit den anderen die eben gelieferte Ladung neuer Platten ausgeladen, und es hat zwar niemand etwas dazu gesagt, aber viele haben mir kurz zugenickt. Nun ist der Wagen ausgeladen, und ich stelle fest, dass der Umgang mit mir seitdem deutlich offener und wärmer geworden ist. Auch ich komme mir nun nicht mehr so fehl am Platz vor, sondern habe das Gefühl, genau an dem Ort zu sein, an dem ich heute, in diesem Moment, sein sollte. Ich bin hier, ich habe nichts falsch gemacht. Ich *will* nicht nur helfen. Ich helfe tatsächlich. Und ich brauche dafür nichts – kein Danke, kein Lächeln und auch keine Anerkennung. Es ist, was es ist – das Richtige. Ja, ich habe endlich mal das Gefühl, genau das Richtige zu tun.

Ich habe beschlossen, bereits nach drei Tagen wieder abzureisen. Es ist – das wird mir immer mehr bewusst – einfach räumlich kein Platz für mich bei Estebán, und ich kann und möchte seine Gastfreundschaft nicht weiter strapazieren. Die letzten Tage habe ich den Männern und Frauen beim Zusammenbauen der Hütten geholfen, und auch wenn es nur zwei Tage waren, habe ich ein Gespür dafür bekommen, was für ein Projekt es ist, das ich mit meinen gesammelten Spenden unterstützen werde. Ich habe meinen Freund gesehen, habe mit ihm sprechen, ihn umarmen können. In seine großen dunklen Augen schauen können, in denen ich immer noch den 17-Jährigen erahne, mit dem ich damals durch die verbarrikadierten Straßen Oaxacas gewandert bin. Er ist erwachsen geworden – brutal. Ich habe dafür immer noch Zeit, denn das Brutalste, was mir passiert ist, ist meine Krankheit. Und wenn ich sehe, wie die Leute hier leiden, wie viel Armut und Trauer herrscht und wie viel Herz die Menschen dennoch in sich tragen – dann wage ich es nicht, meinen Schicksalsschlag mit dem ihrigen zu vergleichen. Ja, es ist ein Schicksalsschlag, eine solche Diagnose zu bekommen. Es kann einen von den Füßen fegen, es macht einem unglaubliche

Angst. Doch der Mensch – jeder Mensch – ist stark. Wir sind so viel stärker, als wir das manchmal vermuten.

Ich presse meine Stirn gegen das Fenster des Busses, der mich durch die Nacht zurück nach Oaxaca City bringt. Im Mondschein gleicht die karge Landschaft einem fremden Planeten, nur einzelne Kakteen, die sich milchig-weiß vor dem schwarzblauen Himmelszelt abzeichnen, deuten an, dass ich mich auf dem Planeten Erde befinde. Ich hefte meinen Blick auf die Sterne, die hier in den Bergen so intensiv leuchten, als hätte man sie künstlich herangezoomt. Mein Atem beschlägt das Glas, und ich schaukle sanft hin und her, als sich plötzlich einer der Sterne von seiner schwarzen Leinwand löst und in einem wahren Spektakel aus Gold und Silber vom Himmel stiebt. Eine überwältigend schöne Sternschnuppe, ganz für mich allein – ich darf mir etwas wünschen. Ich versinke in Gedanken und muss plötzlich so laut auflachen, dass meine Nachbarin mich irritiert ansieht. Ich lache, denn auf der Suche nach einem Wunsch fiel mir nichts ein, was mir gerade fehlen würde. Es geht mir gut. Auch wenn ich MS habe, auch wenn ich seit Monaten chronisch pleite bin. Auch wenn ich ohne meinen Vater aufgewachsen bin und meine Mutter zwei Kinder allein großziehen musste, auch wenn ich nicht weiß, wo mein Weg, wo meine Gesundheit mich hinführen wird. Es geht mir gut. Ich bin okay.

Und so widme ich meinen Wunsch nicht mir, sondern meinen Freunden und den Menschen in Juchitán, die mir gezeigt haben, was wahres Heldentum bedeutet.

Als ich viele Stunden später wieder in das weiche Bett in Leticias und Pauls Gästezimmer sinke, fühle ich mich, als läge ich auf einem Marshmallow. Die Wärme, die Trockenheit. Verputzte Wände. Handbestickte bunte Decken und Kissen auf den

Möbeln – auch wenn nur ein paar Hundert Kilometer Luftlinie zwischen Oaxaca und Juchitán liegen, habe ich doch das Gefühl, dass ich hier in einer anderen Welt bin. Es ist sicher hier, sauber und irgendwie etwas märchenhaft. Vorher war mir das gar nicht aufgefallen, aber nun schreit mich die Perfektion dieser kleinen Kolonialstadt geradezu an.

Ich erwache erfrischt und mit einer unbestimmten Wärme in meinem Inneren. Die Erschöpfung und die Beschwerden, die meine Anreise bei mir verursacht haben, sind endgültig abgeklungen und schauen nun wie zuvor nur noch ein-, zweimal am Tag kurz bei mir vorbei, lassen mich aber weitgehend in Ruhe. Ich bin immer noch von dieser unglaublichen Dankbarkeit erfüllt, und plötzlich wird jeder Schritt, jeder Atemzug, jede Bewegung zum reinsten Vergnügen. Ich fühle mich geradezu verschwenderisch gut gelaunt und hüpfe die Pflastersteinstraßen entlang, während mir alte Damen kopfschüttelnd, aber lächelnd hinterherblicken. Die bunten Häuser, die Veranden, der hellgelbe Stein, aus dem hier alle Kirchen und Plätze gebaut sind, umarmen meine Seele.

»Du siehst aus, als hättest du gerade einen Schatz gehoben«, höre ich plötzlich eine Stimme hinter mir. Alles in mir zieht sich zusammen. Diese Stimme habe ich nicht nur schon mal gehört, diese Stimme ist mir so vertraut wie ein altes Lieblingslied, das ich lange nicht mehr gespielt habe. Ich muss mich nicht umdrehen, um zu wissen, wem diese Stimme gehört, die immer so klingt, als würde sie gerade eine spannende Neuigkeit erfahren.

Ich drehe mich um und blicke in die strahlenden Augen meines Ex-Freundes. Emilio und ich waren damals, als ich in Mexiko lebte, ein Paar gewesen – im Endeffekt über zwei Jahre lang. Er war mein erster Freund, meine erste Liebe. Mein Anker, mein Sprachlehrer, mein Seelentröster. Wir waren wahnsinnig jung und wahnsinnig verliebt. Noch immer trage ich viel Zuneigung für ihn in meinem Herzen. Keine romantische Zuneigung, sondern eine eher geschwisterliche Liebe.

Emilio grinst, kommt auf mich zu, und wir umarmen uns. Er hat sein jungenhaftes Strahlen behalten, auch wenn er jetzt Psychologe und Vater ist. Es ist unheimlich komisch, seinen Körper, den ich mal so gut kannte, so nah an meinem zu fühlen, und wir beide lösen uns schnell und ein wenig unbeholfen voneinander.

»Na«, sagt er und scharrt nervös mit seinen Turnschuhen über den Boden.

»Na«, sage ich zurück, und wir beide schweigen erst mal – bis wir in lautes Gelächter ausbrechen.

»Schon komisch, oder?«, sagt Emilio.

Ich pflichte ihm bei, und wir beschließen, ein wenig spazieren zu gehen. Insgeheim haben wir wohl beide etwas Respekt vor dem Gefühl, der anderen Person an einem Restauranttisch gegenüberzusitzen.

Emilio erzählt von seinem Sohn, ich von meinem Freund, er von seinem Job, ich von meinem Buch. Auch er, von dessen Meinung ich immer noch sehr viel halte, unterstützt mein Vorhaben.

»Das ist gut mit dem Buch. Ich wünschte, ich könnte es lesen – aber all das Deutsch, das ich damals für dich gelernt habe, ist mittlerweile wieder verschwunden.«

Später treffen wir uns mit Leticia und Paul, wir gehen in eine typisch mexikanische *cantina*. Diese Spelunken sind berüchtigt und berühmt – für ihre *botanas* – herrlich herzhafte Snacks –, für günstiges Bier und für ihre Jukeboxen. Wir reden, singen – und in diesem Moment verschwende ich keinen

Gedanken daran, wie schlimm es mir hier in Oaxaca früher mal gegangen ist. Oder wie schlimm ich mich gefühlt habe, als ich die Diagnose MS bekam. In diesem Augenblick spüre ich einfach nur Freude und Ausgelassenheit.

Ich weiß noch, wie ich mich damals, als ich im Krankenhaus lag und das erste Mal der Verdacht auf MS geäußert wurde, gefragt habe, ob ich je wieder lachen, je wieder unbeschwert sein würde. Auch in den drei harten Jahren, die auf die Diagnose folgten, fragte ich mich das immer wieder. Würde ich je wieder die Alte sein können?

Und genau jetzt, in diesem kleinen, unscheinbaren Moment, mit meinen uralten Freunden in einer mexikanischen Kneipe mit Plastikmobiliar, bekomme ich plötzlich meine Antwort. Ich weiß nun, dass ich wieder glücklich sein werde. Denn ich bin es gerade. Der Bann ist gebrochen, die Lösung des Rätsels liegt vor mir. Ich bin unbeschwert, ich bin frei, ich bin stark. Ich bin krank, ja, aber ich bin damit nicht allein. Meine Krankheit definiert nicht, wer ich bin.

»Ich weiß ganz genau, warum ich mich damals in dich verliebt habe, und ich bin froh zu sehen, was für eine wunderbare, starke Frau du geworden bist«, sagt Emilio mir zum Abschied – denn morgen geht es für mich weiter nach Kolumbien.

Ja, Emilio – ich bin auch froh darüber. Und was mich besonders strahlen lässt: Er hat mich eine *Frau* genannt.

Vallenato

Mit Kolumbien steht nun das vorerst letzte Land auf meiner Weltreise an, denn hier werde ich, sollte alles nach Plan laufen, sicherlich einige Monate bleiben. Es ist Mitte Dezember, ein Dienstag, als ich in Santa Marta, einer quirligen, lauten Kleinstadt an der Karibikküste Kolumbiens, lande. Von hier aus geht es für mich für einen guten Monat nach Buritaca, ein Dorf mitten im Nirgendwo. Ich werde dort die Pferdefarm meiner Freundin managen, die Buchungen verwalten und quasi das Mädchen für alles sein. Außer für die Pferde, denn ich habe zwei Helferinnen, die sich im Gegenzug für Kost und Logis um die Tiere kümmern. Die beiden kenne ich noch nicht, und ich bin gespannt, wer mich erwartet. Letztendlich werde ich mit diesen beiden Frauen ja nicht nur ein Haus teilen, sondern auch Weihnachten und Silvester verbringen, zwei Feiertage, an denen mir als Eventmanagerin natürlich besonders viel liegt. Werden wir miteinander klarkommen? Auch weiß ich nicht, in was für einem Zustand das Haus ist und wie die Situation in dem Dorf sich gestaltet. Werde ich einsam sein? Wird die Internetverbindung reichen, um von dort aus zu arbeiten?

Ich war letztes Jahr kurz als Backpackerin in Buritaca, doch wenn ich mittlerweile eines gelernt habe, dann das: Es macht einen großen Unterschied, ob man ein paar Tage an einem Ort als Touristin verbringt oder aber ein paar Wochen oder Monate bleibt, um vor Ort tatsächlich zu leben und zu arbeiten. Einen himmelweiten Unterschied!

Der Flughafen von Santa Marta liegt wortwörtlich zehn Meter vom blauen karibischen Meer entfernt. Man stolpert förmlich aus dem Flugzeug an den Strand, der mit kleinen Ständen gesäumt ist, an denen herrlich würzige Fischsuppe verkauft wird. Und da ich es nicht eilig habe, lasse ich mich gern an den Strand spülen und setze mich an einen der Stände an einen kleinen Plastiktisch. Ich strecke meine vom Flug steif gewordenen Glieder in der heißen, feuchten Luft aus, die sich wie in einem türkischen Dampfbad um mich legt. Meine Symptome halten sich zurück, und ich bin dankbar, dass dieser Flug mir deutlich besser bekommen ist. Meine Füße stecken noch in den Turnschuhen, die ich nun wirklich nicht mehr brauche, also ziehe ich sie aus und grabe meine nackten Zehen endlich wieder in den feuchten, warmen Sand. Währenddessen betrachte ich die Kinder, die hier im flachen Wasser planschen. Die junge Kellnerin stellt eine Schale mit dampfender Fischsuppe vor mir auf den Plastiktisch. Die beste Airport-Lounge der Welt, denke ich mir und schlemme, staune und genieße.

Nachdem ich aufgegessen und mich aus meinen warmen Kleidungsstücken geschält habe, mache ich mich auf den Weg zur Busstation. Ich muss ja weiter nach Buritaca, das direkt an der langen Straße liegt, die im Nordwesten des Landes fast bis an die panamaische Grenze reicht und in östlicher Richtung auf Umwegen bis nach Brasilien führt. Sie zieht sich in Kolumbien und Venezuela die Küste entlang wie eine Strandpromenade aus Teer und wird tagtäglich von einer Vielzahl schwerer Lkws, Fernbusse und einer wahren Flut an Motorrädern überrollt. Und dann gibt es da noch die Busse, die zwischen Santa Marta und Riohacha hin- und herpendeln – in genau so einem sitze ich nun.

Verkehrsregeln sind hier eher als Orientierungshilfen, nicht aber als Gesetze zu verstehen. Die Busse sind offen und luftig, die Türen sind geöffnet, die Fenster auch. Ohrenbetäubend laut schallt *vallenato*, eine Art kolumbianischer, hier an der Küste sehr beliebter Volksmusik, aus den Boxen. Die Texte sind oft schlüpfrig und nicht selten frauenverachtend. Schmachtend, dabei einfältig und einfach. Doch die Herzen der Menschen hier schlagen im Takt dieser Musik, und zwar von der süßen Fünfjährigen bis zum achtzigjährigen Opa. Jeder liebt *vallenato*. Vor allem unser Busfahrer. Sein Bus ist mit allerlei Zierrat behängt: kleine Madonnenstatuen, Kreuze, blinkende LED-Lämpchen und glitzernde Sticker, wohin das Auge blickt. Troddeln und Vorhänge baumeln von der Decke, und immer wieder halten wir kurz an, damit ein Eis- oder Popcornverkäufer durch den Bus laufen und seine Ware anpreisen kann. Ich schmunzele in mich hinein. Ach, Kolumbien – schön, wieder hier zu sein.

Der Bus schlängelt sich aus der trockenen, heißen Küstenregion nun höher hinauf in dicht bewaldetes Gebiet. Das höchste Küstengebirge der Welt, die Sierra Nevada de Santa Marta, beginnt hier. Links erhasche ich immer wieder einen Blick auf den blauen Ozean in der Ferne. Rechts erstreckt sich in tausendfach nuancierten Grüntönen der Fuß des majestätischen Gebirges. Die Spitzen der Berge sind momentan in den Wolken verborgen, doch an klaren Tagen – und vor allem morgens – kann man hier im karibischen Meer baden und dabei die schneebedeckten Gipfel in der Ferne bestaunen.

Die Luftfeuchtigkeit scheint mit jeder Sekunde, jedem *vallenato*-Lied, jedem Kilometer zuzunehmen. Wir alle rutschen auf den Plastikbezügen der Sitze hin und her und fächeln uns Luft zu, wenn der Bus zum Stehen kommt. Einige Backpacker quetschen sich zwischen die Einheimischen, die säckeweise Reis, Scharen von Kindern und allerlei Möbel aus Plastik, Matratzen, Körbe und Tierfutter in einem bunten Durcheinander in den Gang gepfercht haben. Die Backpacker schauen nervös drein, denn der Fahrer legt auf seinem Weg einige waghalsige Überholmanöver hin. Ich muss auch so ausgesehen haben, als ich diese Strecke zum ersten Mal gefahren bin, doch diesmal wusste ich, was mich erwartet. Vor dem Fenster fliegen einzelne Dörfer vorbei, in denen junge Mädchen Kinder auf dem Schoß wiegen und stillen. Mit hohlen Augen schauen sie dem Bus hinterher. Die jüngste Mutter, die ich in Buritaca kennengelernt habe, war 16 und hatte bereits ein dreijähriges Kind. Als ich ihr erzählte, dass ich 27 sei und noch nicht mal mit dem Gedanken an ein Kind spiele, erntete ich den wohl verständnislosesten Blick, mit dem ich je in meinem Leben bedacht worden bin.

Endlich erkenne ich, dass wir uns Buritaca nähern. Wir sind bereits am Tayrona-Nationalpark vorbeigefahren, an dem alle anderen Backpacker den Bus verlassen haben. Nur ich, die Kinder, die Futtersäcke und die Plastikmöbel sowie natürlich die müden Eltern und der *vallenato* sind noch hier.

»*Parada!*«, rufe ich laut und signalisiere dem Fahrer so, dass ich hier aussteigen möchte. Er macht eine Vollbremsung, und ein Plastikhocker schießt Richtung Fahrersitz. Ich bedanke mich innerlich, dass ich diese wilde Fahrt endlich überstanden habe, und springe aus dem Bus. Nun stehe ich auf dem regennassen Sandstreifen der Straße und sehe mich um. Vor mir erspähe ich zwei kleine Läden, in denen Cola, Zigaretten und Bier verkauft werden, davor sitzen Männer mit dicken Bäuchen auf Plastikstühlen und hören – natürlich – *vallenato*.

»*Mira!*«, ruft es plötzlich hinter mir, und zeitgleich erschallt ein freudiges Bellen. Meine Freundin Lilly steht auf der gegenüberliegenden Straßenseite auf einem schmalen Balkon im oberen Stockwerk eines flachen, grün gestrichenen Hauses. Neben ihr hüpft ihre Mischlingshündin Amber aufgeregt auf und ab.

Seit Lilly vor zwei Jahren nach Buritaca ausgewandert ist, habe ich sie nur zweimal gesehen: einmal bei einem ihrer seltenen Heimatbesuche und einmal, als Mats und ich im Frühjahr 2017 hier in Kolumbien auf Backpacking-Reise waren. Damals hatte ich gerade erst meinen Blog *chronisch fabelhaft* gestartet. Lange hatte ich davor nach einem Thema gesucht, mit dem ich einen Blog oder ein Online-Business aufbauen könnte, das es mir ermöglichen würde, von überall aus zu arbeiten. Der Gedanke, einen Blog über die MS und meinen Umgang mit ihr zu starten, kam dann irgendwann ganz natürlich – denn sooft ich online auch nach einer positiven Stimme suchte, die mir sagte, dass die MS nicht das Ende der Welt war, ich fand sie einfach nicht. Also beschloss ich, selbst diese Stimme zu sein! Natürlich war ich auch sehr aufgeregt, da ich nicht wusste, wie mein Umfeld auf meine Krankheit reagieren würde. Ich hatte die Diagnose zwar schon einige Jahre vor dem Blog bekommen, doch da man mir die MS bisher nicht anmerkte, ahnte niemand aus meinem privaten oder beruflichen Umfeld etwas von ihr. Und nun also direkt ein Blog, meine Geschichte online, für die ganze Welt zugänglich.

Anfangs erreichten mich natürlich noch wenige Leser, wenige Nachrichten, wenige Kommentare. Doch während Mats und ich durch Kolumbien reisten und das schlechte Internet mich manchmal wirklich rasend machte, kamen erste Anfragen für Interviews. Die Besucherzahlen des Blogs stiegen exponentiell an, und schon nach wenigen Wochen klopfte die erste große Kooperation an die Tür meines E-Mail-Postfachs. Mein Online-Business begann, immer mehr Menschen zu erreichen – und mir ein Leben als digitale Nomadin zu ermöglichen. Ein Leben, von dem ich immer geträumt hatte.

»Kommst du rüber, oder muss ich dich erst hochtragen?«, ruft Lilly mir zu und reißt mich damit aus meinen Gedanken.

Amber ist mittlerweile aus dem Haus gerannt, hat die Straße überquert und springt aufgeregt an mir hoch. Sie ist eine hübsche junge Hündin, ihr Fell ist – mir fällt keine passendere Beschreibung ein – blond wie das Haar einer Skandinavierin. Nur ihre Schnauze ist schwarz. Die Hundedame ist zierlich, dabei aber rasend schnell – und vor allem ziemlich ungestüm und wild. Lachend versuche ich, meinen Unterarm aus Ambers sanftem Biss, mit dem sie mich geschnappt hat, zu lösen – und scheitere. So überquere ich mit der knurrenden Amber an einem Arm und meinem Rucksack über dem anderen die viel befahrene Straße und nehme endlich meine Freundin in den Arm, die in der Zwischenzeit auch nach unten gekommen ist. Hinter ihr steht Finn, ihr Freund und Geschäftspartner aus Irland, mit dem sie seit knapp zwei Jahren die Pferdefarm hier betreibt, und strahlt mich an.

Ich kenne keinen Mann, der dermaßen fotogen ist wie Finn. Er hat schwarzes, glänzendes Haar, das immer in einer Tolle nach oben steht, von der ich mich schon oft gefragt habe, ob sie einfach so wächst oder er sie heimlich jeden Tag in diese Richtung stylt. Das James-Dean-Ebenbild wird vervollständigt von Finns großem, herzlichem Grinsen und seinen strahlend hellblauen Augen. Er trägt ein grünes kurzärmeliges Hemd, das offen steht und seine schmale Brust entblößt. Sie ist weiß und zart wie die einer Jesusstatue und verrät nicht, dass Finn schon so lange in der Karibik lebt.

Lilly hingegen hat eine gesunde Bräune. Diese passt hervorragend zu ihrem endlos langen braunen Haar, das ihr in sanften Wellen um die Schultern fällt. Sie hat das Lachen eines Mädchens, auch wenn sie bereits Mitte zwanzig ist. Und ich merke auch, dass sie – wohl durch den Stress und Alltagstrott in einem eigenen Reitunternehmen – ein Quäntchen Schwung verloren hat. Unter ihren Augen zeichnen sich dunkle Ringe ab, und als ich ihr ins Haus folge, fällt mir auf, dass sie die eine Hand ins Kreuz stützt, so als hätte sie Rückenschmerzen.

Die komplette obere Etage wird von Lilly, Amber und Finn bewohnt. Dazu gibt es noch zwei Zimmer, in denen die Volunteers, also die freiwilligen Helfer, wohnen – und eines für mich.

»Sonst wohnt dort Lee drin, aber der ist grad nicht da«, sagt Lilly und zeigt mir mein Zimmer. »Wenn er zurückkommt, zieht er dann einfach in unser Zimmer.«

Lee? Wer ist das denn? Und wie viele Menschen wohnen eigentlich in dieser Wohnung, die sicherlich nicht mehr als sechzig Quadratmeter hat? Ich schaue mich um und bin etwas verunsichert. Die ganze Wohnung wirkt auf den ersten Blick sehr chaotisch: Überall liegen Schuhe herum, dazwischen Hundespielzeug, volle Aschenbecher und einzelne Kleidungsstücke. Der Boden klebt vor Dreck, Spinnweben zieren die Lampen und Regale. Amber schnappt sich einen herumliegenden Knochen, springt mit ihm auf die fleckigen Polster, die auf einem Stapel Paletten liegen und als eine Art Sofa dienen, und fängt an, beherzt sabbernd darauf herumzukauen. Ich schlucke. Oh je. Das kann ja heiter werden.

»Wo ist denn das Badezimmer?«, frage ich hoffnungsvoll, denn ich kann jetzt wirklich eine kalte Dusche gebrauchen.

»Da hinten neben dem Wasserbassin ist eins, und Finn und ich haben auch noch eins in unserem Zimmer. Das Badezimmer da hinten teilst du dir mit den Volunteers«, sagt sie lächelnd.

Ich stelle meine Sachen in mein Zimmer, das glücklicherweise deutlich aufgeräumter als der Rest der Wohnung ist, wickle mich in ein Handtuch und gehe ins Badezimmer. Ich schlucke noch mal, drehe um, ziehe im Zimmer meine Flipflops an und gehe zurück, um mich samt Schuhen in die Dusche zu stellen. Mit nackten Füßen kann ich da nie und nimmer rein. Das ganze Badezimmer wirkt, als würde man da schmutziger rauskommen, als man reingegangen ist. Die weißen Fliesen in der Dusche sind rostfarben angelaufen und gelblich belegt, die Fugen schimmeln. Das Waschbecken ist so schmutzig, dass ich mir nicht sicher bin, ob es da drunter überhaupt weiß ist. Das Klo ... nun ja.

Jedenfalls ist dieses Badezimmer so schmutzig, wie ich mir das in einem thailändischen Gefängnis vorstelle. Doch während das Wasser herrlich kalt und erfrischend aus dem nackten Plastikrohr, das als Duschkopf aus der Wand ragt, über meinen Körper schießt, vergesse ich für einen Moment meine Umgebung. Ich werde das schon durchstehen, es sind ja nur anderthalb Monate. Und so schmutzig das Bad auch ist, ja, so keimig dieses ganze Haus ist: Immerhin habe ich hier ein Zuhause, ein Dach über dem Kopf, fließendes Wasser. Die Erinnerung an Juchitán ist noch präsent genug.

Und so trete ich erfrischt, ja, fast fröstelnd aus der Dusche, wickle mich wieder in mein Handtuch und setze mich nass und tropfend, wie ich bin, neben Lilly auf den Balkon. Er ist sehr schmal, und einige halb kaputte Plastikstühle stehen auf ihm herum. Lilly hat in alten Plastiktüten Basilikum angebaut, das erstaunlich frisch und gepflegt wirkt.

»Ist nicht das Nobelste ... Es ist so schwer, alles sauber zu halten, weißt du ... Und die Volunteers machen ja auch nichts. Putzen nicht und so. Die kommen zurück von der Farm mit ihren schlammigen Stiefeln und Socken und hauen einfach alles in die Ecke. Und ich kann ihnen einfach nicht mehr hinterherputzen. Du wirst die beiden ja nachher kennenlernen, wenn sie von den Pferden zurück sind. Sie sind in Ordnung, chaotisch halt, so wie ich und Finn. Und na ja, wozu das führt, das siehst du ja ...«, erklärt meine Freundin und blickt mit einem kleinen Anflug von Unwohlsein in den Augen auf das Chaos, das in ihrer Wohnung herrscht.

Doch ich habe gerade keine Zeit, mich über die Berge an Schmutz aufzuregen, die ich definitiv werde beseitigen müssen, bevor ich mich hier wohlfühlen kann. Ich bin voll und ganz damit beschäftigt, über die Straße, über die Dächer der kleinen Läden gegenüber hinwegzublicken – direkt auf die dunkelgrünen Gipfel der Sierra Nevada de Santa Marta. Ich höre, ich rieche den Dschungel, der diese Berge überzieht. Selbst durch die Abgase der über die Straße donnernden Lkws rieche ich dieses erdige, ursprüngliche Aroma, das nur Waldböden ausstrahlen, die fast immer so feucht vom Regen und dem Wasser aus den Bergen sind, dass sie nie wirklich durchtrocknen. Diese mächtigen Berge versöhnen mich mit Buritaca, mit der verdreckten Wohnung, mit der Aussicht darauf, hier über einen Monat ohne WLAN und mit nur zwei Balken Handyempfang zu verbringen. Ich werde mich schon daran gewöhnen. Auch an den immerwährend dröhnenden *vallenato*.

Einige Stunden später lerne ich Matilde und Charly kennen, die beiden Frauen, die hier im Gegenzug für Kost und Logis arbeiten und mit denen ich die nächsten Wochen verbringen werde. Matilde stammt aus den Niederlanden, hat weizenblondes Haar, eisblaue Augen und ein breites, freundliches Gesicht. Sie ist sofort sehr aufgeschlossen, zuvorkommend und beginnt, unverfänglich mit mir zu plaudern. Doch ich höre ihr kaum zu – ich bin zu sehr abgelenkt von Charly, die hinter Matilde steht und mich mit einem so durchdringenden Blick mustert, dass ich Sorge habe, er könnte mir ein Piercing stechen. Sie ist blass, übersät mit Sommersprossen und hat dunkelrotes, zu einem Bob geschnittenes Haar. Ich habe wohl noch nie eine Frau gesehen, auf die die Beschreibung »Cowgirl« so gut gepasst hätte wie auf sie. Allerdings nicht auf eine unangenehm um Sexyness bemühte Art und Weise, sondern einfach, weil sie aussieht wie eine Frau, die Pferde mit dem Lasso einfängt und bändigt und in ihrem Leben schon auf so vielen Pferderücken gesessen hat, dass sie die Sprache dieser majestätischen Tiere zu sprechen scheint.

Charly trägt Cowboystiefel aus Leder, das denselben Farbton wie ihre Haare hat, dazu eine enge Leggings mit Pferdemuster, eine karierte Bluse und – natürlich – einen Cowboyhut. Seit sie mich erblickt hat, hat sie nicht einmal gelächelt. Ich reiche ihr die Hand. Charly riecht nach Schweiß und Pferdemist.

»Hi«, sagt sie, schüttelt meine Hand und geht dann wortlos an mir vorbei in ihr Zimmer. Ich schaue Matilde und Lilly fragend an, beide wechseln einen vielsagenden Blick und zucken mit den Schultern.

»Ihr werdet euch sicherlich noch megagut kennenlernen, die sind echt alle beide total in Ordnung«, versichert mir Lilly, als wir später bei einer dampfenden Schüssel Paella am Tisch sitzen. Morgen Abend wird sie, nachdem sie mir die Buchungsvorgänge für die Reittouren erklärt hat, zusammen mit Finn nach Europa aufbrechen und mich mit dem Chaos hier allein lassen. Mit dem Chaos, dem Hund, einer sprechenden und einer schweigenden Freiwilligen und einer vielbefahrenen Schnellstraße vor dem Fenster. Hallo, Buritaca. Das kann ja was werden mit uns.

Der Rohrbruch

»Du machst das schon!«, sagt Lilly noch, dann läuft sie die Treppen hinunter zur Straße, schüttelt die jaulende Amber ab, die ganz genau weiß, dass ihr nun einige Wochen ohne ihre Mama blühen, steigt in den Bus Richtung Flughafen, in dem Finn schon auf sie wartet, und winkt mir noch mal zum Abschied. Mit dem Geräusch der sich schließenden Tür wird mir schlagartig bewusst, dass ich jetzt auf mich allein gestellt bin. Und dazu noch die Verantwortung für ein Haus, acht Pferde, ein Fohlen, einen Hund und zwei Volunteers habe.

Meine Aufgaben sind recht einfach: Ich soll dafür sorgen, dass die Volunteers nach getaner Arbeit mittags und abends ein warmes Essen bekommen und dass das Haus halbwegs intakt bleibt, und mich um die Tourbuchungen und Anfragen kümmern. Auch habe ich beschlossen, ein paar Werbemaßnahmen in Angriff zu nehmen, um das Geschäft über die Weihnachtsfeiertage, die hier absolute Hochsaison sind, etwas anzukurbeln.

Doch heute darf ich erst mal mit Charly und Matilde zu den Pferden. Ich bin nie ein Pferdemädchen gewesen, schon allein weil ein solches Hobby für meine Mutter viel zu teuer gewesen wäre. Und ich habe auch heute noch großen Respekt vor den riesigen Tieren. Zum Glück sind die kolumbianischen Pferde etwas kleiner als ihre deutschen Verwandten, also wage ich einen Ritt. Während ich Charly und Matilde dabei zusehe, wie sie die Pferde satteln, und Amber den frei herumlaufenden Hühnern hinterherjagt, steigt ein ungeahntes Glücksgefühl in mir auf. Ich grinse über beide Ohren und lasse mich wie ein Stück Treibholz im Wasser von den schäumenden Wogen meiner eigenen Zufriedenheit hin- und herspülen. Das Leben tobt um mich, in mir, hinter mir in den hohen, schneebedeckten Bergen und vor mir im schäumenden hellblauen Ozean. Leben. Atmen. Sein. Die Sonne auf meiner Haut, der Wind in meinen Haaren, das fröhliche Bellen meiner Adoptivhündin auf Zeit ... Ja, so könnte es ruhig eine Weile bleiben.

Ich sitze auf, und wir reiten los. Die Pferde grasen auf einer Freifläche, die so schön ist, dass es fast kitschig anmutet: Sanftes grünes Gras überzieht die kleinen Hügel des Geländes. Auf ihnen wachsen schmale, hohe Palmen, die sich hellgrün gegen den strahlend blauen Himmel abzeichnen und sich sanft in der Brise wiegen. Mein Pferd heißt Pepino, ist rotbraun und schnauft gutmütig. Weiter hinten befindet sich ein grüner, trüber Teich, der von Wasserpflanzen überwuchert ist. Ich erinnere mich, dass Lilly mich gewarnt hat, dass in dem Teich Alligatoren leben, und pfeife Amber zurück, die auf mich natürlich noch weniger hört als auf ihre Besitzerin. Ein paar Minuten später stapfen die Hufe meines Pferdes mit einem erstickten Schlappgeräusch durch den hellen Sand am Strand von Buritaca. Der Atlantik ist hier zornig und eisblau, und Pepino trottet mit gleichgültiger Miene den Pferden von Charly und Matilde hinterher.

»Willst du mal galoppieren?«, fragt Charly mich plötzlich. Ich bin so überrascht davon, dass sie überhaupt mit mir spricht, dass ich zu perplex bin, um Nein zu sagen. Und so gibt sie meinem Pferd einen kleinen Klaps auf den Hintern, ruft mir »Halt dich fest!« zu – und es geht los.

Ich bin in meinem Leben noch nie galoppiert und insgesamt vielleicht nur drei- oder viermal geritten, und nun presche ich mit einem Pferd, das sich komplett meiner Kontrolle entzieht, über den weißen Sand. Meer rechts, Berge links. Und mittendrin ich auf meinem rostbraunen Pferdepfeil. Ich ducke mich, so tief ich kann, kralle mich ins Zaumzeug und versuche, nicht vor Angst umzukommen. Doch Pepino reitet stetig und sicher, und langsam merke ich, wie sich mein Körper entspannt. Ich gehe mit im Takt seiner Hufe, und endlich bahnt sich ein fast irres Lachen seinen Weg aus meiner Brust hinauf. All die Freude über dieses herrliche Panorama akkumuliert sich und schießt in einem Lachanfall aus mir heraus, und als Charly und Matilde aufholen, werfen sie mir verwirrte Blicke zu. Ich bin mir keiner Schuld bewusst und strahle sie an: Das, Freunde, das ist das Leben. So fühlt sich das also an, wenn endlich mal alles passt.

Die nächsten Tage verbringe ich zwischen dem Haus an der Schnellstraße und einem ganz besonderen Ort, der sich im tiefen Dschungel vor dem Ortseingang Buritacas versteckt: dem El Rio Hostel. Diesen Ort habe ich bereits bei meinem letzten Aufenthalt hier zusammen mit Mats entdeckt, und ich lüge nicht, wenn ich ihn als »Oase« oder schlichtweg als »magisch« bezeichne. Das El Rio Hostel wird von zwei Briten Ende zwanzig betrieben. Beide haben kupferrotes Haar, eine trotz der kolumbianischen Sonne helle und ungebräunte Haut und diese verwegene Aura, die Menschen ausstrahlen, die genau das angestellt haben mit ihrem Leben, wovon sie immer geträumt haben. Guy und Ben haben vor knapp zwei Jahren diesen Ort mitten im Dschungel entdeckt: ein großes Gelände, auf dem Papayas, Avocados und Kokosnüsse wachsen und das auf einer Seite von einem ruhigen, eiskalten Bergbach begrenzt wird, der sich aus den Gipfeln seinen Weg hinunter ins Meer bahnt. Der Fluss hat an einer Stelle einen natürlichen feinsandigen Strand angehäuft, und so kann ich ohne Umschweife behaupten, dass dies einer der schönsten Orte ist, die ich auf der Welt kenne. Das Hostel bietet den Gästen einige Hängematten, Schlafsaalbetten und Bungalows an. Alles ist offen und luftig, und durch die vielen Bäume herrscht hier ein weniger drückendes Klima als bei mir an der Dorfstraße.

In der Mitte des Hostels befindet sich eine großzügige Bar mit einem Dach aus Palmenblättern und einem Boden aus Holz. An ihrem Tresen habe ich in den Tagen, die ich hier mit Mats verbracht habe, schon einige wilde Nächte gefeiert, und auch in diesen ersten Tagen in Buritaca ist die Bar des El Rio für mich der Ort, an dem ich nach getaner Arbeit ein wenig abschalten kann, Menschen treffen, mich austauschen. Das kühle Flusswasser, das dunkelgrün schimmert wie ein Smaragd im Abendlicht, lädt zum Baden ein, und besonders mit Ben habe ich eine fast freundschaftliche Verbindung. Außerdem ist das El Rio der einzige Ort im Umkreis von einer Fahrtstunde, der WLAN hat. Natürlich ist die Verbindung mehr schlecht als recht – aber ja, es geht. Die Karibikküste ist an dieser Stelle kaum erschlossen, und so sind sowohl Handynetz als auch Internet nur spärlich vorhanden. Doch es reicht, um einige E-Mails zu versenden und mich weiter um mein Buch zu kümmern. Auch Skype-Gespräche kann ich von hier aus führen, und in diesen ersten Tagen in Buritaca kommen tatsächlich auch immer mehr neue Aufträge für Texter-Jobs hinzu. Endlich verdiene ich etwas Geld! Was für eine Wohltat, auch wenn es sich nur um Kleckerbeträge handelt.

Jedes Mal, wenn ich mich hier umblicke, wenn ich auf meinen morgendlichen Laufrunden durch den Dschungel fast mit handtellergroßen Schmetterlingen kollidiere oder ein knorriger alter Bauer mir auf seinem ebenso knorrigen alten Esel entgegenreitet, durchströmt mich wieder diese Zuversicht, diese Freude, dieses Gefühl, dass ich unbesiegbar bin. Und ich ergötze mich daran, ich trinke es wie Milch und Honig und genieße aus vollen Zügen, dass das Leben sich mir gerade von seiner süßen Seite zeigt.

Bis der Tag des Rohrbruchs kommt.

Es ist zwei Tage vor Weihnachten. Matilde und ich verstehen uns seit meinem ersten Tag hier super, und auch mit Charly habe ich mittlerweile das eine oder andere interessante Gespräch geführt. An einem langen Abend im El Rio erzählte sie mir, was sie hierhergeführt hat: Sie ist die Tochter eines reichen Unternehmers aus Hollywood und ist selbst in Malibu aufgewachsen. Dort fand sie direkt ihren Weg in die Filmbranche und kam von da zum Pferderennen. Sie pflegte, impfte und dopte die Pferde, die auf den Rennbahnen in Kalifornien nicht selten dem eigenen Tod entgegenrennen. Auf Partys flirtete sie mit Mila Kunis, hatte dieselben Frauen im Bett wie Charlie Sheen und flüchtete dann, als alles um sie herum zu viel, zu laut und zu stark wurde, in die weite Welt. Sie schreibt, genau wie ich, und lebt momentan zwischen Dubai und dem Ort, an dem sie sich aktuell eben entschließt zu sein. Momentan ist das Buritaca.

An diesem Morgen ist plötzlich Charlys Zimmerwand nass. Und ihr Boden auch. Der Raum, in dem sie wohnt, liegt direkt neben dem Badezimmer, das, nachdem ich es sofort nach meinem Einzug mit literweise Desinfektionsreiniger und unter Einsatz einer Draht- und einer Zahnbürste geputzt habe, eigentlich wieder wie neu aussieht. Irgendwo muss Wasser austreten, doch im Bad ist nichts zu finden. Wir wischen die Lache auf, schauen uns achselzuckend an und gehen unserem Tagwerk nach. Am Nachmittag ist die Pfütze jedoch wieder da, diesmal reicht sie bis in mein Zimmer und ins Wohnzimmer. Und da wird uns klar, dass wir ein Problem haben.

Ich steige die steilen Steinstufen hinunter zu unserer Vermieterin, die unter unserer Wohnung einen Laden für Schleifenbänder, Wandfarbe und Haarspangen betreibt.

»Es tropft von meiner Decke«, sagt sie stirnrunzelnd, als ich ihren Laden betrete.

»Ja, ich weiß ... Bei uns steht die halbe Wohnung unter Wasser«, gebe ich zurück. Ihr Stirnrunzeln wird noch intensiver.

»Ich muss einen Handwerker rufen, der sich das ansieht«, beschließt sie, und so gehe ich wieder hinauf und warte auf das Eintreffen des besagten Herrn.

Wie lange so etwas hier in Kolumbien wohl dauert? Das Finden des Problems und dann das Finden einer passenden Lösung? Kurze Zeit später klopft es, immerhin scheint der Handwerker hier schneller zu kommen als in Deutschland. Ein mageres Männchen mit faltigen Zügen und einigen fehlenden Zähnen steht vor mir. Er spricht durch die vielen Zahnlücken so undeutlich, dass ich ihn kaum verstehe.

»Fehler ... suchen. Boden ... raus.«

»Boden raus? Wie meinen Sie das?«, frage ich.

Als Antwort deutet der Mann auf eine Spitzhacke, die hinter ihm am Balkongeländer lehnt. »*Si, si*. Boden raus.«

Ach herrje.

Den Rest des Nachmittags verbringe ich mit angespannten Schultern auf dem Balkon neben den vorbeidonnernden Lkws. Anscheinend, so hat mir meine Vermieterin erklärt, gibt es hier keine Faustregeln, wie Rohre verlegt werden. Das heißt: Irgendwo im Bereich des Badezimmers hat irgendein Rohr wohl ein Loch. Da aber niemand sagen kann, welches Rohr das ist, geschweige denn wo es entlang läuft, bleibt dem Handwerker nichts anderes übrig, als den Boden komplett herauszureißen und dafür alle Installationen abzumontieren. Hinter mir höre ich ein regelmäßiges »Pak pak pak«, während die Fliesen unter seiner Hacke zersplittern und der hutzelige Mann Unmengen von komplett durchnässtem Geröll produziert. Das abmontierte Klo und das Waschbecken stehen im verdreckten, überfluteten Wohnzimmer herum. Hinter mir Bauchaos. Vor mir Verkehrschaos. Meine schön geordnete Welt, an die ich mich gerade so wunderbar gewöhnt hatte, ist von einem Tag auf den anderen gekippt. Meine Volunteers bedenken mich mit vorwurfsvollen Blicken, als wäre es in meiner Rolle als Hausverantwortliche meine Schuld, dass gerade das halbe Apartment zerpflückt wird. Ich schaue hilflos zurück: Was soll ich denn machen? Es wird bereits dunkel, und der Handwerker verabschiedet sich. Morgen will er wiederkommen, wir werden so lange das Bad in Lees zukünftigem Zimmer benutzen müssen, der ja zum Glück nicht da ist.

Alle sind mürrisch, überall in der Wohnung verteilt sich nach und nach der sandige Schlamm, den der Handwerker zutage gefördert hat. Als wir gerade eher schlecht als recht ein Abendessen zubereitet haben, in dem Versuch, uns nicht davon abschrecken zu lassen, dass direkt neben der Küchenzeile ein Klo steht, hupt es vor der Tür. Um die Uhrzeit? Amber rennt bellend auf den Balkon und schnellt dann hocherfreut die Treppe hinunter.

»Hey, Ich bin Lee, ich glaube, Lilly hat mich schon angekündigt«, ruft der junge, hoch gewachsene Mann, der da steht, zu uns nach oben. Unter seinem Arm klemmt ein Motorradhelm, er hat braune Locken, trägt ein breites Lächeln in seinem markanten Gesicht und dazu ein offenes Baumwollhemd.

»Oh, hi!«, rufe ich zurück und schaue unsicher hinter mich. Das Chaos, das an dem Ort, der einst sein Zuhause war, nun herrscht, nachdem ich gerade mal seit einer Woche die Verantwortung für die Wohnung trage, ist mir sehr unangenehm. Außerdem benutzen wir ja alle das Bad, das man nur durch sein Zimmer erreichen kann ... Was er dazu wohl sagen wird?

Langsam steigt er die Treppe hinauf, während Amber laut bellend an ihm hochspringt und sich gewohnt ungezogen an seinem Unterarm festbeißt. Oben angekommen, stellt Lee seine aus Hanf gefertigte Umhängetasche ab. Er überragt mich um drei Köpfe und ist extrem schlank. Als er mich zur Begrüßung umarmt, spüre ich jeden Knochen an seinem Körper.

»Ich bin wieder da«, sagt er mehr zu sich selbst als zu mir und will in die Wohnung gehen, doch ich halte ihn an seinem Hemd fest.

»Du, Lee, warte mal kurz ... Also, es sind ein paar Dinge passiert, seit du weg warst. Zum einen wohne ich nun in deinem alten Zimmer, und du bekommst das Zimmer von Lilly und Finn.«

»Das mit dem privaten Badezimmer? Ach, okay, wenn du meinst ...«, sagt Lee und schaut ein wenig verwirrt.

»Jaaa, also das Badezimmer ...«, setze ich an und merke, wie ich rot anlaufe. »Hör mal, das mit dem Badezimmer ist so eine Sache. Da ist ein Rohrbruch, irgendwo in dem Badezimmer der Volunteers, und deswegen haben die uns heute den ganzen Boden rausgerissen. Das heißt, nun ja – um ehrlich zu sein, müssen wir nun alle das Badezimmer in deinem Zimmer benutzen.«

Ich schlucke. Lees Miene verfinstert sich – so hat er sich seine Ankunft hier sicherlich nicht vorgestellt.

»Tut mir leid«, sage ich betreten.

Er seufzt hörbar auf, löst sein Hemd aus meinem Griff – ich habe gar nicht gemerkt, dass ich ihn immer noch festhalte – und betritt die Wohnung. Mich würdigt er keines Blickes mehr. Anerkennend schaut er sich noch kurz im Wohnzimmer um, das sich – bis auf den herausgerissenen Boden – immer noch in dem neuen aufgeräumten Zustand befindet, in den ich es versetzt habe. Er murmelt, dass das doch ganz nett sei so, und verkrümelt sich dann in sein neues Zimmer, das jetzt wohl oder übel als Durchgangszimmer zum Bad für drei weitere Personen dienen muss.

Ich verkneife mir an diesem Abend jeglichen Gang zur Toilette und bete, dass mir Lee diese Ankunft irgendwann verzeihen wird.

Am nächsten Tag fehlt von unserem Boden bereits die Hälfte. Schuttberge türmen sich, der Handwerker ist seit acht Uhr morgens vor Ort und klopft unbeirrt Stück für Stück feuchten Steins heraus. Lee ist nicht da, Matilde und Charly sind mit den Pferden und Kunden aus Österreich auf einer Reittour – und so ist es an mir, zusammen mit dem Handwerker den Schutt aus der Wohnung zu schaffen. Eimer um Eimer fülle ich mit dem schweren, nassen Geröll, schleppe es die Treppe hinunter und hinters Haus. Die Sonne brennt auf meinen Scheitel, es sind sicherlich 36 Grad, die Luft steht, erfüllt vom Gestank der Abgase und dem Lärm der Lkws, der sich mit dem Lärm des Dschungels auf der anderen Straßenseite mischt. Mir ist schwindlig. Einige Zeit habe ich meine MS nun nicht gespürt, fast drei Wochen – so lange ist es her, dass ich meinen waghalsigen Flug nach Mexiko bestritten habe. Aber nun ist die alte Dame wieder da, das merke ich ganz genau. Ich habe das Gefühl, sie dreht an meiner inneren Wasserwaage. Irgendwie wirkt alles ein wenig schief und verrutscht, und bald ist mein Schwindel so stark, dass ich kaum noch unfallfrei die Treppe hinunterkomme. Nach dem zehnten Schutteimer kapituliere ich.

»Ich kann einfach nicht mehr«, sage ich zu dem Handwerker. Der kratzt sich am Kopf, blickt unsicher auf den Schuttberg hinter sich und legt dann die Spitzhacke in das Loch, das einmal unser Boden war.

»Na ja, die Sache ist die ... Morgen ist Weihnachten, danach zwei Weihnachtsfeiertage, da komme ich natürlich nicht. Und dann ist ja auch gleich Silvester und Neujahr und eigentlich ...«

Ich unterbreche ihn ungläubig: »Was? Heißt das, Sie lassen uns jetzt hier einige Tage mit einem halb aufgerissenen Haus, nur einer Toilette und einem Rohr, das immer noch tropft und regelmäßig die Bude überflutet, allein?«

Der Handwerker zuckt mit den Schultern, nimmt seine Mütze und seinen Koffer und geht an mir vorbei, die Treppe hinunter. »Frohe Weihnachten«, ruft er mir von unten zu. Ich bin sprachlos.

Ich habe versprochen, an Heiligabend für Matilde, Charly und den mir mittlerweile wieder gnädig gestimmten Lee zu kochen, und zwar bei meinem neuen Kumpel Janosch, der auch aus Berlin kommt und momentan hier in Buritaca wohnt. Janoschs Wohnung liegt näher am Strand und hat einen großen Tisch, an dem wir alle Platz finden. Und natürlich: einen intakten Boden und ein funktionierendes Klo. Er selbst möchte ein Huhn grillen, ich mache die Salate und die Beilagen. Seit dem Morgengrauen stehe ich in unserer chaotischen Küche, schneide Gemüse klein, bereite Dressings zu, koche Kartoffeln und schuppe Fische.

Ich liebe kochen – aber heute scheint die Zeit gegen mich zu arbeiten. Plötzlich ist es bereits nachmittags, dabei wollte ich doch noch einen Kuchen backen, und irgendwie müssen all die Salate ja auch noch hinunter zu meinem Kumpel transportiert werden. Ein Auto haben wir nicht, und zu Fuß ist es zu weit und auch zu heiß. Der Fisch wäre innerhalb von Minuten verdorben. Das Fortbewegungsmittel, auf das man hier meist ausweicht, sind *motos*, Motorräder, auf denen man sich für umgerechnet einen Euro fast überallhin mitnehmen lassen kann.

Wir werden also alles mit *motos* hinunterschaffen müssen, denke ich mir, während ich mit einer Hand den Teig knete, mit der anderen die Zwiebeln anbrate und mit dem Kopf schon bei der Logistik des Transports bin. Und in all dem Chaos kann ich es einfach nicht mehr leugnen: Meine MS brüllt mich mit einer Wucht an, die sich bereits gestern beim Steineschleppen angekündigt hat und die mich nun erbarmungslos erschüttert. Ich spüre mein linkes Bein kaum noch, es fühlt sich an, als hätte mir jemand eine Betäubungsspritze verpasst. Auch der linke Arm gleicht eher einem nutzlosen Gummihandschuh, ständig entgleiten mir Dinge. Der Schwindel ist so hartnäckig, dass ich konstant Ausfallschritte nach links oder rechts machen muss, um nicht das Gleichgewicht zu verlieren. Von Weitem muss ich aussehen, als hätte ich mächtig einen im Tee. Von innen spüre ich Angst. Ich habe Angst und Panik, es wieder übertrieben zu haben – erst eimerweise Steine schleppen, dann am nächsten Tag für fünf Personen ein Weihnachtsessen kochen ... Ja, das klingt ganz nach mir. Was habe ich mir nur dabei gedacht? Nichts wahrscheinlich. Und so stehen wir da, mein tauber Körper, mein schwindelndes Hirn und ich, und schauen dumm aus der Wäsche. Ich kann nicht mehr. Ich muss die Notbremse ziehen.

Mit zitternden Fingern rufe ich Janosch an. »Du, Janosch – ich komme eine Stunde später. Ich muss mich noch etwas hinlegen«, sage ich. Er hat glücklicherweise Verständnis, da er um meine Krankheit weiß, und bittet mich nur, den Elektroofen mitzubringen, da er keinen hat. »Geht klar«, sage ich und lege auf, während ich mich mit letzter Kraft frage, wie um alles in der Welt ich Amber, den Ofen und all das Essen jemals sicher zu Janosch schaffen soll. Aber erst mal: Time-out. Pause.

Ich lege mich ins Bett, stopfe mir meine Ohropax tief in die Gehörgänge und versuche, mich nicht von den Geräuschen der donnernden Autos und dem blechernen Kreischen des *vallenato* ärgern zu lassen, das seit den frühen Morgenstunden aus den Boxen der Nachbarn schallt – so wie jeden Tag, nur noch ein wenig lauter, da ja heute Feiertag ist. Ja, die Küstenbewohner lieben ihren *vallenato,* auch wenn er mir gerade so zum Hals raushängt, dass ich am liebsten den Stecker ihrer schrecklich klingenden Anlage ziehen würde. Doch ich bin so erschöpft, dass ich trotz Getöse von allen Seiten rasch in einen komatösen Schlaf gleite. Mein linkes Bein auf ein Kissen gelegt, ein zweites Kissen über dem Kopf – ja, so geht's.

Von Menschen umgeben und doch allein

Als ich eine Stunde später aufwache, dämmert es bereits draußen. Ich fühle mich etwas besser und merke, dass diese Zwangspause das einzig Richtige war, was ich hätte tun können. Wer weiß, was sonst heute passiert wäre? Natürlich bin ich nicht sicher davor, einen neuen Schub zu erleiden, auch wenn ich brav meine Basistherapie einnehme. Momentan macht sich meine MS vor allem dadurch bemerkbar, dass sich unter Stress und Belastung meine bereits vorhandenen Symptome verstärken. Dennoch schwebt die Angst vor einem neuen, einem starken Schub ständig über mir. Heute möchte ich darüber aber nicht mehr nachdenken. Ja, ich habe mich übernommen. Aber ich habe auch meine Pause eingefordert. Eigentlich ein Grund, mir auf die Schulter zu klopfen.

Und so schnappe ich mir die Volunteers, drücke jeder von ihnen so viele Schüsseln und Dosen und Gefäße voll mit Soßen und eingelegtem Gemüse in die Hand, wie sie tragen können, halte zwei *motos* an und schicke sie zu Janosch vor. Ich selbst nehme mich des Ofens und des Hundes an, indem ich mir Ersteren mehr schlecht als recht unter den rechten Arm klemme und Amber auf meinen Schoß nehme und mit der linken Hand umgreife, während ich auch auf ein *moto* springe. Jetzt habe ich nur noch meine Beine, mit denen ich mich, indem ich sie an den Fahrer presse, festhalten kann.

Wir fahren los in Richtung Sonnenuntergang, und als wir bei Janosch ankommen, werden Amber und ich dort schon freudig erwartet. Es ist so schön, an diesem Abend nicht allein zu sein. Natürlich sind diese Menschen noch keine engen Freunde von mir. Aber sie sind liebe Menschen, geduldige Menschen. Wir lachen gemeinsam, als einer der häufigen Stromausfälle genau in dem Moment das ganze Dorf in Dunkelheit taucht, als wir das Huhn in den Elektroofen schieben wollen. Wir applaudieren gemeinsam, als der Strom eine Stunde später zurückkommt, während der wir bereits all das gegessen haben, was sich auf dem Gasherd zubereiten ließ. Ja, wir sind hier alle fremd, wir sind hier alle zu Gast. Aber wir haben uns.

Nachdem wir all das köstliche Essen verspeist haben und die Kerzen in den leeren Flaschen, in die wir sie gesteckt haben, weit heruntergebrannt sind, rege ich an, noch ein Spiel zu spielen – eine Art »Dankbarkeitsspiel«. Ich finde es gut, wenn man am Weihnachtsabend einige Momente des Jahres Revue passieren lässt. Wenn man sich die schönen Zufälle, die kleinen und großen Glücksmomente noch mal kurz vor sein inneres Auge ruft, um in ihnen zu baden und das Gefühl zu bekommen, dass es ein gutes Jahr war. Denn oft merken wir erst, wie viel Schönes uns doch widerfahren ist, wenn wir aktiv versuchen, uns daran zu erinnern.

Und so habe ich jetzt viele kleine Fragen auf Zettel geschrieben, von denen jeder einen ziehen soll. Die Fragen sind ganz unterschiedlich: »Was war das beste Essen, das du dieses Jahr gegessen hast?« Oder: »Mit wem hast du dieses Jahr so doll gelacht, dass du Bauchschmerzen bekommen hast?« Eine Frage lautet: »Wer war die inspirierendste Person, die du dieses Jahr kennengelernt hast?« Genau diese Frage steht auf Charlys Zettel, und als sie an die Reihe kommt, heftet sie ihren

Blick auf mich, als wären ihre Augen zwei braun schimmernde Reißzwecken.

»Die inspirierendste Person, die ich dieses Jahr kennengelernt habe«, sagt sie, ohne mich aus der Umklammerung ihres Blickes zu entlassen, »ist Samira. Ja, du, Samira. Ich versuche nicht, dich anzubaggern oder so – es ist einfach die Wahrheit. Was du für dich und damit für andere tust, wie sehr du dafür kämpfst, dass Menschen mit einer chronischen Krankheit nicht stigmatisiert, ausgegrenzt und vergessen werden, das beeindruckt mich zutiefst. Ich habe gesehen, wie hart du jeden einzelnen Tag arbeitest, um deinen Teil dazu beizutragen, dass dieser Ort, dieser olle Planet hier ein kleines Stückchen besser wird. Das beeindruckt und inspiriert mich zutiefst.«

Sie wendet ihren Blick von mir ab, und ich selbst sehe mit einem Anflug von Röte auf den Wangen zu Boden. Ich hatte keine Ahnung, dass mich jemals ein Mensch so wahrnehmen, so sehen könnte. Ich bin so unendlich dankbar für ihre Worte, die auf mich wirken wie die süßeste, köstlichste Speise, die ich je probieren durfte. Gleichzeitig schüttle ich in Gedanken den Kopf über mich selbst, weil ich anscheinend erst ihre Anerkennung brauchte, um Charly wirklich zu mögen. Ist sie davor einfach nur undurchsichtig, einschüchternd und mysteriös gewesen, weiß ich nun, hier im Kerzenschein bei milden dreißig Grad, endlich, woran ich bei ihr bin. Und ich erkenne, dass das Leben ihr Herz und ihre Seele wohl ebenso weich und verletzlich gemacht hat, wie das auch bei mir der Fall ist. An diesem Abend scheine ich mich selbst in der Reflektion der Kerzenflammen in ihren Augen zu erkennen.

Tags darauf kann ich mich kaum noch rühren. Meine linke Seite macht immer noch, was sie will – und das ist scheinbar nicht besonders viel –, und mein Schwindel will sich nicht mehr verziehen. Der Stress, den ich mir mit dem großen Essen gestern aufgebürdet habe, nagt an mir wie ein Kater, der nicht vergehen will. Tatsächlich fühlen sich MS-Symptome für mich oft an, als hätte ich die Nacht durchgefeiert – auch wenn das mittlerweile so gut wie gar nicht mehr vorkommt. Aber das Gefühl lässt sich kaum anders beschreiben. Mein Kopf dröhnt, als führte die Straße vor meinem Fenster direkt durch ihn hindurch. Ich bin fertig. Auch mein Magen scheint verstimmt zu sein, ich bekomme den ganzen Tag über kaum mehr als eine Tasse Reis hinunter. Dass bei mir mal das Hungergefühl aussetzt, passiert wirklich nie – alle anderen nehmen ab, wenn sie krank sind, aber bei mir ist eher das Gegenteil der Fall. Und nun diese absolute Appetitlosigkeit … Muss ich mir Sorgen machen?

Zum Glück habe ich in den nächsten Tagen nicht viel Arbeit mit dem Blog und dem Buch, da in Deutschland alle genauso wenig arbeiten wie unser Handwerker, der sich auf unbestimmte Zeit aus dem Schlachtfeld des Hauses verabschiedet hat. Verstimmt und krank, wie ich bin, traurig über meinen Zustand und schwimmend im Selbstmitleid, schnappe ich mir den Laptop von Lilly und beginne einen Serienmarathon, der mich die nächsten Tage in einer Mischung aus Fieber, Angst und Schwindel überstehen lässt.

Am letzten Tag des Jahres geht es mir körperlich endlich wieder so weit gut, dass ich aufstehen kann, und auch Hunger habe ich endlich wieder. Heute bin ich mit den Jungs vom El Rio verabredet, denn bei ihnen steigt natürlich eine Silvesterparty. Ich habe mich bereit erklärt, dort zu helfen und die Gäste mit bunten Farben und Glitzer zu verschönern. Insgeheim habe ich vor allem eine Aufgabe gesucht, die mich meine Einsamkeit an diesem Abend nicht so spüren lässt. Denn Janosch und Matilde sind beide nach Santa Marta gefahren, Lee ist mit Freunden verabredet – und so bleiben nur Charly und ich hier, mit der ich mich mittlerweile blendend verstehe. Somit bin ich heute zwar nicht komplett allein, die Aufgabe der Glitzerfee kommt dennoch wie gerufen.

Mit verschiedenen Farben, kompostierbaren Bio-Glitzerpartikeln und Federn ausgerüstet, mache ich mich gegen zehn Uhr abends zusammen mit Charly auf den Weg zum El Rio. Die *Moto*-Fahrer staunen nicht schlecht über uns in unseren Cowboystiefeln und mit dem roten Lippenstift im Gesicht – so viel Aufwand wird hier in Buritaca sonst nicht betrieben. Generell herrscht im ganzen Ort eine fast lähmende Lethargie, die mich schon ab und an rasend gemacht hat. Nichts geht schnell, nichts klappt, nichts ist einfach. Alles ist umständlich und dauert eine gefühlte Ewigkeit. Nichts scheint wichtig zu sein oder das Blut meiner Mitmenschen irgendwie in Wallung zu versetzen. Alles ist träge, gemächlich ... ganz anders, als ich es bin.

Auf dem Rücksitz der Motorräder jagen wir durch den finsteren Dschungel, in dem nach einigen Minuten in der Ferne die Lichter des El Rio erstrahlen. Wir steigen ab, zahlen und laufen in Richtung Bar, an der schon ordentlich Stimmung herrscht. Dabei sind es noch zwei Stunden bis Mitternacht.

»Da bist du ja!«, sagt Ben strahlend, als Charly und ich uns auf die hölzernen Barhocker fallen lassen. »Geht schon gut ab, oder?«, grinst er.

Auch er hat dieses Jungenhafte an sich, das ich bei so vielen Männern erlebe, die ich auf meiner Reise treffe. Etwas Unbeschwertes, Verspieltes. Ich selbst fühle mich dagegen manchmal, als wäre ich sechzig Jahre alt. Es fällt mir so schwer, loszulassen, mich treiben zu lassen. Ich arbeite daran, doch mein Perfektionismus und meine Sturheit gehören noch immer zu mir wie die braunen Locken auf meinem Kopf. Ich kann mich, kann diesen unruhigen Antrieb in mir einfach nicht abschalten. Noch nicht.

»Irgendwer hat dir wohl deinen Job gemopst«, sagt Guy, der gerade aus dem Lager kommt. Er ist von oben bis unten mit Glitzer vollgepappt.

»Wie meinst du das?«, frage ich unsicher. Immerhin habe ich mich so auf meine Aufgabe gefreut ...

»Ja, da rennt so ein Mädchen mit Glitzertütchen rum, die hier alle vollschmaddert. Ich glaube, sie hat mittlerweile jeden hier erwischt ... Also eigentlich brauchen wir deine Hilfe nicht mehr.«

Guy strahlt, Ben strahlt – doch meine Miene verhärtet sich, und Charly zuckt nur mit den Schultern. Ich hatte mich so auf diese Aufgabe gefreut, konnte es nicht erwarten, etwas zu tun zu haben. Ich habe mich an diesen kleinen Job geklammert, als könnte er mir Nähe und Freundschaft ersetzen.

»Nimm's nicht so schwer – betrink dich doch einfach, so wie alle anderen!«, sagt Ben und klopft mir auf die Schulter. Aber ich will mich nicht betrinken. Ich will auch nicht so wie alle anderen herumtorkeln. Ich habe gar keine Lust, mich heute volllaufen zu lassen, und ich habe auch keine Lust, mich im Suff mit den betrunkenen Touristen zu verbünden.

Enttäuscht setze ich mich an die Bar, bestelle eine Kokoslimonade nach der anderen und schaue allein und überfordert auf das mich umgebende Spektakel. Alle hier haben mächtig einen im Tee. Große und ganz kleine Pupillen, übermäßig angeregte Gespräche und Gesten. Stagediving von der Bar, überall wird geflirtet und angegeben und nachgelegt und weitergemacht. Ein betrunkener blonder Typ rempelt mich an, verschüttet meine Limonade und versucht, mich zur Entschuldigung zu küssen. Ich wehre ihn ab und rufe ihm ein »Arschloch« hinterher – und dann schlägt es Mitternacht.

Um mich herum explodiert die Party, alle liegen sich in den Armen. Wogen der angeheizten Euphorie schwappen über die Tanzfläche. Der Geräuschpegel gleicht dem eines abbrechenden Gletschers, es ist so laut, dass ich meine eigenen Worte nicht verstehe, als ich Ben über den Tresen hinweg ein frohes neues Jahr wünsche. Er hört mich nicht. Charly ist irgendwo in der schäumenden Partymeute verschwunden. Guy ist nicht zu sehen. Keiner ist da. Ich bin ganz allein.

Meine Kraft reicht nicht mehr, um die gnadenlos in mir aufsteigende Leere auszufüllen, und so erhebe ich mich fünf Minuten nach dem einsamsten Jahreswechsel meines Lebens vom Barhocker, schnappe mir mein Köfferchen mit dem unangetasteten Bio-Glitzer und lasse mir an der Rezeption ein *moto* rufen. Nichts wie weg hier. In meiner Traurigkeit passe ich hier ungefähr so gut hin wie ein Totengräber auf einen Kindergeburtstag. Ich bin eine Festung, die die Woge der Begeisterung nicht einzureißen vermag. Meine Mauern sind stärker. Die Mauern, die meine Unsicherheit, meine Einsamkeit, das Gefühl der Sinnlosigkeit umgeben, das mich immer und immer wieder in solchen Momenten überflutet.

Der Fahrwind weht mir meine Tränen in die Haare, als ich durch die Nacht zurück zu meinem auseinanderfallenden Heim brause. Als ich ankomme, ist nur Amber da, doch die hat solche Angst vor den Silvesterknallern, die hier ebenso begeistert wie in Deutschland gezündet werden, dass sie sich in dem zerfleischten Badezimmer versteckt und mich nicht wie sonst freudig bellend begrüßt. Keiner ist da. Dunkelheit herrscht auf der Straße, nur ein paar äußerst betrunkene Teenager lärmen in einiger Entfernung, zertrümmern Bierflaschen und zünden Böller. Ich fühle mich wie betäubt von meiner Traurigkeit. Will kämpfen, doch schaffe es nicht mehr. Wie in Zeitlupe nehme ich wahr, dass ich gerade wieder in das tiefe Loch stürze, in das ich das erste Mal mit 16 Jahren in Mexiko und das zweite Mal in der Zeit nach meiner MS-Diagnose gefallen bin. Ich dachte, dieses Loch gäbe es schon längst nicht mehr, ich dachte, ich hätte hart genug an mir gearbeitet und es endlich zugeschüttet. Doch es war wohl nie weg. Wie in einen schwarzen Strudel zieht es mich jetzt in sich hinein, und ich gebe mich ihm hin wie der bittersüßen Umarmung eines lange verflossenen Liebhabers.

Die folgenden Tage sind hart. Sehr hart. Mein Lächeln, meine Unbeschwertheit, meine Neugier scheinen im alten Jahr liegen geblieben zu sein. Ich spüre in mir einfach nur Leere. Eine Stumpfheit, eine Hoffnungslosigkeit. Plötzlich kommt mir Buritaca noch schäbiger, noch trister, noch elender vor. Jeden Stromausfall empfinde ich als persönlichen Angriff auf meine Arbeit. Die blechern scheppernden Musikanlagen der Nachbarn, die mit Notaggregat natürlich auch während der stromfreien Zeiten betrieben werden, hallen in meinen Ohren wider wie ein Presslufthammer. Martern mein Hirn. Mein Schwindel sorgt dafür, dass ich noch schlechter gelaunt bin, und all das wiederum befeuert mein körperliches Unwohlsein. Ich beginne, die Tage am Wandkalender abzustreichen, bis ich endlich aus meinem Buri-Trauma erlöst werde. Denn am Ende des Tunnels ist Licht, und wäre das nicht, würde ich wohl schnurstracks in einen Flieger nach Hause steigen.

Doch in zehn Tagen kommt Mats. Zehn Tage, bis ich wieder mit meiner großen Liebe vereint bin. Bis meine Einsamkeit, die ich erst so genossen habe und die nun von Stunde zu Stunde unangenehmer und drückender wird, endlich beendet ist. Mats – der beschlossen hat, mir zu folgen. Auch er hat seinen Job gekündigt, und wir beide brennen darauf, in den gemeinsamen Teil dieses großen Abenteuers zu starten. Natürlich mache ich mir auch darüber wieder Gedanken. Denn so lange sind wir noch nie zu zweit allein gewesen. Und ja, ich denke, man kann tatsächlich zu zweit allein sein. Denn wenn man nur sich hat, wenn man aufeinanderhängt und sich nicht unabhängig voneinander machen kann, dann ist das eine große Belastungsprobe. Vor allem für uns wird sie das sein, denn wir brauchen beide unsere Freiräume und sehen uns, auch wenn wir in Berlin nah beieinander wohnen, gar nicht so oft. Wir haben beide eigene Leben, die sich an den schönsten Stellen berühren, aber auch ohneeinander erfüllt und interessant sind.

Mats ist ein leidenschaftlicher und äußerst talentierter Fotograf – und zwar nicht mit Digicam und Smartphone. Er macht analoge Fotos. Seine Kameras sind so groß wie Schuhkartons, sein Reisegepäck besteht, egal wohin wir fliegen, nicht selten zu mehr als der Hälfte aus Mittelformatfilmen. Er entwickelt seine Bilder selbst in seiner eigenen Dunkelkammer, und so entstand auch die Idee für sein Business, das er während unseres Aufenthalts in Kolumbien etablieren möchte: Mats möchte analoge Fototouren anbieten. Gleichzeitig wollen wir schauen, ob wir uns vorstellen könnten, länger in diesem Land zu bleiben, denn wir beide haben die vage Idee, dass wir eines Tages – vielleicht gemeinsam – auswanden möchten.

Ja, Mats wird kommen, ich werde in seine Arme fallen, er wird mir durch mein Haar streichen, wir werden nach Cartagena ziehen – und alles wird wieder bunt, gut und sonnig sein, so wie es vor Weihnachten und Silvester war. Oder? Ich bin der festen Überzeugung, dass es mir in Cartagena geistig und somit hoffentlich auch endlich körperlich wieder besser gehen wird. Cartagena liegt etwa sieben Stunden südlich von Santa Marta. Es ist eine Stadt mit über einer Million Einwohnern, eine Stadt, die gleichermaßen von Kreuzfahrttouristen wie von Aussteigern und Gaunern geschätzt wird. Ein kolonialer Traum, eingebettet zwischen dem türkisblauen Meer der Karibik und der staubtrockenen Ebene, die sich hinter der Stadt weit ins Inland erstreckt. Meine Sehnsucht. Meine Erlösung. Wir werden in Cartagena eine Wohnung suchen und für einige Monate dortbleiben. Mats wird fotografieren, ich werde schreiben. Wir werden frischen Fisch essen, auf die Wellen schauen, uns lieben und endlich wieder glücklich sein.

Mit diesem Gedanken, dieser vagen Hoffnung und der Aussicht auf Besserung halte ich meine letzten Tage in Buritaca durch. Ich gehe kaum noch raus, verkrieche mich und stürze mich, sobald ich mal wieder etwas Netzabdeckung habe, in die Arbeit. Ich fühle mich, als geschehe irgendwo anders mein eigentliches Leben, als säße ich hier auf dem Dorf mitten im Nirgendwo fest, nur um darauf zu warten, endlich richtig weiterleben zu können. Oft frage ich mich, was ich mir dabei gedacht habe, in ein kleines kolumbianisches Dorf zu ziehen. Ich bin so was von nicht geschaffen fürs Dorfleben.

Und so ist es eine wahre Erlösung, als eine Woche später endlich Lilly und Finn wiederkommen. Erleichtert überlasse ich ihnen ihre acht Pferde, ihr Fohlen, den Hund und die zwei Volunteers sowie ein immer noch halb zertrümmertes Haus und entschuldige mich tausendfach für dessen Zustand, an dem mich keine Schuld trifft. Und dann – endlich – steige ich selbst in den Bus, der mich wieder mit meinen zwei großen Leidenschaften vereinen wird: Mats. Und dem Stadtleben. Diese beiden Dinge, rede ich mir ein, werden mich endlich wieder glücklich und gesund machen. Daran klammere ich mich, während die grünen Berge der Sierra Nevada de Santa Marta vor den Busfenstern langsam der staubigen Ebene Cartagenas weichen. Es wird besser werden. Es muss.

Auf der Fahrt denke ich an ein Gespräch, das ich mit meiner Mutter geführt habe, kurz bevor meine Reise losging. Ich erinnere mich noch genau daran, und während der dunkelgrüne Dschungel draußen schnell an mir vorüberfliegt, sitze ich in Gedanken wieder mit ihr an dem runden Holztisch in ihrem Wohnzimmer in Berlin.

Ein Augustabend, offene Fenster, eine leichte, vom Asphalt angewärmte Brise wehte durch die Wohnung und zupfte an Mamas hellen Vorhängen. Mats und ich waren zum Abschiedsessen gekommen, mein Bruder war auch da. Auf dem Tisch standen ein Sommersalat und frisches, knuspriges Brot. Ich weiß nicht mehr genau, wie es ausgelöst wurde, doch je länger wir unverfänglich über dies und das plauderten, desto fester zog sich in meiner Brust ein Knoten zusammen. Ich wollte keinen Small Talk – ich wollte mich meinen Liebsten offenbaren und anvertrauen. Wem, wenn nicht ihnen? Und endlich, als ich es nicht mehr aushielt, löste sich der Knoten, und all das, was ich zurückgehalten hatte, brach aus mir heraus. Angst vor dem, was ich hinter mir ließ – meine Festanstellung, meine Sicherheit, meine Freunde und mein bisheriges Leben. Angst vor dem, was kommen würde – Heimweh, Selbstständigkeit, Entwurzelung. Ich würde bald ganz auf mich allein gestellt sein, fernab vom deutschen Arbeits- und Gesundheitssystem. Bis zu diesem Zeitpunkt hatte ich mir das tatsächlich kein einziges Mal anmerken lassen, doch auf einmal und ganz unvermittelt brach ich in Panik aus. Alle sahen sich vor Verwunderung wie paralysiert an – bis meine Mutter mich auffing und ohne Fragen, ohne Worte in den Arm nahm. Sie drückte meinen Kopf an ihre Schulter, küsste mein Haar und flüsterte: »Alles wird gut.«

Einige Minuten durfte ich so an sie gepresst schluchzen, während Mats und mein Bruder verwirrt auf den Balkon flüchteten. Doch meine Mutter blieb da. Als ich mich wieder beruhigt hatte, sah sie mir lange in die Augen und nahm meine Hand.

»Du bist eine der mutigsten Frauen, die ich kenne«, sagte sie und schenkte mir ein Glas Wasser ein. »Das habe ich dir, glaube ich, noch nie gesagt, aber es ist so. Weißt du, wie oft ich auf meine mutige, auf meine starke Tochter angesprochen werde – und wie stolz mich das macht? Wie glücklich ich darüber bin, dass du trotz oder auch wegen all dem, was dir widerfahren ist, deinen Weg gehst?«

Ich schaute betreten zu Boden und wurde rot. Ein solches Kompliment von meiner Mutter – das hatte ich noch nie bekommen. Ich hatte immer das Gefühl gehabt, dass meine Mutter meine Wildheit eher bremsen wollte, und auch ihre Worte hatten sehr oft darauf hingedeutet. Hatte sie nicht so oft gesagt, ich solle nicht so aufbrausend sein? Nicht so ungestüm, nicht so ehrgeizig? Hatte ich das jahrelang falsch verstanden? Oder halten unsere Eltern viel zu oft mit den Dingen zurück, die wir eigentlich hören wollen, um uns anzuspornen, der beste Mensch zu werden, der wir sein können?

»Ich glaub an dich«, sagte sie und blickte mir dabei fest in die Augen. Vielleicht sollte ich, ganz nach ihrem Beispiel, nun auch langsam mal damit anfangen.

TEIL 3
VERÄNDERUNG

Frito! Frito! Frito!

Meine und Mats' Leidenschaft für Cartagena wurde in dem Moment geweckt, als wir Anfang 2017 den ersten Fuß in dieses magische Gewimmel aus Pflastersteinstraßen, kleinen Plätzen und Schatten spendenden Palmen setzten. Cartagena ist für mich wie ein lebendiges Gemälde: Bunte Häuser reihen sich aneinander, sie sind niedrig und in kräftigen Farben gestrichen. Geziert werden sie von reich dekorierten Balkonen, bunte Wimpelketten überspannen die Gassen. Wie schäumende Wogen aus Pink und Orange wachsen Büsche aus Hibiskus und Bougainvillea aus jedem Spalt über die Mauern, ergießen sich in einer Welle aus Duft und lassen ihre bunten Blütenblätter wie bei einer Hochzeit auf den Asphalt rieseln. Cartagena ist gut fürs Auge, gut fürs Herz – und so war uns beiden klar, dass wir wiederkommen würden.

Der Flughafen der Stadt, an dem ich endlich wieder meinen Geliebten in die Arme nehmen werde, liegt außerhalb, in dem ärmlichen Gebiet, das die wohlhabende Innenstadt umgibt. Hier schießen gesichtslose Hotel- und Bürotürme aus dem Boden, an deren Füße sich krumme Hütten und einfache, unverputzte Häuschen schmiegen, in denen die Baustellenarbeiter mit ihren Familien wohnen. Oft teilen sich hier zehn Menschen einen einzigen Raum, während sich wenige Kilometer weiter das Zentrum an einem nie abreißenden Strom aus gut betuchten Touristen erfreut, von denen viele mit dem Kreuzfahrtschiff anreisen. Doch hier, zwischen Crespo und El Cabrero, spürt man davon rein gar nichts.

Was ich spüre, sobald ich aus dem Bus springe, ist die Hitze. Und was für eine. Die Hitze Cartagena de Indias' ist sogar unter Kolumbianern legendär. Sie ist nicht feucht wie in den Tropen oder in den Bergen, sondern knochentrocken und heiß wie ein Grill. Man würde geradezu gedörrt in ihr, wäre da nicht der Schweiß, den einem die Luft unerbittlich aus jeder noch so kleinen Pore der Haut saugt. Und so bin ich bereits wenige Sekunden, nachdem ich meinen kleinen Rucksack aus dem klimatisierten Bus gezerrt habe, komplett durchnässt. Meine Haare stehen zu Berge, und im Gesicht habe ich einen Abdruck des Kissens, auf dem ich während der Fahrt geschlafen habe. Ich sehe ungefähr wie die hässliche Schwester der Frau aus, die ich Mats jetzt gern präsentieren würde. Ein paar klägliche Versuche im Flughafenwaschraum später sehe ich immerhin wieder annähernd vorzeigbar aus, und so begebe ich mich in Richtung des Ankunftsgates. Meine Gedanken überschlagen sich, als ich feststelle, dass mir nur noch wenige Minuten bleiben, um mich zu sortieren. Mats' Flieger ist bereits gelandet. Mein Herz rast, meine Hände werden feucht – ich bin aufgeregter als vor unserem ersten Date.

Von den unzähligen Dingen, die ich am Alleinreisen mag, ist mir dieses besonders lieb: Ich freue mich, dass Mats und ich die Möglichkeit haben, uns zu vermissen. Wir hängen nicht aufeinander – das haben wir noch nie gemacht – und geben einander Raum. Er mir sogar so viel, dass er mich mit aller Kraft bei meinen Reiseträumen unterstützt. Und dann steht er plötzlich vor mir, mein Mann, mein Herz, und in meiner Magengrube explodiert ein Cocktail aus tanzenden Funken.

»Mats«, sage ich und sehe ihn an. Er ist blass wie der Berliner Winter, aber er lächelt dieses wunderbare Lächeln und hat diese Augen, sanft und braun wie eine Tafel Milchschokolade.

»Hey, ich bin da«, sagt er, und wir küssen und halten uns und versinken ineinander, in die Haut und die Haare des anderen, und haben uns endlich wieder. Mein Liebster. Immer wieder sehen wir uns ungläubig an und brechen danach in schallendes Gelächter aus, gerade so, als wären wir trunken von der Macht unserer Gefühle, als könnten wir unser Glück nicht fassen, endlich und wahrhaftig wieder zusammen zu sein. Endlich wieder bei dir. Jetzt wird es wieder gut, ja, jetzt muss es einfach wieder gut werden.

Später erzähle ich ihm davon, wie es mir momentan geht, und eine mir sehr bekannte Sorgenfalte teilt seine Stirn in zwei Hälften.

»Das kriegen wir schon hin. Ich bin da.«

Mats hat das Talent, immer im richtigen Moment genau das Richtige zu sagen.

Unsere erste Unterkunft in Cartagena, in der wir wohnen, bis wir eine dauerhafte Bleibe gefunden haben, liegt in Manga, einem modernen, teureren Viertel, das direkt an das verruchte, künstlerische Getsemaní angrenzt. Hier in Manga ragen schillernde Neubauten in den Himmel, auf den verglasten Balkonen stehen teure Outdoor-Möbel. Frauen tragen Designerhandtaschen und riesige funkelnde Ohrringe, Männer fahren Autos mit getönten Scheiben. Die Rollenverhältnisse sind in Kolumbien noch auf dem Stand von vor hundert Jahren, und nur langsam wird den Männern bewusst, dass Frauen sowohl ein Hirn zum Denken als auch eine Stimme zur Formulierung dieser Gedanken haben. Das überrascht sie immer noch regelmäßig.

Unsere Unterkunft besteht aus einem Patio, über den sich ein Schatten spendender Mangobaum beugt. Rund um den mit hölzernen Tischen und Stühlen bestellten Hof befinden sich einfache Zimmer, in denen Gäste aus aller Welt wohnen. Im Vorderhaus lebt Josué, unser 18-jähriger Gastgeber, zusammen mit seiner 98-jährigen Uroma und seiner Oma. Josué ist Bodybuilder. Daran lassen die Ausmaße seines klein gewachsenen, aber breit trainierten und gespritzten Körpers nicht den Hauch eines Zweifels. Als er uns die Tür öffnet, blinkt uns sein metallenes Zahnspangenlächeln entgegen. Er sieht aus wie eine gestauchte Kreuzung zwischen Popeye und Super Mario: Kurze, kräftige schwarze Locken wattieren seinen flachen, breiten Schädel. Sein Mund ist so breit, dass die Mundwinkel fast die Ohren zu berühren scheinen. Der Hals ist kurz, und unter ihm wölben sich die aufgepumptesten Schultern und Oberarme, die ich je gesehen habe. Sein Kopf scheint fast in dem Muskelberg seines Körpers zu verschwinden, er thront auf dem massiven Körper wie eine Weintraube auf einem Kürbis.

Sowohl mir als auch Mats ist Josué sofort sympathisch mit seiner fast comichaften Gestalt und seinem warmen Grinsen, und wir freunden uns schnell an. Josue kümmert sich seit fünf Jahren um das Haus – und um die beiden alten Damen. Josefina, seine Urgroßmutter, wird von ihm und seiner dementen Oma gepflegt. Erstere ist kaum mehr als ein kleines, zartes Bündel, das den ganzen Tag wie in Trance auf einer schmalen Liege liegt. Josué füttert sie, wie wir am zweiten Tag feststellen, mit demselben Getränk, das er vor seinen Trainingseinheiten zu sich nimmt: Spaghetti mit Banane und Milch, püriert zu einem dicken, wahnsinnig kalorienreichen Shake.

»Irgendwie steht sie da genauso drauf wie ich«, scherzt Josué, während er und seine Uroma nebeneinander an ihren Strohhalmen nuckeln.

Rosario, Josués Oma, ist eine hutzelige, dürre alte Dame, die sich nur langsam und mit Stock voranbewegt, immer irgendetwas vor sich hin murmelt und lilafarbene, mit viel Haargel spitz nach oben gegelte Haare hat, die ihr fast senkrecht vom Kopf abstehen. Wenn sie nicht gerade krächzend und murmelnd über den Hof wackelt, sitzt sie auf dem hölzernen Schaukelstuhl im Schatten des Mangobaums, schläft oder wippt vor und zurück und ruft laut alle zwei Minuten nach ihrem weißen, flauschigen Hund. Dieser heißt Eros, ist ein Afghanischer Hirtenhund und hat mit einem kleinen Schoßhund ungefähr so viel gemein wie ein Pferd mit einem Spatz. Er reicht mir bis zur Hüfte, und in seinem weißen, fluffigen Fell hängt immer mindestens die Hälfte des herumliegenden Mangobaumlaubs.

Eros ist ebenso skurril wie das ganze Szenario, und kein Hund würde besser hierher passen. Regelmäßig rastet er förmlich aus und prescht dann in schnellen Kreisen um den Hof herum, nur um am Ende seines Tobanfalls irgendwann unausweichlich mit dem Stamm des Mangobaums zu kollidieren. »Eros, Eros, Eros«, krächzt Rosario dann, schüttelt den lilafarbenen Kopf und nickt gleich darauf wieder schnarchend auf ihrem Schaukelstuhl ein.

Abends setzt Josué sich neben seine Oma in den zweiten hölzernen Schaukelstuhl, trinkt ein Glas gekühlten Rotwein, zündet sich einen dicken Joint an und wippt im gleichen Takt wie Rosario, während sein Grinsen noch breiter wird und seine Augen sich zu verzückten kleinen Schlitzen verengen. Mats und ich sitzen an einem hölzernen Tisch, schmieden Pläne für unser jeweiliges Business und fühlen uns wie in einer Komödie. Immer noch sind wir wie berauscht von unserer wiedererrungenen Nähe, und so gleiten diese ersten Tage in Cartagena so leicht und lustig dahin wie eine gelbe Gummiente auf einem Meer aus Seifenblasen. Alles macht Spaß, alles kribbelt und pulsiert in meinen Venen und Gliedern und in meinem Kopf mit einer Intensität, die man so nur spürt, wenn man verliebt ist.

Unsere Suche nach einer Wohnung schleppt sich im Gegensatz dazu etwas dahin, wir kommen nicht wirklich vorwärts. Fast alle Apartments, die passen würden, sind deutlich zu teuer. Ich habe den Preis einer Monatsmiete hier ganz klar unterschätzt, gerade jetzt, wo auch noch die Hochsaison startet. Um die tausend Euro im Monat für ein kleines Einzimmerapartment? Wie sollen wir uns das leisten? Ich habe zwar mittlerweile ab und an einen Schreibauftrag, und mein Buch ist fix und fertig und erscheint nächste Woche, aber dennoch reicht unser Geld niemals für einen solchen Luxus. Wir setzen alles in Bewegung, um ein Haus in Getsemaní, dem Künstlerviertel, oder in der Altstadt zu finden. Doch überall hören wir nur: »*Es temporada alta – no les puedo dar un precio más bajo.*« Es ist Hochsaison, einen günstigeren Preis werden wir nicht bekommen. Damit Mats seine Geschäftsidee mit den analogen Fototouren umsetzen kann, brauchen wir mindestens zwei Zimmer. Außerdem möchte ich unbedingt eine Küche haben, denn das frittierte Essen – auch *frito* genannt –, das hier das Einzige zu schein scheint, was regelmäßig verzehrt wird, verursacht mir schon bei seinem Anblick Sodbrennen.

Als wir wieder mal niedergeschlagen von einer weiteren Wohnungssuchrunde durch die glutheißen Gassen Cartagenas in unser Zuhause auf Zeit bei Josué zurückkehren, ist dieser in heller Aufruhr und vertreibt sofort unseren Frust. Im ganzen Hof vernimmt man das Dröhnen von lauter Musik und dazu begeistert gebrüllte Mikrofonansagen in der Ferne.

»*Es Festival del Frito – vamos?*«, fagt Josué. Ob wir zum Frito-Festival mitkommen?

»Frito-Festival?!«, fragt Mats und schaut unsicher zu mir, da er weiß, dass ich frittiertes Essen in den hier herrschenden Ausmaßen ablehne.

»Ja, genau! Einmal im Jahr feiern die *costeños,* also die kolumbianischen Küstenbewohner, dieses Festival, bei dem es eigentlich um die Pilgerreise geht. Aber mittlerweile ... na ja. Mittlerweile geht es eigentlich um die ganzen frittierten Köstlichkeiten, die ja unsere regionale Küche ausmachen. *Carimañolas, arepas de queso, arepas de huevo ...*«, freut Josué sich.

Und wer wäre ich, wenn ich meine europäisch versnobten fett- und kohlehydratarmen Essgewohnheiten nicht mal für einen lustigen Abend auf dem Frittierfestival über Bord werfen könnte?

»Wir sind dabei«, sage ich kurz entschlossen, und Mats sieht mich ungläubig ob meiner Frittierfreudigkeit an.

»Perfekt! Um Mitternacht gehen wir los, und danach steigen wir zusammen zur Popa auf«, bestimmt Josué. »Der Aufstieg zur Popa, zum höchsten Punkt Cartagenas, ist Tradition, nachdem man auf dem Frito-Festival war. Irgendwie muss man die Kalorien ja auch wieder loswerden«, erklärt er weiter. »Die Popa ist ein Hügel außerhalb des Stadtzentrums, auf dem seit dem 17. Jahrhundert das Kloster La Candelaria steht. Von dort aus hat man den besten Ausblick über die ganze Stadt, und wenn man dort zum Sonnenaufgang ist, ach ... na ja, ihr werdet es sehen. Legt euch also am besten noch mal hin, es wird eine lange Nacht.« Er grinst übers ganze Gesicht.

Wir zucken mit den Schultern und tun, wie uns geheißen.

Als mich um ein Uhr der Wecker aus dem Schlaf reißt, bin ich etwas verwirrt und desorientiert, doch schnell packt mich die

Vorfreude auf unser Abenteuer. Wir ziehen uns schweigend und noch etwas verschlafen an, da klopft auch schon Josué an unsere Tür.

»Samira, Mats – seid ihr wach?«, fragt er leise.

»*Si, ya vamos*«, antworte ich ihm, und zu dritt brechen wir in die nach wie vor von Musik und Lautsprecheransagen durchsetzte Nachtluft zum Frittierfestival auf.

Man könnte ja meinen, eine Stadt muss irgendwann auch mal schlafen – aber das trifft nicht auf Cartagena zu, und schon gar nicht, wenn es etwas zu feiern gibt. Je näher wir dem Festgelände kommen, desto mehr Menschen säumen die nächtlichen Straßen, die immer noch unglaublich viel der über den Tag hinweg gespeicherten Wärme abgeben. Überall sind Familien mit kleinen Kindern, die noch hellwach sind und herumtoben. Alle halten etwas Essbares in der Hand: ein frittiertes Yuccabällchen, einen frittierten Maisfladen. Hauptsache, es ist frittiert. Die Musik wird lauter, die Menschenmenge so dicht, dass wir uns an den Händen halten müssen, um uns im Gewirr nicht zu verlieren. Kein anderer Tourist ist da, und ich wäre wohl ohne Josué auch nicht auf die Idee gekommen, um diese Uhrzeit in diesem doch recht abgelegenen Stadtteil herumzuspringen. Doch ich fühle mich wohl, beschützt und aufgeladen. Vielleicht auch etwas übermüdet. Doch nun habe ich erst mal Hunger, und zwar auf genau so ein Fettbällchen, wie sie hier alle zwischen den glänzenden Fingern halten.

Wir betreten das Festivalgelände, das auf der linken und rechten Seite von je circa fünfzig Essensständen gesäumt wird. An der hinteren Seite des Geländes steht eine hell beleuchtete Bühne, auf der eine Band *vallenato* spielt, der über unglaublich große Musikboxen in die flirrende Luft geblasen wird. Zwischendurch schreit der Ansager auf der Bühne begeistert

»*Frito! Frito!*« ins Mikrofon, worauf die Menge nicht weniger euphorisch »*Frito! Frito! Frito!*« zurückruft. Das Festival ist eine Miniversion der kolumbianischen Karibikküste, ein Frontalangriff auf alle Sinne. Es ist zu laut, um zu sprechen, und so grinsen wir drei uns einfach nur an.

Mit seinem breiten Brustkorb bahnt Josué uns zielsicher einen Weg durch die Meute. Mats überragt alle um anderthalb Köpfe. Es ist so eng, dass wir unsere Füße nicht sehen, doch ich spüre, dass der Boden gepflastert von zerdrückten Águila-Dosen ist. Wortlos bugsiert unser Gastgeber uns zu einem ganz bestimmten Stand, auch wenn alle hier das Gleiche zu verkaufen scheinen. »Die erste Runde geht auf mich«, brüllt er uns zu, und gleich darauf halten Mats und ich je ein längliches goldgelbes Fettgebäck in der Hand. Ich grabe meine Zähne in den heißen Teig, der mit flüssigem salzigem Käse gefüllt ist. Es ist köstlich, fettig, auf eine grimmige Art wohltuend. Und ich will mehr. Auch Mats hat diesen verzückten, kalorienberauschten Ausdruck auf seinem weichen, warmen Gesicht, und ab da gibt es kein Halten mehr: Josué führt uns hierhin und dahin, und wir schlemmen uns durch die karibischen Spezialitäten, bis erst ich, dann Mats und dann endlich auch Josué kapituliert. Erschöpft und glücklich, wie man sich nach einem Festmahl nun mal fühlt, setzen wir uns an den Rand und betrachten die tanzende, trinkende und – natürlich – essende Menge.

»So, jetzt ein *aguardiente*, einen Kaffee – und dann steigen wir zur Popa auf!«, sagt Josué, als wir uns etwa eine Stunde später wieder bewegen können. Aus drei kleinen Plastikbechern trinken wir erst einen typisch kolumbianischen Anisschnaps und dann aus denselben Bechern süßen, wässrigen Kaffee. Beides kaufen wir bei einem Straßenhändler, und Mats muss eine Truppe betrunkener älterer Herren abschütteln, die ihn partout nicht gehen lassen wollen, ohne noch mindestens drei weitere Schnäpse mit ihm zu trinken. Hier als Ausländer herumzulaufen, ist nicht nur für uns beide spannend – es sorgt auch immer wieder regelrecht für Standing Ovations bei den Einheimischen, Bitten um gemeinsame Fotos und Einladungen zu diesem und jenem. Josué grinst – was sonst – und ist sichtlich stolz auf seine exotischen Freunde.

Der Aufstieg zur Popa stellt sich als kräftezehrend, steil und auch ein wenig gruselig heraus, denn Licht gibt es hier keines. Alle fünfhundert Meter steht ein uniformierter Polizist mit Taschenlampe am Weg, der sicherstellt, dass die Pilger nicht überfallen werden. Wir schweigen, während wir schwitzend immer höher aufsteigen. Bald verhallen die Musik und das Gelächter in der Ferne, und wir hören nur noch unsere Schritte, unseren Atem und den Wind, der hier zum Glück geht und etwas Abkühlung bringt. Und dann, gegen fünf Uhr früh, erreichen wir in der Dämmerung die Spitze des Berges, auf der das Kloster thront, in dem während des Festivals fast durchgängig heilige Messen abgehalten werden.

Schweigend lassen wir uns auf die Steinmauer sinken, hinter der sich in der Tiefe erst das blinkende Meer der Stadtlichter und dahinter der schimmernde Ozean abzeichnen. Sanft schält sich aus der Dunkelheit erst ein Blau, dann ein Rot, dann ein zartes Rosa. Dieses weicht wie in Zeitlupe dem strahlenden Gelb, mit dem sich über der Stadt der Sonnenaufgang ankündigt. In diesem Moment nicht ergriffen, nicht ein wenig in sich gekehrt und ernst zu sein, ist einfach unmöglich, und zum ersten Mal sehe ich auch das Gesicht von Josué ohne sein episches Lächeln.

Uns allen steht der Schweiß auf der Stirn. Schweigend lassen wir eine Wasserflasche kreisen, und Josué verabschiedet sich kurz, um zu beten. Mats legt seinen Arm um mich, und ich versinke darin wie eine Taube mit einem gebrochenen Flügel, der man gerade ihre Verletzung verbunden hat. Der Schmerz der letzten Wochen ist noch da. Aber ich weiß, dass ich nicht allein da durchmuss. Dass ich meinen Freund, meinen wunderbaren Mann habe und Freunde in aller Welt. Und dass mir noch so, so viele wunderbare, magische Sonnenaufgänge bevorstehen.

Planänderung

Ich kann mein Glück kaum fassen: Nach fast drei Wochen finden wir über eine Bekannte ein kleines, flaches Häuschen in Getsemaní. Außen ist es weiß und blau gestrichen, ein üppiger Strauch mit lilafarbenen Blüten ergießt sich über der Eingangstür. Ich sehe mich und Mats in meiner Vorstellung schon vor unserem Haus sitzen, an einem kleinen Holztisch unter dem blühenden Busch, während wir die warme Luft einatmen, die der Beton in den Abendstunden so verschwenderisch erhitzt. Ich sehe uns in unserer Küche kochen, lange Gespräche führen, sehe Mats seine Fotos entwickeln und mich am Tisch sitzen und arbeiten, um jetzt, nach der Veröffentlichung meines Buches, weiter an meinem Blog zu schreiben und mich um noch mehr Schreibaufträge kümmern. In meinem Kopf gleicht das Leben, das nun auf mich zukommt, einem Traum, in den ich so dringend, so schnell eintauchen möchte, dass ich es gar nicht mehr erwarten kann.

Der Abschied von Josué und dem schattigen Hof, von Eros und den beiden alten Damen schmerzt deswegen nicht, er wird erhellt von der Vorfreude darauf, endlich mit unserem »richtigen Leben« zu beginnen. Schnell sind unsere Sachen gepackt, da weder Mats noch ich viel Gepäck bei uns haben. Wir leisten uns den Luxus eines Taxis, denn die Hitze in Cartagena ist tagsüber so aggressiv, dass man zwischen zehn Uhr morgens und sechs Uhr abends eigentlich nichts unternehmen kann, was nicht in einem klimatisierten Raum oder am Wasser stattfindet. Um meine tägliche Stunde Sport ohne einen Hitzschlag zu absolvieren, stehe ich hier jeden Morgen gegen sechs Uhr auf. Auch die Kolumbianer sind schon früh auf den Beinen, obwohl sie, soweit ich das bei meinen Nachbarn beobachten kann, sich fast jeden Abend einen Vollrausch antrinken. Leider scheint das in dieser Stadt generell gang und gäbe zu sein, und nicht selten halten die laut grölenden Nachbarn uns vom Schlaf ab. Die Musik dröhnt hier, bis der Letzte nicht mehr stehen kann. Und das dauert erfahrungsgemäß. *Así son los Caribeños* – so ist das hier nun mal. Wir sind in diesem Land zu Gast, und wir haben unseren Aufenthaltsort selbst gewählt. Nun heißt es: akzeptieren. Damit klarkommen. Ob ich das schaffen werde?

In der kleinen Seitenstraße, in der wir nun wohnen, sind wir so nah dran am »echten Kolumbien«, wie man das nur sein kann. Vieles findet draußen statt, im Schatten der niedrigen bunten Häuser: Unser direkter Nachbar ist Tischler, der sich auf den Bau von Bilderrahmen spezialisiert hat. Tagsüber stellt er seinen uralten schweren Holzbock vor die Tür, zieht sich eine Schutzmaske über den von Lachfalten umgebenen Mund und geht ans Werk. Er ist einer dieser Menschen, die mit den Augen lachen. In den weiteren Häusern wohnen Familien mit unzähligen Kindern, die sich kichernd hinter der Tür verstecken, wenn ihre exotischen Nachbarn aus Deutschland an ihnen vorbeilaufen. Viele von ihnen tragen zu kleine Kleidung, auch wenn diese immer tadellos sauber ist.

Man spürt, dass in dieser Nachbarschaft der durch die Touristen in die Stadt geschwemmte Reichtum sehr ungleich verteilt ist. Immer wieder wechseln sich hier in Getsemaní teure, luxuriöse Boutiquehotels mit heruntergekommenen einfachen, dunklen Häusern ab, an denen unübersehbar der Zahn der Zeit nagt. Und eines Abends, als Mats und ich vor unserem Haus sitzen, beide in unsere Bücher vertieft, fasse ich einen

Entschluss: »Mats – wie fändest du es, wenn ich den Kindern hier in der Nachbarschaft gratis Englischunterricht geben würde?«

Er schaut mit diesem leicht überraschten, leicht amüsierten Blick auf, mit dem er mich immer mustert, wenn ich scheinbar aus dem Nichts heraus ein weiteres großes Projekt ankündige.

»Ich meine es ernst – ich habe die Zeit, und ich würde dieser Stadt, die so gut zu uns ist, wirklich gern etwas zurückgeben.«

Und es stimmt: Ich habe Zeit. Mein Buch habe ich in der ersten Woche in unserem neuen Heim erfolgreich veröffentlicht. Die Verkaufszahlen sehen gut aus, auch wenn ich noch zwei Monate warten muss, bis das mit den Büchern verdiente Geld auf meinem Konto landet. Aber ja, es läuft. Der enge Knoten, den finanzielle Knappheit einem um die Brust bindet, hat sich etwas gelockert. Ich kann wieder ruhiger schlafen, ich habe wieder Grund unter den Füßen.

»Klar, mach das doch«, sagt Mats und zuckt mit den Schultern. Er selbst hat mit seinem Business hier bereits einen erfolgreichen Start hingelegt und hatte sogar schon erste Kunden, die er mit auf eine analoge Fototour genommen hat.

Und so bringe ich am nächsten Tag meine Idee bei unserem Nachbarn, dem Tischler, zur Sprache. Er kennt hier jeden und ist daher der richtige Ansprechpartner. Das Strahlen, das sich auf seinem Gesicht ausbreitet, als ich ihm meine Idee schildere, kann problemlos die Konkurrenz mit den goldglänzenden Sonnenreflektionen auf dem ewig blauen Ozean hinter den Stadtmauern aufnehmen. Er mustert mich vergnügt, nimmt seine Atemschutzmaske ab und streckt mir seine Hand entgegen. Sie ist schwielig, rau und trocken. Hände, die schon Unmengen von Holz berührt, geschliffen und verarbeitet haben.

»Wann geht es los?«, fragt er mich, als ich seine Hand drücke.

Meine erste Unterrichtsstunde findet gleich am nächsten Tag statt. Wir haben uns um 16 Uhr an dem kleinen Laden an der Ecke verabredet, der komplett aus krummen, mintgrün gestrichenen Holzbrettern zusammengezimmert ist und bei jedem Windhauch zusammenzubrechen droht. »Sechs Schülerinnen und Schüler haben sich angemeldet«, hat mir der Tischler am Morgen mitgeteilt. Und tatsächlich sitzen, als ich um kurz vor vier ankomme, schon fünf Kinder und Jugendliche auf roten Plastikstühlen vor dem Laden, die mich mit gespannten Mienen mustern. Ich bin ebenso aufgeregt wie sie – ich habe früher zwar mal Nachhilfe gegeben, sonst aber kaum Erfahrung als Lehrerin. Aber solange ich auch nur ein, zwei Kindern ein paar Worte in einer Fremdsprache und damit etwas mehr Selbstbewusstsein vermitteln kann, ist meine Aufgabe erfüllt.

Von nun an treffen wir uns dreimal in der Woche. Ich bereite meine Unterrichtsstunden vor und freue mich, zu beobachten, wie schnell meine Schülerinnen und Schüler Fortschritte machen. Natürlich werde ich ab und an auch versetzt, manche Kinder kommen nur alle paar Jubeljahre vorbei, andere sind sehr zielstrebig und fragen mich sogar regelmäßig nach deutschen Wörtern, um sich auch diese einzuprägen. Es tut mir gut, eine gewisse Regelmäßigkeit in meinen kolumbianischen Alltag zu bringen, und so profitieren beide Seiten von diesen Stunden, die wir gemeinsam im Schatten vor dem Whiteboard verbringen. Oft kommen Nachbarn vorbei: ältere Frauen mit zahnlosem Lächeln, junge, großflächig tätowierte Männer, die dicke Goldketten tragen und Bandanas. Sie bleiben stehen, mustern unsere kleine Klasse, mustern mich – und bedenken mich mit einem Nicken, einem Händedruck, einem Schulterklopfen. Der Englischunterricht für die Kinder in Getsemaní ist nicht nur wichtig, sondern hilft mir und Mats auch, in der Nachbarschaft Fuß zu fassen.

Die Tage sind warm, süß und weich wie eine frisch gebackene Zimtschnecke. Mats und ich finden nicht nur einen gemeinsamen Rhythmus, sondern endlich auch wieder richtig zueinander. Meine MS-Symptome sind kaum spürbar, nur wenn die Hitze mal wieder zu viel wird, tritt hier und da eine leichte Symptomatik auf – doch ich bin zuversichtlich. Und auch wenn unter einer gar nicht mal so dicken Schicht immer noch das dunkle Loch lauert, aus dem ich gerade erst hervorgekrochen bin, fühlt es sich meistens gut an, hier zu sein. Das ständige Prickeln, das Mats' und meine ersten gemeinsamen Wochen in Cartagena erfüllt hat, gleicht nun wieder einem glatten See, auf dem wir beide gleichförmig in einem kleinen Boot herumschippern. Ein Ort, an dem ich meine Zukunftsängste, Sorgen und meine Krankheit manchmal tatsächlich vergessen kann. An dem wir gute Gespräche führen, am Strand picknicken, abendliche Spaziergänge an der alten Stadtmauer entlang machen, ich für Mats koche, er hinterher abspült und wir gemeinsam Pläne schmieden.

Und doch kann ich nicht leugnen, dass ich mich hier immer als der Gast fühle, der ich ja auch bin: Ich kann nicht über die Straße gehen, ohne eine Vielzahl neugieriger Blicke auf mich zu ziehen. Muss überall minutenlang verhandeln, um nicht dreimal so viel wie alle anderen für einen Sack Zwiebeln zu zahlen. Ich bin die Weiße, die *gringa*, und ich werde hier geduldet, aber bleibe eine Exotin.

Wie gern würde ich einfach mal wieder unsichtbar sein! Wie gern würde ich mal ein Stück Brot essen, das nicht gezuckert ist, wie gern der allzeit dröhnenden Musik entkommen. Nur kurz, wirklich! Ich kann nicht anders, als mich nach den Zeiten zu sehnen, in denen das Leben draußen wegen der erdrückenden Hitze nicht nur frühmorgens und spätabends stattfinden konnte. Ich vermisse Temperaturen, die ein Leben ohne Klimaanlage zulassen.

Außerdem nerven mich die Pfiffe und weitaus anzüglicheren Geräusche, mit denen ich in Cartagena bedacht werde, sobald ich das Haus verlasse. Sportmachen wird hier zum Spießrutenlauf, bei dem jedes einzelne Körperteil von mir lang und breit von jedem Busfahrer, Schuljungen und Straßenpolizisten kommentiert wird. Muss ich mir das gefallen lassen, weil ich aus einem anderen Land stamme?

Das erste Mal, seit ich aufgebrochen bin, lasse ich mich für mehrere Monate an einem Ort nieder – und das erste Mal spüre ich den bittersüßen Kuss des Heimwehs in meiner Seele und auf meiner karibisch gebräunten Haut. Doch ich möchte den Kuss nicht erwidern – noch nicht. Und haben wir hier nicht alles, was wir zum Glücklichsein brauchen?

Eines Abends entdecken wir in einer Seitenstraße einen kleinen Italiener – eine Rarität in Cartagena. Natürlich gibt es hier Küche aus aller Welt, aber ein so typisches italienisches Restaurant, mit nur ganz wenigen Tischen und tatsächlich aus Italien stammenden Köchen, das sucht man hier eigentlich vergebens. Alles andere ist groß und mondän, weiße Tischdecken mit teuren Gläsern. Hier aber begrüßen uns nackte Steinwände in warmen Tönen, dunkle Holztische mit karierten Tischtüchern und dieser einzigartige Geruch, der nur in italienischen Küchen zu finden ist. Es duftet herrlich nach Rosmarin, Olivenöl, Hefeteig. Und nach Liebe – Liebe zum Essen, zur Gastgeberkultur, zu gutem Wein und zum guten Leben. Es ist auf eine urige Art und Weise romantisch hier, und wir müssen nicht lange warten, bis wir einen Tisch zugewiesen bekommen.

Wir setzen uns und schauen uns verzückt um. Sowohl ich als auch Mats wissen, dass das Geld eigentlich nicht reicht, um so dekadent essen zu gehen. Ja, um ehrlich zu sein, reicht es nicht mal, um überhaupt essen zu gehen, egal wo, außer vielleicht mal ein *frito* am Straßenstand. Doch es zog uns wie magnetisch hier hinein, und nun scheint einfach alles zu stimmen. Es ist ein kleines Stück Europa, ein kleines Stück Heimat mitten in Cartagena. Ein Ort, an dem ich keine Angst haben muss, dass mein Zehn-Dollar-Gericht am Ende doch nur fad und öde schmeckt, was sonst in den Restaurants hier oft der Fall ist – die sehen nämlich zwar meist toll aus, sind hübsch designt und eingerichtet, doch das Essen enttäuscht. Hier aber weiß ich schon beim ersten Blick auf die kleine, ausgewählte Karte, dass wir alles richtig gemacht haben. Der Besitzer des Restaurants kommt sogar an unseren Tisch, und sein Gesicht nimmt einen gütigen Zug an, als ich mich mühsam mit ein paar Brocken Italienisch dafür bedanke, dass wir heute hier sein können – was ihn dazu veranlasst, unsere Weingläser extra voll zu schenken. *Grazie.*

Ja, heute darf es auch mal eine Vorspeise sein. Ja, gern noch etwas Brot dazu. Luftiges, saftiges Brot, ganz ohne Zucker. Himmlisch. Dann die Pasta, ein Gedicht. Cremige, würzige Arrabbiata, die mir Freudentränen in die Augen treibt. Mats schaut mich verblüfft an.

»Samira, geht's dir gut? Warum weinst du?« Er schmunzelt. Ich halte kurz inne, schmecke, denke nach. Und bevor ich meine Gedanken ordnen kann, hat mein Herz bereits die Antwort formuliert, die seit Tagen in mir schlummert:

»Mats ... ich vermisse Europa. Ich vermisse zu Hause. Ich mag es hier, aber ich spüre immer mehr, dass ich, sosehr ich mich auch anstrenge, nicht in diese Stadt gehöre. Ich fühle einfach, dass ich vielleicht noch nicht so weit bin. Vielleicht werde ich es nie sein. Ich glaube, das ist okay, weißt du. Ich glaube, man muss sich nicht überall auf der Welt zu Hause fühlen. Es wäre doch super anstrengend, wenn wir wirklich an jedem Ort, den wir besuchen, ein Stück unserer Seele ließen. Es bricht mir das Herz, und es hat mich zwei Gläser Wein gekostet, um den Mut zusammenzunehmen, dir das zu sagen ... Aber ich glaube, dass ich nicht mehr so lange hierbleiben möchte ...«, sprudelt es aus mir heraus.

Ich nehme einen Schluck aus meinem randvollen Glas. Mats schweigt, die Sekunden dehnen sich. Was wird er sagen? Immerhin habe ich ihn zwar nicht überredet, aber durchaus dazu ermutigt, seinen Job zu kündigen, um mit mir zusammen in Cartagena zu leben. Ich habe ihm davon vorgeschwärmt, wie wunderbar alles werden wird. Und jetzt halte ich Kolumbien schon nach drei Monaten nicht mehr aus. Mats räuspert sich, und plötzlich zieht ein Strahlen seine kräftigen schwarzen Augenbrauen nach oben.

»Samira, du weißt, dass ich dich liebe. Und denkst du, mir fällt hier alles leicht? Schau mal, wie schwer es ist, hier die Fototouren zu verkaufen. Ganz ehrlich, ich hab doch auch kaum noch Geld. Ich bin genauso durstig nach sozialen Kontakten, die sich nicht nur zwischen uns beiden abspielen. Und natürlich fehlen mir die vielen kleinen Dinge, die man hier einfach nicht bekommt: Kaffee ohne Zucker. Stabiles WLAN. Die Möglichkeit, sich ohne Klimaanlage in einem Raum aufzuhalten. Oder Rotwein, der nicht 37 Grad warm ist – auch wenn dieser hier endlich mal die richtige Temperatur hat«, grinst er und prostet mir zu.

Der Wein lockert unsere Gedanken, unsere Zungen, unsere Herzen. Und vielleicht ist es gerade das, was wir brauchen, während wir mal eben zwischen *primi* und *secondi* unsere Lebenspläne über den Haufen werfen.

»Also, um es kurz zu machen«, fährt Mats fort, »lass uns abhauen. Scheiß auf Cartagena. Wir haben's versucht.«

Ich springe auf und setze mich auf seinen Schoß. Nehme Mats' Kopf in meine Hände, küsse ihn und fühle mich, als hätte er gerade meine Ketten gesprengt. Eine Woge der Erleichterung überrollt mich, mein Kopf blubbert wie ein Glas Limonade.

»Mats, ich hab's! Lass uns nach Italien gehen! *Perché no? Andiamo!*«

Er schaut mich verblüfft an, zuckt mit den Schultern – und antwortet mit einem stilsicheren »*Va bene!*«.

Italien, wir kommen! Noch einen Monat hier, bis die Mietzeit der Wohnung abläuft – und dann nichts wie weg. Zurück nach Hause. Nach Europa. Einfach weil wir es können, weil wir es wollen – ja, ich würde fast sagen, weil wir es unseren Seelen schuldig sind. Und unseren Gaumen natürlich.

Die Tage und Wochen nach der Entscheidung, früher abzureisen und nach Italien zu gehen, plätschern dahin. Mats und ich leben gemeinsam, aber auch ein wenig nebeneinanderher. Wir sind so viel Nähe aus Berlin nicht gewöhnt, denn dort haben wir – bewusst – getrennte Wohnungen. Hier leben wir auf zwanzig Quadratmetern zusammen, kennen niemanden in der Stadt außer einander, sprechen mit kaum jemandem ein Wort. Natürlich haben sowohl er als auch ich versucht, Anschluss zu finden: Wir haben Nummern ausgetauscht mit anderen Expats, die hier seit vielen Jahren leben, um sie mal auf einen Kaffee zu treffen. Ich habe mich mit einem peruanischen Ceviche-Koch angefreundet. Doch irgendwie scheint es, als wären uns interessante Kontakte außerhalb unserer Beziehung nicht vergönnt: Die netten Expats melden sich nicht zurück. Sie scheinen schon so viele Touristen und Langzeitreisende kenngelernt und wieder abreisen gesehen zu haben, dass sich eine gewisse Kontaktmüdigkeit eingeschlichen hat. Und mein peruanischer Freund stellt sich leider als kokainabhängig heraus, was interessante Gespräche mit ihm ab einem bestimmten Zeitpunkt in der Nacht quasi unmöglich macht. Und so landen Mats und ich doch immer wieder beieinander. In unserer kleinen, überhitzten Wohnung. Je mehr ich mich auf Italien freue, desto weniger ertrage ich die Enge in Cartagena.

Wir machen das Beste daraus, zumindest versuchen wir es. Wir muntern uns gegenseitig auf, wenn die Nachbarn wie fast jede Nacht ihre Musikanlagen so laut aufdrehen, dass es uns das Trommelfell zu zerreißen droht. Mats versucht, mich zu verstehen und zu beruhigen, wenn ich mal wieder von einer morgendlichen Laufrunde heimkehre, bei der ich ohne Pause von Männern angepfiffen und angegraben wurde. Diese Eigenheit treibt mich langsam aber sicher immer mehr an den Rand des Wahnsinns. Und eines Tages halte ich es nicht mehr aus, meine Geduld ist offiziell am Ende: »Sie verhalten sich respektlos mir gegenüber! Sie haben kein Recht, meinen Körper zu kommentieren, und ich habe Sie auch nicht darum gebeten!«, schleudere ich dem Verkehrspolizisten entgegen, der mir zwei Sekunden zuvor einen anzüglichen Kommentar hinterhergerufen hat. Der wird plötzlich ganz klein und verdattert und entschuldigt sich hastig. Und ich habe wieder etwas dazugelernt, was mir hilft, mich in Kolumbien besser zurechtzufinden: Machogehabe und Belästigung gehören hier zwar zum Alltag, aber wenn man sich als Frau zur Wehr setzt, verschlägt es den Großmäulern schnell die Sprache. Gut zu wissen.

Dennoch zehrt das ständige Diskutieren an meinen Kräften. Und die Hitze. Und die Enge. Und die Eintönigkeit. Und bevor ich es mich versehe, scheint die Achterbahnfahrt meines Lebens schon wieder einen Tiefpunkt anzusteuern, ohne Halt, ohne Vorwarnung, ohne eine Notbremse, die ich ziehen könnte. Das Loch, das dunkle, tiefe Loch – ich habe nicht genug Zeit gehabt, es zuzuschütten. Die Wunde, die noch nicht verheilt war, droht jetzt, gnadenlos wieder aufzureißen.

Mats tut, was er kann, um mir zu zeigen, wie schön wir es hier haben. Wie wunderbar alles ist, wie viel Glück wir gehabt haben: Wir sind zusammen, wir sind finanziell zwar nicht gut, aber immerhin okay aufgestellt. Wir leben verdammt noch mal in der Karibik, wo es wunderschön ist. Bald geht es für uns in die Toskana, bald, ja – ganz bald.

Ich höre seine Worte und versuche, sie zu verinnerlichen. Versuche, mich daran festzuhalten wie an einem Rettungsseil, das er mir zuwirft. Doch ich habe keine Kraft. Ich kann mich nicht festhalten. Ich rutsche ab, schon wieder. Ich laufe durch die Straßen und will allein sein. Die Schönheit der Häuser tangiert mich nicht mehr. Die fröhlichen Latino-Rhythmen, die aus den Bars nach draußen dringen, nerven mich. Die Straßenhändler nerven mich. Und wenn mich etwas am allermeisten nervt, dann bin das ich selbst.

Ich finde mein Verhalten, meine Einstellung, meine Undankbarkeit auf gut Deutsch zum Kotzen. Ich entwickele eine regelrechte Abneigung gegen mein Spiegelbild, gegen meine Zickereien meinem Freund gegenüber. Was, Frau, was zum Teufel ist jetzt schon wieder dein Problem, schreit es mir aus meinem Inneren entgegen. Du bist hier im Paradies. Bald ist Kolumbien eh vorbei, und du bist in der Toskana. Du hast so hart gearbeitet. Für deinen Traum. Für deine Freiheit. An dir, deiner Gesundheit, deiner Einstellung. Und jetzt bist du hier und ziehst ein Gesicht, als hätte man dir dein Lieblingsspielzeug geklaut. Dabei hast du alles und müsstest doch eigentlich glücklich sein!

Ich stehe in dem dunklen Waschraum eines Cafés, in dem ich versucht habe, ein wenig zu arbeiten, ein paar Zeilen für ein neues Projekt niederzuschreiben. Doch ich kann nicht. Ich kann nicht mehr. Die Hände aufs Waschbecken gestützt, stehe ich vorm Spiegel. Ich schaue mir in die Augen und erkenne mich nicht wieder. Wer bin ich eigentlich? Warum verhalte ich mich gerade so? Warum bin ich so ungerecht meinem Freund gegenüber, der tut, was er kann, um mich aufzuheitern? Warum kann ich nicht einmal dankbar und glücklich sein? Warum? Meine Gedanken überschlagen sich, während ich mich in meinen braunen Augen im Spiegel suche. Doch dort ist keine Samira. Dort sind keine Wärme und keine Güte. Alles, was ich dort sehe, sind Verzweiflung, Angst und ein gewisser ungläubiger Ausdruck, der wohl daher rührt, dass ich keine Ahnung habe, was hier gerade geschieht. Ich verharre noch einige Minuten so und betrachte die kalte, fremde Person im Spiegel, der die Tränen über die Wangen laufen. Die junge weinende Frau, die so sehr will und doch immer wieder an ihre Grenzen stößt. Sie tut mir leid. Ich tue mir leid, wahnsinnig doll leid.

Ich stürme aus dem Badezimmer, schnappe mir meine Sachen und verlasse das Café, während ich mir die verlaufene Wimperntusche von den Wangen wische. Ich habe keine einzige Zeile geschrieben.

Als ich zu Hause ankomme, höre ich von drinnen Stimmen. Wer mag wohl zu Besuch sein? Mats und ich kennen hier ja niemanden ... »Überraschuuung!«, tönt es plötzlich in meine Richtung, als ich die Tür aufmache, und Patrice, Mats' Bruder, springt mir strahlend entgegen. Ich habe ganz vergessen, dass er uns besuchen kommen wollte – und könnte mir gerade keinen schlechteren Zeitpunkt für diese Überraschung vorstellen. Ich ringe mir ein Lächeln ab und suche den kleinen Raum nach

Mats ab. Der steht am Mixer, macht Papaya-Shakes und grinst mich an.

»Hey, wie schön, dass du da bist!«, sage ich zu Patrice und versuche, eine fröhliche Miene aufzusetzen. Er blickt mich fragend an, man sieht wohl, dass ich gerade geweint habe. Ich gehe wortlos an ihm und Mats vorbei in unser kleines Schlafzimmer und schließe die Tür hinter mir. In dem dunklen Zimmer lege ich mich aufs Bett. Ich starre an die Decke und versuche, einen klaren Gedanken zu fassen, während meine Welt um mich herum zusammenbricht. Was ist nur los, frage ich mich immer wieder. Und endlich merke ich: Ich habe Angst.

Angst davor, was kommt, wenn ich wieder nach Deutschland zurückgehe. Ich habe meinen Job gekündigt. Wie leichtsinnig! Ich habe alles hinter mir gelassen, und nun sitze ich hier am anderen Ende der Welt und komme nicht klar. Nicht mit der Hitze, nicht mit den Nachbarn, nicht mit der Enge und dem Dreck und der Lautstärke – nicht mit mir selbst. Ich habe das Abenteuer gewählt, und nun, da es mich endlich vollends in sich hineinsaugen will, möchte ich nichts lieber als einfach nur nach Hause. Wehmütig denke ich an 2016 zurück, als ich noch festangestellt war und mich um nichts sorgen musste außer die MS. Jeden Monat plätscherte zuverlässig das Geld auf mein Konto, und ebenso gleichförmig plätscherten meine Tage dahin. Ohne große Wellen, unaufgeregt. Ich wünschte, ich könnte mich mal wieder fallen lassen, so wie das damals zwar selten, aber immerhin ab und zu möglich war. Einfach mal abschalten, ohne ständig online sein zu müssen, ohne Instagram und Social Media und meinen Blog. Ohne immer das Gefühl zu haben, ich würde nicht genug tun. In diesem Moment vermisse ich es so sehr, einfach nur ein ganz normales Leben zu führen, dass es in meinen Ohren rauscht und in meinem Bauch rumort. Angst fesselt mich, irrational und bedrohlich.

Wie lange ich so daliege, hadernd mit der Angst vor meiner beruflichen Zukunft, weiß ich nicht. Irgendwann klopft Mats vorsichtig an die Tür.

»Hey, alles gut? Wir wollten was Kleines essen gehen. Kommst du mit?«

Ich tue so, als würde ich ihn nicht hören, doch Mats ist hartnäckig.

»Komm, du musst doch was essen. Du bist schon den ganzen Tag da drin. Was ist denn los?«

»Ich hab keinen Bock auf den frittierten Fraß!«, schleudere ich zurück. Und bereue es sofort. Mats hat mir nichts getan. Patrice auch nicht, der will hier nur ein paar Tage mit uns verbringen. Er ist gerade auf einem Lateinamerika-Trip, und sein Besuch bei uns ist eines der Highlights für ihn und seinen Bruder, das weiß ich. Doch ich liege hier im dunklen Zimmer im vollen Kotzbrockenmodus. Das ist nicht fair. Ich bin nicht fair. Doch Angst macht, dass wir uns verhalten wie Kinder. Angst lähmt das Denken und presst es in Bahnen, die irrational und egoistisch sind. Und so drehe ich mich auf die andere Seite, starre an die Wand, hasse mich, hasse Kolumbien, hasse meine Krankheit und meinen Beruf und versinke in meinen Zweifeln und meinen dunklen Gedanken.

Panik

»Sorry, aber Patrice muss hier weg!«, sage ich am nächsten Morgen zu Mats. Wir haben beide in dem dunklen, engen Hinterzimmer geschlafen, da Patrice nun den einzigen Raum besetzt, in dem es eine Klimaanlage gibt. »Warum kann dein Bruder sich nicht ein Hotelzimmer nehmen? Warum muss er hier bei uns wohnen, wo wir eh schon kaum Platz haben?«

Mats ist plötzlich hellwach und schaut mich mit einem zweifelnden Ausdruck in den Augen an. »Wie meinst du das? Patrice ist mein Bruder! Familie ist jederzeit willkommen bei mir, Samira, und wenn du das nach vier Jahren Beziehung immer noch nicht auf die Kette kriegst, dann haben wir ein Problem.«

Er steht auf, verlässt das Zimmer und knallt die Tür hinter sich zu. Ich habe Mats noch nie eine Tür zuknallen hören. Ich habe ihn auch noch nie so zornig gesehen. Wir streiten uns eigentlich nie. Ja, wir diskutieren, aber meist auf einer sehr sachlichen Ebene und so, dass beide zu Wort kommen. Wir schreien uns nicht an. Wir versuchen, unser Gegenüber nicht zu verletzen. Eigentlich.

Doch die dunkle Wolkendecke, die mit den nagenden Selbstzweifeln über mir aufgezogen ist, verdichtet sich immer weiter. Die nächsten drei Tage tanzen Mats, Patrice und ich einen verkrampften Tanz umeinander herum. Bloß nicht den anderen berühren, bloß nicht die Situation eskalieren lassen. Mats bleibt, zum ersten Mal in unserer Beziehung, stur – und ich flüchte regelmäßig aus dem viel zu kleinen Haus, um dem klaustrophobischen Gefühl zu entgehen, das mir die Kehle zuschnürt, sobald ich unser Wohnzimmer betrete. Es fühlt sich so an, als würde mir in dieser Zeit, in der mich sowieso schon so viele Zweifel plagen, nun auch noch mein Schutzraum genommen. Und natürlich mein Arbeitsraum. Es gibt in Cartagena kaum Cafés mit stabilem WLAN. Auch werden die Lokale hier – wie eigentlich jeder Quadratzentimeter der Stadt – so laut mit Musik beschallt, dass ich selbst mit meinen geliebten Ohropax kaum einen klaren Gedanken fassen kann.

Und so beginnen wir – Mats und ich – das erste Mal in unserer bereits vier Jahre währenden Beziehung, ein Problem heranzuzüchten, von dem wir beide nicht wissen, wie wir es adressieren oder auch nur beschreiben sollen. Ja, wie hat es eigentlich angefangen, das Problem? Was ist passiert? Immer und immer wieder stelle ich mir diese Frage, während ich durch die Gassen Cartagenas trotte und versuche, so viele Schritte wie möglich in die Schatten der niedrigen Häuser zu verlegen. Das Problem – das ist mir bewusst – habe ich ausgelöst. Daran lässt sich nicht rütteln. Ich habe Panik bekommen. Ich habe alles aufgegeben, meinen Job gekündigt und sogar meinen Freund dazu inspiriert, dasselbe zu tun. Und deshalb fühle ich mich dazu verpflichtet, alles ganz besonders toll und richtig zu machen. Aber Kolumbien ist kein Ort für Perfektionismus. Und Italien wird es wahrscheinlich auch nicht sein. Denn *die Welt* ist kein Ort für Perfektionismus, zumindest nicht, wenn man seine Komfortzone auch mal verlassen und etwas Neues ausprobieren will. Wie schwer mir dieser Kontrollverlust zu schaffen macht, merke ich erst jetzt, wo ich drohe, daran zu zerbrechen. In meinen Adern pulsiert Stress pur, das mächtigste Gift für unsere Nerven.

So überrascht es mich schon fast nicht mehr, als ich am nächsten Morgen in unserer kleinen, warmen Kammer, eng an den schwitzenden Mats gezwängt, aufwache und mein linkes Bein sich anfühlt, als hätte man ihm ein Anästhetikum verpasst. Verdammt.

»Mats!«, sage ich und rüttle ihn sanft an der Schulter. Er grunzt schläfrig und murmelt etwas von »Abwasch machen«. Selbst im Schlaf ist auf ihn Verlass. »Mats, wach bitte auf. Mein Bein ...« Er schlägt die Augen auf, in der fensterlosen Dunkelheit erahne ich einen beunruhigten Ausdruck auf seinem Gesicht.

»Was ist damit?«, fragt er und setzt sich auf.

»Ich weiß nicht ... Es ist so ... so komisch. Irgendwie taub, glaub ich«, sage ich und klopfe testend auf meinen linken Oberschenkel. Meine MS-Symptome zu beschreiben, fällt mir auch nach fünf Jahren immer noch unglaublich schwer. Wie erklärt man jemandem, dass man sich nicht sicher ist, ob man *wirklich* diese Symptome hat oder sie sich vielleicht nur einbildet? Viele Menschen mit MS – und ich bin einer von ihnen – grübeln ständig darüber nach, ob dieses oder jenes Gefühl in ihrem Körper nun ein Symptom der Krankheit ist oder nicht. Mats kennt das von mir.

»Soll ich dich mal zwicken?«, fragt er routiniert. Er kneift mich, um die Stärke meiner Empfindungen zu testen, und meine Befürchtung verhärtet sich. Die Taubheit ist eindeutig echt. Angst, Schmerz und Wut durchzucken mich wie drei direkt nacheinander einschlagende Blitze. Die Enge, die Hitze, die Symptome – all das zusammen ist ein Cocktail, der mir zu so früher Stunde ganz und gar nicht schmeckt.

»Ich *hasse* diese beschissene Krankheit! Ich hasse diese verkackte MS so, so sehr!«, schreie ich und renne lautstark fluchend ins Bad. Es ist mir egal, ob Patrice, der immer noch im Wohnzimmer schläft, mich hört. Sollen doch alle wissen, wie schlecht es mir gerade geht. Ja, sollen sie nur sehen, was es mit einem macht, wenn man diese verdammte Krankheit hat. Sie ist ein Monster, das einen überfällt, sobald man mal ein, zwei

Wochen nicht auf sich achtgibt. Sie ist eine Bedrohung, ein Schafott, dessen Beil ständig bedrohlich über einem schwebt, bereit, einen in den Rollstuhl zu befördern ...

Die Gedanken in meinem Kopf überschlagen sich, während ich haltlos weine. Irgendwie weine ich gerade sehr viel – und irgendwie immer auf muffigen Klos. Das muss ein Ende haben. Es muss sich etwas ändern, so geht es nicht weiter. Bis Italien halte ich es nicht mehr aus.

Diese Überlegung bespreche ich mit Mats am Frühstückstisch. Patrice hat schon gemerkt, dass mal wieder Ärger in der Luft liegt, und sich gleich nach dem Aufstehen verabschiedet. Einerseits tut es mir leid, dass ich ihm so viel zumute. Andererseits habe ich gerade wirklich so viel mit mir, meiner dumpfen Zukunftsangst und meinem sich aufbäumenden Körper zu tun, dass ich mich einfach nicht zurückhalten kann.

»Wie stark sind deine Missempfindungen denn?«, fragt Mats und greift nach meiner Hand. Ich ziehe sie weg.

»Stark halt, keine Ahnung ... Mats, ich weiß doch auch nicht, was da gerade passiert, ob das was Neues ist oder was Altes oder ob es vielleicht auch einfach wieder weggeht, wenn ich mich mal eine Woche lang richtig ausruhe«, sage ich und starre ihn so böse an, als wäre er persönlich für meine Symptome verantwortlich. Darin bin ich leider erstaunlich gut.

»Wie wäre es denn, wenn du es einfach mal probierst? Dich eine Woche auszuruhen, meine ich. Du könntest doch den Blog mal Blog sein lassen, deinen Instagram-Account deaktivieren und einfach ein bisschen entspannen. Wir könnten an den Strand fahren, rumbummeln, Mittagsschlaf machen ...«, schlägt Mats vor und greift noch mal demonstrativ nach meiner Hand.

Es klingt wunderbar. Es klingt nach genau dem, was ich tun sollte. Abschalten. Einen Schritt zurücktreten, nachdem ich dieses Jahr schon so viele Schritte nach vorn gegangen bin. Es klingt wie der Ratschlag einer Person, die einen liebt. Die das Beste für einen will. Doch das Problem mit solchen Ratschlägen ist, dass wir selbst oft leider nicht das Beste für uns wollen. Dass wir uns nicht so behandeln, als würden wir uns selbst lieben. Und so erschreckt mich der Gedanke, mein Business einfach mal ein oder zwei Wochen Business sein zu lassen und mir eine Auszeit zu nehmen, zutiefst. Dass es der Arbeitsstress sein könnte, der die Alarmglocken meiner MS gerade schrillen lässt, klingt logisch, doch die Information will nicht so richtig in mein Hirn dringen – ich will sie nicht in mein Hirn dringen lassen.

»Ja, ich schau mal«, murmele ich und beginne, den Tisch abzuräumen.

»Bitte, Samira, ich meine es ernst«, sagt Mats und packt plötzlich mein Handgelenk.

Erschrocken starre ich ihn an. So hat er mich noch nie berührt.

»Samira, bitte setz dich hin und hör mir zu«, sagt er bestimmt, und bevor ich protestieren kann, sitze ich ihm wieder gegenüber. Seine Augen bohren sich in meine. Ich sehe Härte, ich sehe Sorge, ich sehe Verständnislosigkeit in ihnen. »Ich will, dass du mir jetzt zuhörst«, sagt er. »Ich werde nicht weiter mit ansehen, wie du dich hier kaputtarbeitest. Du hast diesen Weg für dich gewählt, um mehr Freiheit zu haben. Nicht weniger. Ich sehe dich jeden Tag wie ein Roboter vor deinem Laptop sitzen. Du lachst nicht mehr. Du hast keine Freude mehr, du bist den ganzen Tag schlecht gelaunt und verdirbst nicht nur mir, sondern auch meinem Bruder die Laune. Ich weiß, du willst das eigentlich nicht, Samira. Ehrlich. Aber ich kann nicht mehr so tun, als würde ich dich voll und ganz dabei unterstützen, wie du dir hier auf lange Sicht dein eigenes Grab schaufelst. Warum, mein Herz? Warum tust du dir das an?«

Ich schweige, denke nach – wie lange, weiß ich nicht. Irgendwann traue ich mich, den Mund aufzumachen.

»So wirkt das? Als würde ich mich kaputtarbeiten?«

»Ja, so wirkt das. Du musst etwas verändern, ehrlich. Ist es denn wirklich so knapp mit dem Geld? Ist es all die Stunden vor dem Laptop, die Zweifel und die Sorgen wert?«

Ich weiß es nicht. »Das Geld ... na ja. Viel ist nicht da. Aber ich komme schon hin. Weißt du, ich denke, es ist vor allem die Angst, wieder nach Deutschland zurückzukehren und dort keinen Job, kein Geld, keinen Plan zu haben«, presse ich schließlich hervor. Ich habe es ausgesprochen. Ich habe mich getraut.

Wir beide wissen, dass sich etwas ändern muss. Dass ich, wenn ich so weitermache, bald zerbrechen werde. Auch nach einigen Tagen sind meine Symptome nach wie vor stark, und selbst nachdem Patrice abgereist ist, hängt unser Streit noch immer wie eine dunkle Wolke über Mats und mir. Sie lässt sich nicht vertreiben. Meine Symptome, unsere ständigen Reibungen, meine Unzufriedenheit sind Gift für unsere Liebe. Unsere Unterhaltungen sind knapp und lieblos. Mats ist sauer auf mich, weil ich nicht besser auf mich aufpasse. Weil ich einfach nicht aufhören kann zu arbeiten. Ich gehe nun nicht mal mehr laufen morgens, denn die Angst, dass mein Zustand sich durch die körperliche Anstrengung noch verschlechtern könnte, ist zu groß. Natürlich tut das weder meinem Rücken gut, der den ganzen Tag gekrümmt vor dem Laptop sitzt, noch meiner Seele. Denn die braucht den Sport eigentlich.

Und trotz allem sitze ich auch an diesem Morgen wieder um Punkt neun Uhr morgens vor dem Laptop. Mürrisch überfliege ich die E-Mails, die über Nacht eingetrudelt sind, und plötzlich sehe ich dort einen Absender, der meinen Puls in die Höhe schnellen lässt. Die Mail stammt von einem Geschäftspartner, der mir einen ziemlich guten Deal für eine Kooperation angeboten, sich dann aber einfach ewig nicht mehr gemeldet hat. Und nun: ein Dreizeiler von ihm in meinem Postfach.

»Liebe Samira, sorry, dass ich mich erst jetzt melde. Wir haben uns deine Honorarvorstellung nun in Ruhe angesehen und sind damit einverstanden. Wann kannst du abliefern?«

Erst starre ich einen Moment lang wie benebelt auf den Bildschirm, bevor mich eine Welle der Erleichterung ergreift. Endlich. Ein wirklich, *wirklich* gut bezahlter Auftrag. Ein Lichtblick, ach was, eine Explosion des Lichts am Ende des dunklen Tunnels der Sorgen. Jubelnd springe ich auf, und Mats stürzt aus seiner Dunkelkammer, in der er gerade Fotos entwickelt hat. Er riecht nach Chemie und trägt kein Hemd, denn seine Dunkelkammer ist so warm wie eine finnische Sauna.

»Was ist los?«, fragt er.

»Mats, das ist der megagut bezahlte Auftrag, von dem ich dir erzählt habe, weißt du noch?«

»Die, die sich so lange nicht gemeldet haben?«, fragt er.

»Ja, genau! Es ist unglaublich. Sie haben mir gerade geschrieben. Sie sind dabei! Einfach so! Ich musste nicht mal mit ihnen über meine Honorarvorstellungen diskutieren ... Mats! Weißt du, was das heißt?« Er kommt zu mir und nimmt mich in den Arm. Lange hat er mich nicht mehr so glücklich angesehen wie in diesem Moment. Ich lege den Kopf an seine Schulter.

»Ja, ich weiß, was das heißt. Es heißt, dass du endlich wieder aufatmen kannst. Dass du endlich wieder mehr Zeit haben wirst, die du ohne Sorgen verbringen kannst. Es heißt, dass du wieder mehr du sein wirst. Die Frau, die ich liebe.«

»Du weißt, dass ich hier in dieser Wohnung keinen klaren Gedanken fassen kann?«, sage ich, als ich mich wieder von ihm löse.

»Ja, ich weiß – auch wenn ich nicht verstehe, warum«, sagt Mats. Im Gegensatz zu mir scheint er sich in Cartagena im Großen und Ganzen wohlzufühlen, er macht einfach sein Ding. Steht in seiner gefühlt sechzig Grad warmen Dunkelkammer, macht ab und an eine Fototour. Abends sitzt er, die Nachrichten lesend, an einem kleinen Tisch vor unserem Haus und beobachtet das Treiben.

»Mats, ganz ehrlich – ich muss woanders hin, um diesen Auftrag zu erledigen. Es sind noch drei Wochen bis Italien. Ich brauche in der Zeit bis dahin einen richtigen Arbeitsplatz, Ruhe. Ich brauche Sport, ich brauche ein angenehmeres Klima. Ich muss mein gesamtes System runterkühlen, bevor ich wirklich noch einen neuen MS-Schub bekomme.« In diesem Moment merke ich, dass ich unbewusst schon längst einen Entschluss gefasst habe. »Ich werde einige Tage nach Medellín gehen und dort arbeiten. Yoga machen. Meditieren. Ich muss wieder auf die richtige Bahn finden. Mein Karma mal ein wenig aufpolieren nach all dem Mist, den ich dir und mir hier angetan habe.« Mats widerspricht nicht. Er sieht mir nur lange in die Augen, bis ein warmes Lächeln sein Gesicht überflutet.

»Ich finde, wenn du das brauchst, dann solltest du es machen. Geh. Ich werde hier auf dich warten. Tu, was für deinen Geist und deinen Körper am besten ist. Das ist doch alles, was ich mir wünsche, Samira. Dass du endlich mal lernst, auf deinen Körper zu hören und deinem Herzen zu folgen.«

Das Penthouse

Das Erste, was mir auffällt, als ich in Medellín das Flughafengebäude verlasse, ist, dass mir – zum ersten Mal seit vielen Monaten – kühl ist. Ja, es ist frisch hier, Medellín liegt in den Bergen auf knapp 1.500 Höhenmetern. Ich ziehe meine dünne Daunenjacke über und schließe die Augen, lasse die klare Luft durch meine Nase einströmen, meine Lungen füllen und jede Zelle meines Körpers wachküssen. Ich bin hier mit einer Mission hergekommen: Ich möchte endlich wieder zu einer Person werden, die gut zu sich selbst und zu anderen ist. Ich möchte wieder eine Bereicherung sein für mein soziales Umfeld und für mich selbst. Schluss mit der Trauer, mit dem Selbsthass, mit der nagenden Angst vor meiner Krankheit und meiner Zukunft. Und während ich meinen Blick über die saftigen dunkelgrünen Nadelwälder streifen lasse, die vor mir liegen, weiß ich, dass ich dafür genau an den richtigen Ort gekommen bin.

Mein Airbnb in Medellín habe ich ebenso spontan gefunden, wie ich meinen Flug gebucht habe. Die Aussprache mit Mats liegt gerade mal zwei Tage zurück, doch ich konnte keine Zeit mehr verlieren. Der Auftrag, der mir endlich etwas mehr finanzielle Sicherheit verschaffen wird, ist dringend. Und noch dringender sind mein Seelenleben und meine Gesundheit. Ich spüre, wie sich hier in der frischen, kühlen Luft meine Muskeln entspannen, wie mein ganzer Körper aufatmet. Bei vielen Menschen verstärken sich unter Stress und Hitze die Symptome der MS, und davon hatte ich in den letzten Monaten nun wirklich genug.

Ich wohne im Viertel Laureles, einer bei Expats und digitalen Nomaden wie mir beliebten Nachbarschaft. Sie liegt nicht im Touristen- und Backpacker-Zentrum, was mir gerade recht ist, sondern in einer ruhigen, schönen Wohngegend. Hohe Häuserblocks ragen links und rechts neben mir in den Himmel. Nach all den Wochen in Cartagena, wo das höchste Haus in der Altstadt kaum eine Palme überragt, fühlt Medellín sich futuristisch und modern an. Überall spiegelndes Glas, Stahl, Beton. Hier gibt es keine bunten Häuschen. Und – himmlisch! – auch keine dröhnende, scheppernde Musik. Hier haben die Menschen einen so zielstrebigen Gang, gepaart mit einem neutralen Gesichtsausdruck, dass ich mich unweigerlich an meine Heimatstadt Berlin erinnert fühle. Hart, aber herzlich.

Auch ich wohne hier in Medellín in einem solch hohen Gebäude, und zwar im Penthouse. Das Zimmer ist mit zwanzig US-Dollar die Nacht nicht mal so teuer. Was für einen unglaublichen Fang ich mit meiner Unterkunft gemacht habe, wird mir bewusst, als sich die Fahrstuhltüren direkt in die große, helle Dachgeschosswohnung öffnen. Es ist, als entließe man mich aus einem dunklen Käfig in ein Solarium, so hell scheint hier die Sonne aus allen Winkeln herein. Der Boden ist aus cremefarbenem Marmor, er ist ebenso kühl wie die Luft draußen und auf Hochglanz poliert.

Eric, mein kanadischer Gastgeber, nimmt mich in Empfang: »Welcome to the Mega Penthouse, Samira!«, sagt er und lächelt mich an. Er ist groß gewachsen, hat ein schmales Gesicht und eine Glatze, die ebenso glänzt wie der Marmorfußboden. Er zeigt mir mein Zimmer, und ich staune: Es ist viel größer als das, was ich gebucht habe, und hat sogar ein eigenes Badezimmer! »Ich hab dir ein Gratis-Upgrade gegeben, denn wir hatten auch noch dieses Zimmer frei!«, sagt Eric und zwinkert mir zu. Nachdem er mir erklärt hat, wie die Küche funktioniert, wo der Billardtisch steht und auf welchem Balkon ich am besten Yoga machen kann – das Penthouse hat nämlich sage und schreibe zwölf Balkone –, lässt er mich allein. Als ich die Tür meines Zimmers hinter ihm schließe, schwirrt mir der Kopf, und ich lasse mich auf das angenehm harte, mit weißen, duftenden Bettlaken bezogene Bett fallen. Sofort muss ich an das Gesicht von Carrie Bradshaw denken, als sie im Kinofilm zu *Sex and the City* das erste Mal ihr und Mr. Bigs zukünftiges Penthouse betritt: »*I think I died and went to real estate heaven.*« Und natürlich hat Carrie mal wieder recht.

Als ich aufwache, dämmert es bereits vor den Fenstern. Irgendwo zwischen unglaublicher Freude, Erlösung und Entspannung muss ich eingeschlafen sein. Entspannung ist ein gutes Stichwort: Ich spüre in meinen Körper hinein, der mich die letzten Wochen so geplagt hat, und stelle mit Genuss fest, dass mein linkes Bein sich momentan wieder etwas einbekommen hat. Das gibt mir Hoffnung: Es war vielleicht doch nur eine Symptomverstärkung und kein neuer Schub! Als dieser Gedanke durch meinen Kopf schießt, kann ich nicht mehr an mich halten und lache schallend los, rolle über das riesige Bett, öffne die Fenster, lasse die frische Luft hineinströmen und mir meinen Cartagena-Blues aus dem Kopf pusten. Neustart. Ich werde nicht einfach so aufgeben. Nur weil ich mich an einem Ort der Welt nicht wohlgefühlt habe, muss das ja nicht bedeuten, dass ich mich nirgendwo auf der Welt wohlfühlen werde! Es ist doch wichtig und gut, verschiedene Orte und Lebensmodelle auszuprobieren und auch mal festzustellen, dass etwas einem nicht liegt. Es tut gut, seine Grenzen kennenzulernen. Das ist keine Schwäche, sondern ein verdammt großer Schritt Richtung Stärke.

So bricht es aus mir heraus, und als ich in die Küche schlendere, um mir einen Tee zu machen, gluckse ich immer noch vor mich hin. An der Kücheninsel steht ein klein gewachsener Kolumbianer, er mag um die vierzig sein, mit langen schwarzen Haaren, einem etwas gnomenhaften Gesicht und durchdringenden schwarzen Augen.

»Eric ist nicht hier, falls du ihn suchst. Ich bin Julián«, sagt er, kommt auf mich zu und streckt mir die Hand entgegen. Sie ist warm und schwielig, aber nicht unangenehm. »Ich wollte gerade ein bisschen meditieren – magst du mitmachen? Deine Aura ist gerade so wunderschön und besonders.« Er verzieht keine Miene, als er das sagt.

»Äh, klar, warum nicht«, antworte ich spontan und folge ihm neugierig zu dem dicken braunen Teppich, der nebenan im Wohnzimmer den Boden bedeckt.

»Setzen wir uns«, sagt Julián. Ich folge seiner Anweisung, setze mich ihm gegenüber in den Schneidersitz und schließe die Augen. Kurz darauf spüre ich, wie er aufsteht und um mich herumgeht. Komischerweise ist mir das überhaupt nicht unangenehm, auch wenn ich diesen Mann gar nicht kenne. Er strahlt eine Art von Ruhe aus, die ich wohl noch nie so intensiv bei einem Menschen erlebt habe. Als er mir die Hände auf die Schultern legt, um diese sanft nach hinten und unten zu drücken, bekomme ich eine Gänsehaut. Seine Berührungen haben nichts Erotisches an sich, sie gehen viel tiefer als das. Sie berühren meine Seele. Sie schicken Energieblitze durch meinen ganzen Körper, und während mein Gesicht sich nicht bewegt, habe ich doch das Gefühl, die Worte »Ist das irre« mit dem Mund zu formen. Was macht er da, wie macht er das?

Jetzt beginnt Julián, leise auf Spanisch mit mir zu sprechen: »Ich spüre, dass du gerade an einem sehr wichtigen Punkt in deinem Leben bist. Du wirkst sehr energetisch, vielleicht auch ein bisschen überschwänglich. Ich möchte, dass du dich nun auf deinen Atem fokussierst und dich hinlegst, während ich Energiearbeit mit dir mache. Das nennt man Reiki. Ich denke, du brauchst genau das jetzt gerade. Wenn du das nicht möchtest, ist es natürlich auch in Ordnung, aber ich habe das Gefühl, dass es eine sehr schöne Erfahrung für dich sein könnte.«

Reiki, das habe ich schon mal gehört. Aber ich dachte immer, das sei eine Art Massage? Doch sobald ich mich hingelegt und meinen Körper auf den fluffigen, dicken Teppich gebettet habe, berührt Julián mich kaum noch. Er hält seine Hände an verschiedene Stellen über meinen Körper, die augenblicklich zu pulsieren, zu beben, sich mit Licht und Freude zu füllen beginnen. Mein Gehirn will verstehen, was da gerade passiert – doch irgendwann kapituliert es und lässt es einfach nur noch geschehen. Ich gleite von einem denkenden Zustand in eine Art Trance, in der ich gar nicht mehr genau sagen kann, wo Julián gerade seine Hände hat und wie sich das jetzt genau anfühlt. Ich fließe in einem goldenen Strom aus Licht, zerfließe auf dem braunen weichen Teppich und fühle mich, als wäre ich eine an ein Ladegerät angeschlossene Batterie. Ich werde mit neuer Energie aufgeladen. Was hier passiert, ist einfach nur unbeschreiblich, so etwas habe ich in meinem Leben noch nie gefühlt.

Zum zweiten Mal an diesem Tag muss ich weggedämmert sein. Irgendwann höre ich Juliáns Stimme wie durch einen dichten Nebel. »Wenn du bereit bist, kannst du langsam wieder auf deinen Atem hören. Du kannst langsam wieder ins Hier und Jetzt zurückkehren, und ich lade dich dazu ein, noch so lange hier liegen zu bleiben und nachzuspüren, wie du möchtest.« Ich höre, wie er aufsteht, ganz leise und vorsichtig, höre seine nackten Füße auf dem kalten, glatten Marmorfußboden. Langsam richte ich mich auf, blinzele in die Dunkelheit. Es ist Nacht geworden, und ich habe jedes Gefühl für Zeit und Raum verloren.

»Wow ... was war *das*?«, frage ich Julián ungläubig. Er steht schmunzelnd in der Küche und schenkt jedem von uns ein Glas Wasser ein.

»Das, meine Liebe, war Reiki. Eine Form der Energiearbeit. Ich beschäftige mich schon seit fast dreißig Jahren mit Yoga, Meditation und mit Reiki. Mit dem Austausch und Ausgleich von Energien.« Er kommt zurück, hockt sich neben mich auf den Teppich und reicht mir mein Glas. »Kann es sein, dass in deinem Leben gerade ein großer Umbruch stattfindet? Dass du irgendetwas ... überwunden hast? Du hast eine so besondere Ausstrahlung gerade«, sagt er und schaut mich mit seinen kleinen schwarzen Käferaugen prüfend an.

Flirtet er mit mir? Oder warum tut er all das, warum spricht er so mit mir? Warum ist er so nett zu mir, will er etwas? Meine Gedanken, nun wieder hellwach, rumoren in meinem Kopf herum. Doch Julián macht keine Anstalten, sich mir irgendwie zu nähern, er mustert mich nur mit seinem eindringlichen Blick, der mir ein bisschen unheimlich ist, weil er meinen Kopf geradezu zu röntgen scheint.

»Du hast recht, Julián«, sage ich schließlich und hefte meinen Blick auf das Wasserglas in meiner Hand, in dem sich die Lichter der Stadt, die von weit unter uns in das Penthouse scheinen, kopfüber spiegeln. »Ich habe gerade eine schwere Phase durchgemacht. Tiefpunkt, aber richtig. Und diesmal habe ich nicht nur mich selbst, sondern auch meinen Partner da mit hineingezogen. Ich glaube, ich war noch nie so wütend auf mich selbst. Ich habe irgendwie gar keinen Ausweg mehr gesehen.«

»Und wie hast du reagiert?«, fragt er weiter.

Ich antworte, ohne zu überlegen: »Ich habe auf mein Herz gehört. Ich habe Schwäche zugelassen und mich von einem Plan verabschiedet, mit dem ich mich nicht mehr wohlgefühlt habe.«

»Und meinst du, dass du deswegen schwach warst?«

In meinen Ohren beginnt es zu rauschen, und Schwindel schwappt in einer zähen Welle über mich. Doch ich sitze fest und geerdet auf dem Boden und spreche die Worte und Gedanken in dem Moment aus, in dem sie mir durch den Kopf gehen: »Nein, ich glaube nicht, dass ich schwach war. Ich fühle mich stark. Ich kümmere mich um mich selbst. Das hatte ich fast verlernt. Doch nun spüre ich, dass ich das Richtige getan habe, als ich beschlossen habe, Cartagena früher als geplant zu verlassen.« Julián schmunzelt, ich sehe ihn das erste Mal richtig lächeln, und dieser Gesichtsausdruck nimmt seinen Augen etwas von ihrer Starrheit.

»Genau. Du bist stark. Das spüre ich sofort. Und ich spüre, dass du kämpfst – gegen dich. Darf ich dich etwas fragen? Plagst du dich mit einer Krankheit herum?« In diesem Moment rutscht mir fast das Glas aus der Hand, und etwas Wasser ergießt sich auf meine Hose.

»Okay, jetzt wird es echt gruselig, Julián. Woher weißt du das? Ich habe seit einigen Jahren Multiple Sklerose. Das ist eine Autoimmunerkrankung, bei der das Immunsystem die Schutzschicht der Nervenbahnen angreift«, erkläre ich. Hinter ihm breitet sich, durch die bodentiefen Glasfenster gut sichtbar, das nächtliche Medellín aus, es zieht sich endlos in die Länge, und wir beide sitzen wie in einem Turm über einem Meer aus Lichtern.

»Ja, das habe ich mir gedacht ...«, sagt er ohne jede Erklärung.

Wieso? Wie konnte er das wissen? Ich habe weder ihm noch Eric von meiner Krankheit erzählt, und ansehen tut man sie mir auch nicht. Ich hake nach, und Julián antwortet:

»Nun, es passt einfach, oder? Dass du ständig gegen dich kämpfst, gegen deinen Perfektionismus und gegen deine eigenen körperlichen und psychischen Grenzen. Dass du immer versuchst, mehr, weiter und schneller zu machen. Wenn du immer gegen dich kämpfst, ist es denn dann ein Wunder, dass dein Körper sich gegen sich selbst richtet? Oder tut er nur das, was du ihm vorlebst? Ich kenne so viele Menschen mit Autoimmunkrankheiten. Und all diese Menschen sind ungeduldig, mit sich unzufrieden und hart zu sich selbst. Alle, die ich kenne. Wirklich. Perfektionisten, Menschen, die es allen recht machen wollen, die kämpfen bis aufs Mark. Um Stärke zu beweisen. Doch das macht uns krank. Ich wage fast zu behaupten, dass es dich krank gemacht hat. Was hältst du von der These?«

Ich will aufs Geratewohl antworten, als wäre er der Lehrer und hätte mir im Unterricht eine Frage gestellt. Plötzlich bin ich wieder fünf Jahre alt und in der ersten Klasse. Doch als ich den Mund öffne, legt Julián seinen Finger auf die Lippen.

»Pssst«, sagt er und nimmt meine Hand. »Sag es mir nicht jetzt. Lass es dir durch den Kopf gehen, und sag es mir, wenn du darüber nachgedacht hast. Vergiss nicht, dass du Zeit hast. Denken macht Spaß, wenn man es langsamer tut. Probier es mal aus.«

Bald darauf verabschiede ich mich verwirrt, müde und gleichzeitig wie elektrisch aufgeladen ins Bett.

In dieser Nacht habe ich wilde Träume, in denen ich viele Phasen meines Lebens noch einmal durchlaufe. Ich sehe mich als Kind, sehe, wie ich versuche, es allen recht zu machen, die Beste zu sein in allem, was ich anfange. Als stünde und fiele mein Leben mit dem Lob anderer. Ich spüre ganz deutlich, dass sich in dieser Zeit etwas in mir eingenistet hat, was ich bis heute, mit fast dreißig, mit mir herumtrage. Eine dauerhafte Anstrengung, ohne jegliche Erholungsphasen. Arbeiten bis zum Ausbrennen. In meinen Träumen begegne ich den Menschen, denen ich wichtig bin: meiner Familie, Mats, meinen Freundinnen, Anja ist auch dabei. Alle wiederholen in meinem Traum die Dinge, die sie mir so oft sagen und die ich immer wieder gern überhöre, so als würden sie mich gar nicht wirklich betreffen: »Samira, so wie du mit dir umgehst, machst du dein eigenes Leben zu einem ständigen Kampf«, hat meine Mutter mal zu mir gesagt. Damals habe ich es abgetan, doch heute Nacht ist es, als hätten sich meine Schotten geöffnet. Als würde etwas in mich eindringen, das schon so lange draußen vor den Toren meines Egos gewartet hat, geduldig, um endlich Einlass und Gehör zu finden. In dieser Nacht spüre ich, dass ich geliebt werde. Und auch wenn ich Sport treibe, auch wenn ich gesund esse, nicht mehr rauche und viel schlafe – das Wichtigste, um meine Gesundheit wirklich voranzubringen, das tue ich noch nicht: mich selbst lieben.

Und während ich mich in den kühlen Laken umdrehe, weiß ich, dass heute eine entscheidende Veränderung stattgefunden hat. Ich bin gespannt darauf, wie es wohl werden wird, wenn ich anfange, endlich nett zu mir zu sein.

Es riecht nach Europa

Medellín umhüllt mich wie eine kühlende, leichte Decke aus Satin. Es legt sich um meine Seele, um meinen Körper, füllt mein Denken und meine Venen mit Lebensfreude, Energie und Ausgeglichenheit. Es ist bereits meine zweite Woche hier. Wie jeden Morgen stehe ich heute gegen sieben Uhr auf und gehe laufen. Hier in Medellín verhalten die Männer sich ganz anders als in Cartagena, und ich bleibe erfrischend ungestört, während ich durch das moderne Viertel renne. In Laureles werden die Straßen von Bäumen gesäumt. Wie das aussieht, hatte ich fast vergessen. Sie wiegen sich in der leichten Brise, die durch das Tal fegt, in dem die Stadt liegt. Es gibt moderne Cafés, französische Restaurants, kleine Boutiquen und viele, viele Menschen, die genauso arbeiten wie ich – als digitale Nomaden. Natürlich bin ich nicht nach Kolumbien gekommen, um Europa zu finden. Aber ich habe etwas in mir gefunden, etwas entdeckt, und das ist meine Liebe zu Europa. Meine Verbindung zu meinem Kontinent. Und Medellín bietet die perfekte Mischung aus kolumbianischer Lebensfreude und einem Hauch Heimat.

Mit meinem großen Arbeitsauftrag, den ich in weiser Voraussicht in kleine Einzelteile zerlegt habe, komme ich gut voran. Mein Ehrgeiz und meine Fähigkeit, in Windeseile eine wahre Flut an Wörtern aufs Papier zu bringen, schaden dabei natürlich nicht. Nach meiner morgendlichen Laufrunde fahre ich mit dem Fahrstuhl direkt ins Penthouse, dusche und mache mir ein gesundes Frühstück. Meistens esse ich hier Obst oder Porridge, eine Angewohnheit, die mir vom Jakobsweg geblieben ist. Wärmend, füllend, köstlich. Und es liefert genug Energie, um den Arbeitstag durchzustehen. Denn ich mache hier keine halben Sachen: Mindestens sechs Stunden pro Tag sitze ich am Laptop, unterbrochen nur von einer Mittagspause. Meistens bleibe ich, so wie heute, einfach »zu Hause« im Penthouse. Es gibt so viel Platz, dass ich meine Mitbewohner kaum sehe. Julián begegnet mir auch immer mal wieder, er ist der beste Freund von Eric, wie ich herausgefunden habe. Natürlich verbindet uns nach dem Erlebnis am Tag meiner Ankunft eine besondere Energie. Diese Erfahrung hat mir die Kraft gegeben, die ich gebraucht habe, um endlich wieder durchzustarten. Ja, ich weiß, Mats hat gesagt, ich soll mich hier entspannen. Aber um ehrlich zu sein, macht meine Arbeit genau das: Sie entspannt mich! Das Schreiben habe ich zu meinem Beruf gemacht, weil es für mich keine Belastung darstellt. Ich liebe meine Arbeit, ich kann mir gar nicht vorstellen, wie es sich anfühlt, nicht zu schreiben. Und so vergehen die täglichen Arbeitsstunden wie im Flug, während ich in die Tasten haue, mir ab und an einen Tee oder Kaffee mache und hier und da einen Plausch mit einem Mitbewohner halte.

Ich scheine die einzige Frau im Haus zu sein, und tatsächlich hat das Penthouse etwas von einer Junggesellenbude. Der Billardtisch, die schwarzen Ledersofas, die plüschigen dunklen Teppiche. Der riesige Kühlschrank, in dem immer ein großer Vorrat an Bier steht, die überdimensionale Soundanlage und der Flachbildfernseher, der fast eine ganze Wand einnimmt. Nicht gerade minimalistisch, und dennoch wirkt alles aufgrund der Größe der Wohnung nicht überladen, sondern hell und luftig. Das muss man bei so viel Protz erst mal schaffen.

Während ich konzentriert auf meinen Bildschirm starre, setzen sich zwei weitere Bewohner zu mir an den Küchentisch.

Sie sind beide um die sechzig, stammen aus Großbritannien und sind dauerhaft von einer säuerlichen Alkoholwolke umgeben. Die beiden trinken immer gegen elf Uhr mittags traditionell ihr erstes Glas Weißwein. Sie arbeiten ein bisschen am Laptop, dazu gibt es ein kaltes Bierchen. Danach wird es endlich Zeit für einen richtigen Drink, bevorzugt Gin Tonic, und während ich meine letzten Zeilen für den Tag schreibe, haben die beiden – wie jeden Tag – bereits mächtig einen im Tee. Irgendwie tun sie mir leid, alle beide. Sie wirken so erschöpft von diesen Massen an Alkohol. So ausgezehrt. Ich frage mich, was wohl zuerst da war: die Lethargie oder der Suff? Auf jeden Fall ertrinken sie täglich in beidem. Zudem wird mir von ihrem Geruch nach schalem Bier schlecht, und so verabschiede ich mich schnell in mein Zimmer.

Morgen habe ich einen freien Tag, und ich möchte mich einer Wandergruppe anschließen, die ich über Facebook kennengelernt habe. So mache ich das immer, wenn ich an einen neuen Ort komme: Über Facebook suche ich Gruppen, in denen sich andere digitale Nomaden austauschen und Treffen vereinbaren. Wandern war ich schon so lange nicht mehr, und es dürstet mich nach Bergen, nach frischer Luft, nach Ausblicken und nach Bewegung. Ich sehne mich nach dem meditativen Zustand, in den man gerät, wenn die Beine über mehrere Stunden die gleichen regelmäßigen Gehbewegungen ausführen. Gefallen daran habe ich auf dem Jakobsweg gefunden, der mich sechshundert Kilometer weit durch Spanien geführt hat. Natürlich gehen wir morgen weit weniger Kilometer, aber die Tour klingt dennoch anspruchsvoll: Wir besteigen den Morrón de Copacabana, einen Berg am Rande der Stadt, der an einen Nationalpark grenzt. Aufgeregt und voller Vorfreude gehe ich heute extra früh schlafen, um morgen fit für die Wanderung zu sein.

In meinem Herzen trage ich Freude, Dankbarkeit und Demut, denn der Schrecken meiner letzten Wochen ist mir noch lebhaft in Erinnerung.

Wir treffen uns um acht Uhr an einer Station außerhalb Medellíns. Ich fahre heute zum ersten Mal mit den öffentlichen Verkehrsmitteln in der Stadt, davor war ich immer zu Fuß oder mit dem Taxi unterwegs. Medellín am Morgen gleicht einem Ameisenbau: Menschen gehen schnellen Schrittes von A nach B und sprechen über die Freisprechanlagen ihrer Handys, während sie sich diese wie eine Scheibe Knäckebrot vor den Mund halten. Es sieht sehr ulkig aus. Die einzige lateinamerikanische Metro, die ich kenne, ist die in Mexico City. Sie ist voll, eng, und – man kann es nicht leugnen – zu manchen Zeiten einfach gefährlich. So bin ich überrascht, als ich die ausladenden, eleganten Treppen der Station Estadio hinaufsteige. Es ist hell, es ist sauber – sauberer als eine Berliner Bahnstation, keine Frage. Alle hier wirken geschäftig, trinken Kaffee aus nachhaltigen Thermobechern, tragen Ray-Bans und sehen so großstädtisch und schon beinahe mondän aus, dass ich mir in meiner improvisierten Wanderkluft relativ lächerlich vorkomme. Ich trage eine schwarze Leggings, ein schwarzes Top und meinen – für diesen Zweck viel zu großen – lilafarbenen Reiserucksack. Dazu thront auf meinem Kopf ein Turban, wie ich ihn immer gern als Sonnenschutz anstelle eines Basecaps trage. Hat einfach mehr Stil.

Der Boden der Station ist ebenso glänzend und glatt wie der im Penthouse, und überall hängen kleine Lautsprecher, aus denen jetzt gerade – ich glaube es kaum – Marvin Gaye erklingt! Ich hätte mit vielem gerechnet: Mozart vielleicht oder auch *vallenato* oder Salsa. Aber *Sexual Healing* an einem Freitagmorgen zur Rushhour? Das muss man erst mal bringen.

Ja, diese Stadt hat Stil. Als danach *Happiness Is a Warm Gun* von den Beatles ertönt, frage ich mich, was für eine coole Socke bitte der Metro-DJ von Medellín ist, und bin fast traurig, als die Metro einrollt und mich von der willkommenen Musikeinlage losreißt.

In Itagüí steige ich aus, kaufe mir noch ein großes Wasser und halte Ausschau nach einer Gruppe, die wie ich absolut unpassend für die Stadt und dafür absolut angemessen für eine Wanderung gekleidet ist. Sie sind nicht zu übersehen, meine noch unbekannten Sportsfreunde. Kolumbianer scheinen, bis auf unsere zwei Guides, nicht dabei zu sein. Alle wirken sehr nett: zwei Frauen und ein Mann aus den USA, ein ziemlich attraktiver Kanadier und die beiden Studenten aus Medellín, die die Wandergruppe gegründet haben. Sie bekommen dafür einen kleinen Obolus von jedem Teilnehmer, ungefähr drei Euro pro Person. Ohne viele Umschweife geht es los.

Hier, an der vorletzten Haltestelle der Metro, weht ein ganz anderer Wind als im Zentrum – wörtlich und metaphorisch gesprochen. Zum einen ist es hier noch etwas kühler, denn das Tal verengt sich an dieser Stelle, und der Wind wird beinahe wie durch einen Trichter hineingepresst. Zum anderen sieht es hier aus wie in einem kolumbianischen Dorf: Hähne und Hennen laufen gackernd über die Straße, alte Menschen sitzen reglos wie Josués Oma in ihren Schaukelstühlen. Fliegen krabbeln frech auf ihren Händen herum, als warteten sie nur auf das Ableben dieser alten Menschen, während diese sich stoisch gegen das Unvermeidliche zu wehren scheinen. Nein, von Hektik oder Betriebsamkeit ist hier keine Spur mehr, und auch von jungen Menschen nicht. Die sind wohl alle mit ihrem Knäckebrot-Smartphone in der Innenstadt unterwegs. Ein flüchtiger Gedanke an Cartagena passiert meinen Kopf. Ich denke an Mats, meinen wunderbaren Mann, und wie gut es uns tut, was ich hier gerade mache. Ich werde ihn heute Abend anrufen und ihm davon berichten, wir haben schon seit zwei Tagen nicht miteinander gesprochen, da wir uns beide etwas Zeit geben wollten. Er ist auch kein Wanderfreund. Umso besser, dass ich hier mit so vielen Gleichgesinnten meiner Leidenschaft nachgehen und auch mal die Arbeit einen Tag lang liegen lassen kann.

Es trägt zur guten Stimmung in dem Trupp bei, dass heute alle allein gekommen sind und sich keiner in der Gruppe vorher kannte. So haben wir keine andere Wahl, als uns miteinander bekannt zu machen, und ich komme schnell mit dieser und jenem ins Gespräch. Alle, die bei dieser Wanderung mitlaufen, arbeiten online. Die meisten sind Englischlehrer und verdienen ihr Geld damit, Schülern aus aller Welt und aus allen erdenklichen Zeitzonen ihre Muttersprache in einem digitalen Unterrichtsraum beizubringen. Es ist so überwältigend, so inspirierend und erfrischend, was sich junge Menschen einfallen lassen und aufbauen, nur um von dort aus arbeiten zu können, wo es ihnen gefällt! Und wie glücklich, wie unsagbar glücklich kann ich mich schätzen, dass ich auch eine von ihnen bin. Natürlich kommt die Frage nach meinem Job, und ich mache keine großen Umschweife, sondern erzähle gleich, dass ich MS-Bloggerin und Autorin bin. Schon allein aus dem Grund, dass man sonst schnell für eine Reisebloggerin gehalten wird, und diese Spezies scheint aus mir nicht ganz unverständlichen Gründen nicht sonderlich populär zu sein. Natürlich stoße ich auf große, aufgerissene Augen, auf Fragen, auf Stirnrunzeln. Ja, ich habe MS. Nein, einen Rollstuhl brauche ich nicht, und ich hoffe und glaube fest daran, dass ich nie einen brauchen werde. Weil alles andere mich nur runterziehen würde, und das bringt mir ja nichts. Ja, kein Problem, ich pack das heute. Nein, du musst mir meinen Rucksack nicht abnehmen, der ist zwar riesig, aber fast leer. Ja, nein, danke, alles ist gut. Ich habe MS, und es ist trotzdem alles gut.

Natürlich zehrt die Fragerei an mir. Es macht mich verlegen, plötzlich so im Mittelpunkt zu stehen. Doch ich habe eine Entscheidung getroffen: Ich werde für mich einstehen, ich werde mich nicht verstecken oder verheimlichen, wer ich bin. Und was mich geformt hat. Denn das hat die MS. Meine Krankheit hat mich zu einem anderen Menschen gemacht. Ich würde fast behaupten, zu einem besseren Menschen. Nicht immer natürlich, wer ist schon immer gut zu anderen oder zu sich selbst? Nein, sie hat mich nicht perfekt werden lassen. Denn ich bin immer noch ein Mensch. Die Krankheit hat mich, um genau zu sein, sogar auf meine Menschlichkeit zurückgeworfen. Sie hat aufgeraut, was ich glatt poliert hatte, um zu gefallen, mich anzupassen und widerstandslos mit dem Strom schwimmen zu können. Die Krankheit hat mein Federkleid durcheinandergebracht, hat hervorgeholt, was ich unter einer ganzen Wagenladung an jugendlichem Ehrgeiz, an Naivität und einem gewissen Hang zur Selbstzerstörung vergraben hatte. Mein nacktes, wahres ich. Das nicht von jedem gemocht wird, nicht von jedem gesehen oder gehört wird. Das ist okay. Ich weiß, dass ich ab und an Menschen erreiche, dass ich ab und an ihr Herz streife, wenn auch nur für die paar Minuten, die sie sich nehmen, um einen Text von mir zu lesen. Das reicht mir.

Endlich lässt auch die Gruppe locker und beginnt, mich wieder wie eine junge, fitte Frau und nicht wie ein sterbenskrankes Mädchen zu behandeln. Es war kurz unangenehm, doch nun habe ich das Gefühl, dass meine Enthüllung unsere Unterhaltungen auf ein ganz neues Level gehoben hat. Plötzlich scheinen sich alle etwas nähergekommen zu sein, die Themen werden interessanter. Alle fangen an, ihre Schwächen, ihre Ängste miteinander zu teilen. Als hätte ich eine Spitzhacke in die dicke Eisschicht auf dem See unserer Gespräche getrieben, und nun bricht das Eis Scholle für Scholle und gibt das tiefe Wasser darunter frei. Und wir springen hinein in dieses Wasser, das unsere Seelen umgibt, und offenbaren uns einander. Wir kennen uns nicht, doch das ist egal. Nur zwei Stunden später habe ich mit allen Menschen aus dieser Gruppe mehr interessante Gedanken geteilt als mit manchen Freunden, die ich schon seit Jahren kenne. Plötzlich fällt mir auf, wie viel interessanter diese Unterhaltungen waren als das, was ich früher als Konversation bezeichnet habe. Und warum? Weil ich mich geöffnet habe. Vielleicht waren einige meiner freundschaftlichen Beziehungen bisher auch so lose und undefiniert, weil ich mich nie getraut habe, ich zu sein. Es wird Zeit, das zu ändern.

Der Schweiß rinnt mir über die Stirn, mein Turban ist komplett durchnässt. Der Aufstieg zieht sich dahin, er gleicht eher einer Kletterpartie als einer Wanderung. Schwindel kommt und packt mich und will mich nicht wieder loslassen, und ich muss zugeben: Sehr gelegen kommt er an dieser Stelle ganz sicher nicht. Wir sind nach dem heftigen Aufstieg nun endlich auf dem Grat des Berges angekommen. Dieser läuft spitz zu wie die Klinge eines Messers, und wir balancieren, einer hinter dem anderen, über den schmalen Weg. Links und rechts stürzt der Berghang in die Tiefe. Ein falscher Schritt, und es geht sicherlich zweihundert Meter steil bergab.

»Vorsicht! Hier ist erst letzten Monat jemand gestorben!«, ruft uns unser kolumbianischer Führer von der Spitze des Gänsemarsches zu. Auf diese Information hätte ich sehr gut verzichten können. Ich versuche, mich zu konzentrieren, doch der

Schwindel scheint dabei sogar noch stärker zu werden. Nicht nur meine Seele, auch mein Körper hat die harten letzten Wochen noch nicht vergessen. Es wird besser, jeden Tag. Doch immer noch plagt mich ein leiser Zweifel, ob das vor zwei Wochen nicht doch ein neuer MS-Schub gewesen sein könnte. Während wir weiterlaufen, gerate ich ins Grübeln: Warum habe ich immer noch regelmäßig so starke Symptome? Mein Neurologe meint, dass meine Basistherapie gut anschlägt. Aber warum spüre ich das nicht? Warum ertrage ich Bauchschmerzen, Sodbrennen und alles Mögliche an Nebenwirkungen, habe aber dennoch ständig Angst vor einem neuen Schub und neuen oder wiederaufflackernden Symptomen? Würde das Medikament tun, was es soll, würde ich doch weniger Symptome haben statt immer mehr, oder?

Endlich ist der Grat überwunden, und die Gesichter um mich herum entspannen sich wieder etwas. Keiner von uns hat damit gerechnet, dass es tatsächlich so anstrengend werden würde. Nun haben wir wieder festen Boden unter den Füßen, und so fällt es nicht weiter auf, wenn ich hier und da mal ein wenig wanke. Nach einer Mittagspause, bei der wir in einem schattigen Wäldchen mit niedrigen Pinien ein Picknick machen, geht es weiter. Ich esse Oliven und Käse, eine Reminiszenz an meine Pilgerreise, und fühle mich wieder gestärkt. Auch der Schwindel verzieht sich langsam wie eine Wolkenfront, die meinen Tag zu überschatten gedroht hatte. Nun ist es wieder sonnig, es ist warm und trocken, und wir schreiten leichten Fußes voran. Nach dem harten Anstieg kommt uns das ebene Gelände wie ein Sonntagsspaziergang im Park vor. Und während ich in Gedanken versinke – ich laufe nun allein –, überzieht plötzlich eine Gänsehaut meine Arme. Noch bevor ich weiß, was los ist, prickeln alle meine

Sinne, ich schließe die Augen und sauge die Luft ein. Schlagartig wird mir bewusst, was mich so bewegt: der Geruch. Nach Nadelwald. Wir laufen durch einen bemoosten Nadelwald mit feuchtem, dunklem Boden. Und dieser Geruch, dieser spezielle holzige, würzige Duft, erinnert mich an zu Hause. Der Geruch meiner Kindheit, als ich mit meinem Bruder im Wald in Brandenburg spielte. Dieser Geruch nach endlosen Sommern, nach Heimat. Ja, Heimat. Ich habe Heimweh, und diese Umgebung legt den Finger genau in die kleine brennende Wunde. Doch der Schmerz ist nicht unangenehm. Er ist bittersüß, denn ich weiß, dass ich schon in einer Woche wieder in Europa sein werde. Ich werde nach Hause zurückkehren. Gestärkt und gewachsen. Das wird mir in diesem Moment bewusst, und ein gelöstes Lächeln überzieht mein Gesicht. Zeit, nach Hause zu gehen.

Die Erfahrungen, die ich auf der Wanderung in Medellín gemacht habe, weben sich durch die nächsten Tage wie ein silbernes Band. Wie ein Glanz, eine innere Schönheit, die ich so noch nie kennengelernt habe. Einige Tage später fliege ich zurück nach Cartagena, mein Herz weit geöffnet, um Mats damit zu umarmen. Als ich aufgeregt in die Ankunftshalle am Flughafen trete, ist er auch schon da und wartet auf mich ... beziehungsweise das, was von ihm übrig ist. Ungläubig schaue ich ihn an.

»Mats, Babe, was ist mit dir los? Du bist so *dünn* geworden!«, sage ich überrascht, sinke in seine Arme und umfasse seine schmalen Hüften.

»Ach, na ja ... Es ging mir nicht so gut, nach all dem, was passiert ist«, sagt er verlegen. »Aber sieht toll aus, oder?«, fügt er albern grinsend hinzu.

Ich verdrehe gespielt die Augen. Mats hatte meiner Meinung nach immer eine wunderbare Figur, aber ich weiß, dass er gern ein paar Kilos weniger auf den Rippen gehabt hätte.

»Ich hab den Kummer einfach konstruktiv genutzt und hab mich nur noch von Papayasaft ernährt. Hatte ja eh kaum Hunger«, erklärt er mir fast schüchtern, als wir vor unserem Häuschen aus dem Taxi steigen. Erst jetzt merke ich, wie schlecht es ihm gegangen sein muss, doch ich weigere mich, schon wieder in Selbsthass zu versinken. Stattdessen nehme ich ihn in den Arm, murmele Entschuldigungen, die von Herzen kommen, und erzähle ihm, dass alles wieder gut wird. Wir liegen uns in den Armen und halten einander fest. Zum ersten Mal in unserer Beziehung weinen wir gemeinsam. Wir weinen vor Freude, vielleicht auch ein bisschen vor Angst. Der dunkle Schatten hat sich verzogen, und wir schwören uns, dass wir ihn nicht noch einmal hereinlassen werden. Dass wir Seite an Seite statt gegeneinander kämpfen werden, wenn wir spüren, dass uns unser so kostbares Glück zu entgleiten droht.

»Ich bin wieder da«, murmele ich an Mats' Brust geschmiegt, und er umfasst mein Gesicht mit seinen großen Händen und schaut mir fest in die Augen.

»Willkommen zurück, Samira.«

TEIL 4
ANKUNFT

Casa Gaia

Die letzten Tage in Cartagena fliegen nur so dahin, wir schweben auf einer Wolke aus Leichtigkeit und wiedergewonnenem Glück. Wir fühlen uns wie frisch verliebt. Unsere Sachen sind schnell gepackt. Kleidungsstücke, die für den April in der Toskana viel zu dünn sind, werden zum Secondhandladen gebracht. Viele habe ich überhaupt erst dort erstanden, und so kehren sie nach Hause zurück wie Soldaten aus dem Krieg, der nun einem prickelnden Frieden gewichen ist. Wir verschenken die wenigen Möbelstücke, die wir uns zugelegt haben. Den Mixer, die klapprige Küchentheke, die wir für umgerechnet zwanzig Euro aus einer alten Tür haben anfertigen lassen. Unglaublich, wie vieles wir doch in so kurzer Zeit angehäuft haben, um unserem kleinen Haus ein Gefühl von zu Hause einzuhauchen. Geklappt hat es nicht – zumindest nicht für mich.

An unserem letzten Abend in Cartagena flattern Mats und ich durch das leere kleine Haus wie Schmetterlinge, die man unter einer Teetasse eingefangen hat. Alles ist gepackt, wir sind bereit zum Abflug. Später laufen wir Hand in Hand durch die Straßen, die uns nach fast drei Monaten so vertraut sind. Wir sitzen ein letztes Mal auf der alten Stadtmauer, beobachten ein letztes Mal die Sonne dabei, wie sie im stürmischen Atlantik versinkt. Roter Himmel. Schwarzes Meer. Seine Hand in meiner. Nichts kann uns jetzt mehr aufhalten.

Dreißig Stunden später kommt es uns fast wie ein Traum vor, dass wir gestern noch in der Karibik am Meer gesessen haben.

Europa hat uns wieder. Meine ersten Schritte auf europäischem Boden seit einem halben Jahr. Während meine Turnschuhe auf dem nassen Rasen vor dem Flughafen in Pisa sofort vom Regen durchtränkt sind, schaue ich in den grauen Aprilhimmel. Die Wolken hängen so tief, dass ich ihre Textur genau erkennen kann. Wie Zuckerwatte. Dass ich mal Gefallen an einem grauen Regenhimmel finden könnte ... das hätte ich nicht gedacht. Doch ja, es stimmt: Mein Herz, meine Seele, meine Sinne jubeln. Ich möchte mich am liebsten auf den grünen Rasen werfen und umherrollen wie ein Kind, reiße mich aber zusammen – man würde mich wohl direkt wieder aus dem Land komplimentieren. Stattdessen begnüge ich mich damit, mich auf die kühle Bank aus Stahl fallen zu lassen, auf der Mats schon mit einer Pizza und einem großen Salat auf mich wartet.

Wir sind beide müde, und die Kälte scheint uns das Sonnenbraun mit jeder Sekunde mehr aus der Haut zu saugen. Blass sehen wir aus – wie kann das sein nach so langer Zeit in der Karibik? Doch mir könnte gerade nichts egaler sein. Ich bin hier, in Italien, und das ist alles, was zählt. Es gibt viel, worüber ich hier nachdenken und was ich erledigen möchte. Das Wichtigste: Im kommenden Monat möchte ich mir darüber klar werden, wie es mit meiner Therapie weitergehen soll. Ich habe einfach keine Lust mehr, in ständiger Angst vor meinen Symptomen oder einem neuen MS-Schub zu leben. Und das, obwohl ich brav meine Medikamente nehme und jeden Tag unter den Nebenwirkungen leide. Auch wenn mein Neurologe mir von den Pillen vorschwärmt, die ich täglich schlucken muss: Ich kann nicht mehr. Ich möchte nicht mehr. Ich bin nicht zufrieden damit, wie die Pillen wirken.

Schon vor einiger Zeit habe ich von einer alternativen Therapieform gehört, dem Coimbraprotokoll. Eine Leserin meines Blogs schrieb mir und fragte, ob sie einen Gastartikel über das Protokoll auf meinem Blog veröffentlichen dürfe. Sie hatte die alternative Vitamin-D-Therapie zu diesem Zeitpunkt bereits ein Jahr lang angewendet, doch ich war skeptisch: Schon wieder so ein Wundermittelchen, das einem die Heilung versprach. Aha. Nein, danke. Doch ich las den Artikel durch, den sie geschrieben hatte, und wurde neugierig.

Schon seit Jahren wird der Zusammenhang zwischen Autoimmunerkrankungen und Vitamin D erforscht, denn er ist nicht zu leugnen. Das Coimbraprotokoll arbeitet mit ultrahochdosiertem Vitamin D, einem Stoff, der unser Immunsystem reguliert. Patienten, die das Protokoll machen, nehmen pro Tag bedeutend mehr Vitamin D ein, als offiziell empfohlen wird. Das alles geschieht in enger Zusammenarbeit mit einem Protokollarzt, also einem Mediziner, der direkt von Dr. Coimbra, dem Erfinder des Protokolls, ausgebildet wurde, und unter Einhaltung einer strengen calciumarmen Diät. Dr. Coimbra, ein brasilianischer Arzt, praktiziert das Protokoll bereits seit 2002, und die Zahlen, die er vorzuweisen hat, klingen zu gut, um wahr zu sein: Neunzig Prozent der mit dieser Therapieform behandelten Patienten erreichen unter dem Protokoll eine Remission, also einen kompletten Stopp der Krankheit, und die meisten verspüren auch eine deutliche Verbesserung der neuesten Symptome. Das, was aber wirklich mein Interesse geweckt und meine Skepsis zerstreut hat, ist der Fakt, dass im Coimbraprotokoll kein Geld mit mir verdient wird. Ja, ich bezahle den mich behandelnden Arzt für seine Zeit – aber von da an bestelle ich einfach nur noch die Nahrungsergänzungsmittel und das Vitamin D online. Keine Abrechnung über die Krankenkasse, leider. Aber: auch keine Pharmagiganten, denen ich meine Gesundheit anvertraue.

Meine Zeit in Italien möchte ich dazu nutzen, mir darüber klarzuwerden, ob ich meine Basistherapie absetzen und das Coimbraprotokoll beginnen möchte. Zum einen kostet das natürlich Geld, und zum anderen sind die Risiken und Umstellungen in meinem Alltag, die damit verbunden sind, nicht von der Hand zu weisen. Das Protokoll hat strenge Regeln, und wer sich an diese nicht halten kann oder will, darf die Therapieform nicht durchführen. Nierenschäden sind dabei die bedrohlichste Nebenwirkung. Zum Glück kommt mich in zwei Wochen meine Mama besuchen. Wen könnte man in einer solchen Situation besser um Rat fragen? Mats ist jedenfalls schon mal total überzeugt und findet, ich sollte auf meine Intuition hören und das mit dem Protokoll ausprobieren.

Gerade ist Mats aber vor allem eines: müde. Mit seinen knapp ein Meter neunzig hat er auf dem Flug im Gegensatz zu mir kaum ein Auge zugetan. Ich hingegen kann mich mit meiner kleinen Statur auf jedem Flugzeugsitz bequem einrollen wie eine Katze und habe so immerhin einige Stunden Schlaf abbekommen. Wir schlurfen zum Mietwagenverleih, den Bauch gefüllt mit Pizza, Salat und Kaffee, holen das Auto ab, packen unser weniges Hab und Gut in den viel zu großen Kofferraum und machen uns auf den Weg nach Manciano, einem kleinen Dorf in der Toskana, in dem ich für den nächsten Monat ein wunderschönes Haus auf einem Weinberg gemietet habe. Während mir immer wieder die Augen zufallen, steigt in mir die Vorfreude auf. Vor den Fenstern fliegen dunkelgrün bewaldete Berge vorbei, Felder, auf denen nasse Kühe grasen, und immer wieder kleine Ansammlungen von Häusern, die im Nebel versinken. Lange habe ich nicht mehr gefröstelt, und obwohl die Heizung auf Hochtouren läuft, überzieht mich ein wohliger Schauer. Die Landschaft, die Dörfer, das Wetter – all das habe ich so vermisst. Ich bin zu Hause, bin mehr bei mir, als ich es auf dieser Reise je war.

Eine Stunde später rollt unser kleiner Fiat die Kieseinfahrt zu dem lachsrosa gestrichenen Haus mit dunkelgrünen Fensterläden hinab – Casa Gaia heißt das Anwesen. Ich habe fast die ganze Zeit geschlafen, und Mats, der Augenringe bis zum Kinn hat, tut mir nun noch mehr leid. Aber es war so warm und kuschlig ...

»Alles gut. Hauptsache, wir sind endlich da. Willkommen in der Toskana!«, sagt Mats, und gespannt schließen wir die Tür auf. Drinnen ist es stockfinster. Wir tasten uns durch die Dunkelheit, um die Fensterläden zu finden und aufzustoßen. Mit dem hereinfallenden Licht enthüllt das Haus seine Schönheit, und begeistert schlage ich die Hände vor meinem Mund zusammen. Das hier ist nicht gut – das ist perfekt. Das perfekte Haus in der Toskana auf dem perfekten kleinen Weinberg.

Das Innere unseres Zuhauses für den nächsten Monat ist in warmen Tönen eingerichtet, wirkt dabei aber dennoch modern und hell. Ein großes Chesterfieldsofa steht vor einem gemauerten Kamin aus Sandstein, der Boden ist aus hellem Holz. Er ist gespickt mit gewebten Teppichen, an den Wänden reihen sich endlos Bücherregale aneinander. Ein großer Esstisch, eine kleine Küche, der Ausblick auf die Weinberge, all das ist besser, als ich es mir je hätte erträumen können. Auch die zwei Schlafzimmer im Obergeschoss sind hell und luftig, die Betten sind bequem. Ich habe extra ein Haus mit zwei Schlafzimmern gemietet, damit meine Mutter und ich etwas mehr Privatsphäre haben, wenn sie kommt. Mats reist bereits in einer Woche wieder ab, da er einen Job in Berlin angenommen hat. Bei mir läuft es momentan finanziell sehr gut, da auf den Auftrag aus Medellín gleich noch zwei weitere folgten, doch bei ihm herrscht Ebbe in der Kasse. Einige Tage werde ich also auch allein in diesem Haus verbringen – noch mehr Zeit, um mich über das Coimbraprotokoll zu informieren, und vor allem Zeit, um Zukunftspläne zu schmieden.

Noch weiß ich nicht, wie mein Leben nach meiner Reise weitergehen wird. Ich weiß nur, dass ich einen Rückflug nach Berlin habe und meine Wohnung dort wieder frei sein wird – mehr nicht. Es ist ein komisches Gefühl, so planlos zu sein. Bisher wusste ich immer, wohin es grob als Nächstes gehen soll. Manche Menschen mögen das spießig finden und sagen, dass es falsch ist, diese Sicherheiten im Leben zu brauchen. Ich sage, dass nichts falsch ist, was mir guttut. Dass anderen nicht gefallen muss, wie ich lebe, und dass ich auch nichts in meinem Leben verändern werde, nur um jemandem zu gefallen. Das ist eins der vielen wichtigen Dinge, die ich in den letzten Monaten gelernt habe.

Die Zukunft muss jetzt aber erst mal noch ein wenig warten – denn die nächsten Tage verbringen wir hauptsächlich mit einem: essen. Das Wetter ist mittlerweile trocken und sonnig, und Mats und ich sitzen vor unserem wunderschönen Haus, trinken Kaffee und schauen in die Ferne. Weinberge und Wiesen in den unterschiedlichsten Grüntönen, so weit das Auge reicht, vereinzelt weiß mit Schafen gesprenkelt, deren Glocken man bis in unser Schlafzimmer hören kann. Ansonsten: Stille. So viel Stille! Nach dem Lärm in Kolumbien trinken meine Ohren sich satt an dieser wohligen Ruhe, meine Augen werden von der lieblichen Landschaft gestreichelt. Wir gehen auf die kleinen Märkte in und um Manciano, um uns mit Köstlichkeiten einzudecken. Immer wieder muss es noch ein *gelato*, noch dieses eine Stück Pecorino oder eine mit Olivenöl und Rosmarin verfeinerte Focaccia sein. Nur ein kleines Stück noch, wirklich! Bald spannt mein Hosenbund und mein in Cartagena gestählter Körper freut sich, dass er sich hier unter dicken Pullis verstecken kann. Nicht im Traum würde ich auf die Idee kommen, hier nicht zu schlemmen. Das käme einem Sakrileg gleich. Und so genießen wir das Leben, Italien und einander in vollen Zügen, bis der Tag von Mats' Abreise gekommen ist.

Beim Frühstück sind wir beide in Gedanken versunken, ein Hauch von Wehmut liegt in der Luft. Es ist zwar noch nicht das Ende meines Abenteuers, aber es ist das Ende unserer gemeinsamen Zeit auf Reisen – und wer weiß, für wie lange? Wer weiß schon, wie Mats' neuer Job wird, wer weiß, was ich mit meinem Leben anfangen werde, wenn ich erst einmal wieder in Berlin bin? Alles scheint so ungewiss, und wir beide trauen uns nicht wirklich, das auszusprechen. Wir möchten der Zuckerglasur der letzten Tage keinen Knacks verpassen. Wir sind vorsichtig miteinander heute, besonders umsichtig und liebevoll.

»Und du wirst das schaffen hier, so ganz allein?«, fragt Mats mich am Frühstückstisch und lässt seine Zeitung sinken.

»Klar schaffe ich das! Schau mal, ins Dorf sind es gerade mal zehn Minuten, dafür brauche ich wirklich kein Auto. Den Kühlschrank haben wir noch mal vollgemacht – nicht dass ich hier je Gefahr laufen würde, zu verhungern –, und meine Mama kommt in drei Tagen. Ich werde es gut haben. Werde schreiben, meditieren ... und über meine Zukunft nachdenken«, sage ich und versuche, so überzeugt wie möglich auszusehen.

»Okay, wenn du das sagst ... Es tut mir einfach leid, dass ich schon abreisen muss«, sagt Mats und schenkt noch mal Kaffee nach. Mein wunderbarer Freund, mein Partner, mein Gefährte. Wir sind auf dieser Reise jeder für sich selbst, aber vor allem auch gemeinsam gewachsen. Unsere Beziehung ist erwachsener, reifer geworden. Auf eine angenehme Art ruhiger.

Diese Ruhe und Gelassenheit versuche ich in unseren letzten Kuss zu legen, bevor Mats ins Auto steigt und davonfährt. Das und alle Liebe dieser Welt.

Während ich in den nächsten Tagen etwas unruhig, aber auch mit großer Vorfreude die Ankunft meiner Mutter erwarte, komme ich kaum vor die Tür. Ich stürze mich in die Arbeit wie ein Junkie nach einer abstinenten Phase, nachdem Mats gefahren ist und mein Arbeitspensum nicht mehr kontrollieren kann. *Scusi!* Nur zum Schlafen und zum Sportmachen nehme ich den Blick vom Laptop, denn in mir keimt eine neue Idee: Ich möchte ein Buch schreiben über dieses Jahr. Ich möchte niederschreiben, wie es mir ergangen ist, was mir passiert ist. Um Menschen, die an diesen schwierigen Punkt in ihrem Leben kommen, zu zeigen, dass MS nicht »miserabel und schrecklich« bedeuten muss. Es kann auch für »mutig und stark« stehen. Immer mehr verstärkt sich in mir dieses Gefühl, mitteilen zu wollen, wie ich gelernt habe, dass Freude und Leid einander nicht nur abwechseln, sondern auch bedingen und brauchen! Hätte ich all diese wunderbaren Momente auf meiner Reise so zu schätzen gewusst, wenn ich nicht ab und an auch durch die Hölle gegangen wäre? Die Hölle meiner eigenen Gedanken, meiner Undankbarkeit, meiner Unsicherheit und Hilflosigkeit, die mich immer und immer wieder überwältigt hat. Ich möchte mit so vielen Menschen wie möglich teilen, dass so vieles, was in unserem Kopf und unserem Körper geschieht, von uns selbst ausgeht. Dass wir lernen müssen, dunkle Gedanken, sei es wegen einer Krankheit oder aus anderen Gründen, zuzulassen und als Teil unseres Alltags zu akzeptieren. Denn das kommt vor, auch wenn man im Paradies lebt. Das habe ich auf dieser Reise gelernt. Ja, diese Reise hat mich weiter gebracht als alles, was ich zuvor in meinem Leben getan habe. Und ich bin mir sicher: Ich werde ein Buch über sie schreiben.

So beginne ich, in meine eigene Geschichte einzutauchen wie in einen kühlen Bergsee. Beginne, das knappe Jahr auf Reisen zu reflektieren. Oft muss ich dabei innehalten und die Augen schließen, während ich eine Gänsehaut bekomme. Aus Dankbarkeit. Aus Freude darüber, dass ich so mutig war, diesen Weg zu gehen. Ich habe Verantwortung für mich und für mein Glück übernommen – das wird mir erst in diesen paar Tagen bewusst, bevor meine Mutter in Italien eintrifft. Ich bin kein Kind mehr. Ich habe etwas sehr Erwachsenes getan: Ich habe gelernt, meine eigenen Entscheidungen zu treffen und mich dafür nicht mehr zu verurteilen.

Zu gut, um wahr zu sein?

»Ach, meine Kleine!«
Als ich in das Gesicht meiner Mutter blicke, die gerade freudestrahlend aus ihrem kleinen roten Auto steigt, überflutet mich eine Welle der Zärtlichkeit. Meine Mama. Was hab ich dich vermisst, auch wenn der Abstand uns gutgetan hat! Sie kommt auf mich zu, während sie aufgeregt zwischen mir und meinem wunderschönen Haus hin- und herblickt. Ich falle ihr in die Arme, sie hat diesen Mama-Geruch an sich, der in mir so viele alte Gefühle weckt, dass ich mich augenblicklich wieder wie ein kleines Mädchen fühle – nur für einen Moment. Nur für einen Moment möchte ich mich hier, in den Armen meiner Mutter, klein, schwach und beschützt fühlen. Nur kurz, bis ich wieder zu meinem neuen, erwachsenen Ich zurückkehre.

»Meine Samira«, sagt meine Mutter und küsst mich aufs Haar. Ich schaue sie an. Erst jetzt fällt mir auf, dass sie unübersehbar älter geworden ist. Es steht ihr gut, gibt ihr einen reifen und klugen Ausdruck. Sie trägt Lippenstift, das hat sie früher nie getan. Auch das steht ihr wunderbar. Ihr kurzes rotes Haar, ihre blauen Augen – keiner Person könnte ich äußerlich weniger ähnlich sein. Oft fragen wir uns selbst im Scherz, ob wir wirklich verwandt sind, denn ich habe absolut nichts von ihr geerbt. Nur eine gewisse neurotische Ader, die sie selbst allzu gut kennt, scheint sich in mir fortzusetzen.

»Komm rein in die gute Stube! *Questa è casa mia!*«, rufe ich aus, stolz auf die paar Sätze Italienisch, die ich hier gelernt habe. Meine Mutter bewundert, genau wie ich am ersten Tag, den Kamin, das Sofa, die hellen, schönen Zimmer. Als ob ich all das mit meinen eigenen Händen gebaut hätte, platze ich fast vor Stolz. Denn ja, ein wenig stolz bin ich: Irgendwie habe ich es doch geschafft, oder? Ich bin nicht pleite und gebrochen frühzeitig nach Hause zurückgekehrt. Ich habe fast genauso viel Geld auf dem Konto wie vor acht Monaten, als ich in mein Abenteuer gestartet bin. Ich habe keinen Mist gebaut, kein Körperteil verloren, keine Gesetze gebrochen und – das Wichtigste – mit ziemlicher Sicherheit keinen neuen Schub gehabt. Auch wenn das wohl eher eine gnädige Geste meines Körpers als der Verdienst meiner Selbstfürsorge war.

»Meine Samira. Du bist so ... so erwachsen geworden! Lass dich mal ansehen!«, sagt meine Mama und geht um mich herum wie um ein Ausstellungsstück.

»Ich hab zugenommen ...«, murmele ich verlegen.

»Ach, na und? Ich wäre enttäuscht, wenn du hier in Italien nicht zugenommen hättest! Du machst das alles ganz genau richtig«, sagt sie zwinkernd.

Wir setzen uns mit je einer dampfenden Tasse Tee an den Tisch. Ich habe dafür frische Minze gesammelt, die auf der Wiese direkt vor dem Haus wächst. Jeden Morgen streife ich durch das kniehohe Gras, pflücke Minze und Blumen für einen Strauß und komme mir wie die Protagonistin in einem kitschigen Film über die Toskana vor. Nur dass das hier kein Film, sondern meine Realität ist. Das erzähle ich meiner Mutter – wie gut es mir hier geht, wie glücklich ich bin, wie wunderschön alles ist. Sie hört zu, freut sich mit mir und über mich und sagt begeistert:

»Ich bin so froh, es klingt, als sei alles perfekt! Wie schön, dass es dir rundum gut geht.«

»Na ja«, sage ich in schmerzlicher Erinnerung an meine schwere Zeit in Kolumbien. »Du musst wissen, Mama, dass es mir erst seit Kurzem wieder so geht. In Kolumbien ... da hatte ich es so schwer. Nein, da habe ich es mir so schwer gemacht, und meine MS-Symptome –«

Doch sie unterbricht mich: »Wollen wir nicht was kochen? Ich sterbe vor Hunger!«

Ich runzle die Stirn. Natürlich will ich meine Mutter an unserem ersten Tag nicht gleich mit all dem überfallen, was ich in den letzten Monaten durchmachen musste, um an den Punkt zu kommen, an dem ich jetzt bin. All das Leid und die Schmerzen, die MS-Symptome und die große Angst vor der Zukunft. Aber ich muss darüber sprechen! Immerhin ist sie nur wenige Tage hier, und ich brauche dringend mütterlichen Rat, was meine Zukunft in medizinischer und beruflicher Hinsicht angeht. Dafür muss sie die ganze Geschichte kennen.

»Klar, lass uns etwas kochen«, sage ich und versuche, mich verständnisvoll zu verhalten. Wir plündern den Kühlschrank: Cremiger Mozzarella, der zerfließt, wenn man ihn aufreißt. Sahniger Ziegenkäse, würzige Oliven. Champignonpaste mit Trüffeln, eingelegte Tomaten. Dazu habe ich frisches Brot gebacken. Wir bewegen uns nun wieder auf festem, problemfreiem Boden, doch all das, was mir auf der Seele liegt, lässt mich nicht los.

»Mama, ich muss auf jeden Fall noch mit dir über ein paar Sachen sprechen, die nicht so schön sind, okay? Ich überlege, meine Therapie zu wechseln. Und zwar weg von der Pharmaindustrie. Ich möchte eine alternative, auf Vitamin D basierte Therapie ausprobieren, die noch nicht anerkannt ist«, sage ich, nachdem wir den Tisch abgeräumt haben und uns wieder gegenübersitzen. Meine Mutter legt beide Hände flach auf die Tischplatte aus dunklem Holz und atmet tief ein und aus.

»Samira. Ich bin gerade erst angekommen, und wir haben uns so lange nicht gesehen. Können wir nicht bitte einfach mit etwas ... na ja, Leichterem starten? Ich weiß nicht, ob ich gerade die Kraft habe für so viel Negativität von dir.«

Aha. Danke, Mama. Ich schnaube, stehe auf und verziehe mich verletzt in mein Zimmer. Negativität, so kann man das auch nennen. Was ist denn mit meinen Sorgen, mit meinen berechtigten Zweifeln? Sollten die nicht auch Platz finden in einer Mutter-Tochter-Beziehung? Warum will sie nur den Sonnenschein? Ich kann nichts für die dunklem Regenwolken, die einen großen Teil meiner letzten Monate überschattet haben. Sie waren ein Teil von mir, und sie werden auch immer ein Teil von mir sein. Und das ist nicht schlimm. Es ist okay. Es gibt so vieles, was ich meiner Mutter gern sagen würde. Es ballt sich in meinem Kopf zusammen, während ich wütend im Bett liege und versuche, einen Mittagsschlaf zu machen, obwohl ich gar nicht müde bin. Ich bin verletzt. Und ich bin nicht schuld daran.

Überrascht stelle ich fest, mit welcher Klarheit diese Gedanken durch meinen Kopf ziehen. Und ich lächle, denn so hatte unser kleines Zerwürfnis schon jetzt einen positiven Effekt: Ich habe gemerkt, dass ich meinem Geist antrainiert habe, liebevoll mit mir selbst umzugehen, mir nicht die Schuld an allem zu geben. Das, was ich immer auf meinem Blog predige, ist mir nun nach so vielen Jahren selbst geglückt. Ich habe meine Denkweise so konditioniert, dass selbstzerstörerische und zermürbende Gedanken abgewehrt werden und dafür liebevolle, konstruktive Ideen entstehen. Ich bin so glücklich darüber, dass ich es am liebsten meiner Mutter erzählen würde, die wohl gerade einen Spaziergang macht. Aber noch kann ich das nicht.

Noch darf die verletzte Samira drei Jahre alt sein und schmollen, nur ganz kurz.

Natürlich vertragen wir uns wieder. Das tun wir immer. Wir schlemmen und reden über dies und das, während die Tage ins Land ziehen. Auch wenn wir dabei nicht gerade in die Tiefe gehen. Wir haben eine gute Zeit miteinander, doch ich spüre, wie ich nach und nach immer unruhiger werde. Gereizter. Ich kann einfach nicht so tun, als fände ich es gerecht, dass ich mit meiner Mutter nicht über meine Ängste, über meine Krankheit sprechen kann. Ich kann nicht so tun, als wäre es mir gleich, dass sie sich ihren Kurzurlaub nicht von den Sorgen ihrer Tochter verderben lassen will. Liegt es vielleicht daran, dass sie selbst gerade mit einigem zu kämpfen hat? Bei einer gemeinsamen Wanderung spreche ich sie darauf an.

»Mom, sag mal ... warum blockst du eigentlich immer ab, wenn ich mit dir über negative Dinge sprechen will? Geht's dir grad nicht gut?«

Sie hat gerade eine schwere Zeit in ihrer Beziehung hinter sich, das weiß ich. Viele, viele Abende und Tage haben wir bereits damit verbracht, ihre Probleme, das Für und Wider ihrer Entscheidungen am Telefon zu besprechen. Und nun habe ich das Gefühl, auch mal dran zu sein. Auch mal Dampf ablassen zu dürfen.

»Nein, eigentlich geht es mir momentan wieder ganz gut. Ich hab nur das Gefühl, dass ich es gerade nicht an mich heranlassen kann, wenn du so negativ bist«, sagt sie.

»Aber Mama! Ich bin gar nicht negativ. Ich muss mit dir über meine Zukunft und meine Krankheit sprechen, und dass zumindest Zweiteres nicht unbedingt einem Rummelbesuch gleicht, wissen wir doch beide. Ich weiß, du hörst dir jetzt schon seit Jahren meine Sorgen über die doofe MS an. Es tut mir leid, aber so ist das nun mal! Ich bin chronisch krank, und egal was passiert, ich werde es immer bleiben. Denkst du, das macht mich nicht auch fertig? Verdammt noch mal!«, sage ich wütend.

»Siehst du! Das meine ich! Du wirst immer gleich so wütend und aggressiv, dass ich gar keine Lust mehr habe, mich überhaupt mit dir zu unterhalten«, giftet sie zurück.

Ich kann es einfach nicht fassen. An irgendeiner Stelle muss die Stimmung zwischen uns gerade völlig gekippt sein, die Kommunikation funktioniert gar nicht mehr. Bin ich wirklich aggressiv? Nun, ich kann nicht gerade behaupten, dass ihr Verhalten mich sanftmütig stimmt. Aber aggressiv? Gerade fühle ich mich vor allem missverstanden und hilflos.

Ich versuche es später noch mal, als wir beim Abendbrot sitzen. Morgen fährt sie wieder, und ich habe es immer noch nicht geschafft, *wirklich* mit ihr zu reden. Dafür breitet sich seit unserer Auseinandersetzung heute Mittag ein dumpfes Gefühl in meinem linken Arm aus, das ich nur zu gut kenne. Emotionaler Stress. Gift für meine Nerven, Gift für meinen Körper – im wahrsten Sinne. Ich spüre förmlich, wie der Streit und die düstere Stimmung mal wieder meine Symptome befeuern.

»Mama, bitte. Ich möchte meine Therapie wechseln. Ich muss darüber sprechen, ich brauche deinen Rat!« Sie lässt die Gabel sinken.

»Samira, können wir nicht erst mal dieses herrliche Essen genießen und uns danach streiten? Ich habe gerade keine Kraft dafür«, sagt sie und schaut mich unverwandt an. Und in dem Moment explodiere ich. Die zarte Haut, die sich immer dünner über den großen Ball aus Wut in meinem Bauch gespannt hat, reißt mit einem Krachen ein, das ich förmlich hören kann.

»Nein, Mama, jetzt hörst du mir einfach mal zu«, sage ich. Ich bin aufgesprungen – das habe ich gar nicht gemerkt. Doch nun stehe ich am Tisch und schreie meine Mutter an, während sie stocksteif dasitzt und sich die Ohren zuhält. Es ist mir egal. Es muss raus. »Mama, ich bin so, so wütend auf dich! Ich versuche seit Tagen, mit dir über Dinge zu sprechen, die mich beinahe zerbrochen haben. Die ganzen letzten Monate habe ich dich geschont, weil ich wusste, dass du gerade eine schlimme Zeit durchmachst. Aber das geht gerade einfach nicht mehr! Ich kann dich nicht mehr vor dem schützen, was in meinem Kopf abgeht. Du bist meine Mutter, und du musst einfach da sein für mich, wenigstens kurz! Bitte hör mir einfach mal zu, ich habe es so satt, dass du mich immer ausbremst, als wäre ich ein bockiges Pferd! Und wenn es dir nicht passt, dass ich so bin, dann kannst du gern auch jetzt schon wieder abreisen. Aber dann lass dir gesagt sein, dass es mir egal sein wird, was du ab jetzt von meinen Entscheidungen hältst oder von den Wegen, die ich mit meiner Krankheit einschlage. Es wird mir einfach scheißegal sein, okay? Ich werde machen, was *ich* für richtig halte. Und das ist ein Therapiewechsel!«

Ich schreie und stampfe mit dem Fuß auf wie ein Kind. Meine Sicht verschwimmt und ein glühender Blitz durchzuckt meine linke Augenhöhle. Mein Sehnerv, der im Rahmen meiner MS bereits unter zwei Entzündungen gelitten hat, ist zum Zerreißen gespannt, so fühlt es sich zumindest an. Als ich zornig zur Treppe laufe, hinke ich. Das Gift, das meine Mutter und ich mir über die vergangenen Tage immer wieder verabreicht haben, scheint die kritische Dosis erreicht zu haben. Mein Körper streikt. Ich ziehe mich am Geländer hoch und schaffe es mit Mühe und Not in mein Zimmer. Ich knalle die Tür hinter mir zu, schließe sie ab, werfe mich aufs Bett und lasse mich von meinen lauten Schluchzern davontragen. Ich habe es vermasselt. So kurz vor meiner Rückkehr nach Berlin habe ich alle Vorsichtsmaßnahmen vergessen und in meinem Nervensystem eine wahre Handgranate platzen lassen.

»Bitte komm raus. Lass uns reden!«, sagt meine Mutter. Sie muss schon seit einer Stunde vor meiner Tür stehen. Immer wieder fragt sie mich leise, ob sie mir einen Tee bringen kann. Oder Taschentücher. Ob sie reinkommen kann. Ob ich etwas brauche.

Ich antworte nicht. Ich kann immer noch nicht verstehen, was gerade passiert ist. Mein linkes Bein ist taub, mein Auge schmerzt in seiner Höhle, und ich habe dumpfe, nackte Angst davor, dass der Schub, der sich seit gefühlt einem Monat ankündigt, jetzt endgültig ausbricht. Ich habe einen Moment lang mal nicht auf mich achtgegeben. Doch diesmal ist es nicht allein meine Schuld, das weiß ich einfach. Diesmal kann ich nichts dafür. Diese Konfrontation war unvermeidbar.

Irgendwann gebe ich den leise flehenden Worten meiner Mama nach und öffne die Tür. Sie sitzt auf dem Boden und sieht mindestens genauso verweint aus wie ich.

»Mama ...«, sage ich. Mehr fällt mir nicht ein.

Sie nimmt meine Hand, und ich lasse es geschehen. Ich bin nicht mehr wütend auf sie, auch nicht auf mich. Ich bin einfach nur traurig, dass wir uns so gestritten haben. Ein ganz neues Gefühl: Normalerweise hätte ich auf dieser bitteren Pille wochenlang herumgekaut. Hätte das Böse aus diesem Streit in all meine Zellen fließen lassen, Zorn und Abneigung in mir keimen lassen wie Schattengewächse. Doch ganz unbewusst habe ich losgelassen. Ich habe meine Wut genauso schnell verstreichen lassen, wie sie gekommen ist. Zurück bleibt ein bloßes, ein nacktes Gefühl. Ein Gefühl der Verletzlichkeit, aber auch der Ehrlichkeit. Ich habe mich getraut. Ich habe meinen Standpunkt deutlich gemacht – vielleicht sogar ein kleines bisschen zu deutlich – und habe ausgesprochen, was ich in diesem Moment gebraucht hätte: eine Schulter, einen Rat. Meine Mama. Ich bin für mich und meine Bedürfnisse eingestanden, ohne mich für sie zu schämen. Und so habe ich fast ein kleines Lächeln auf den Lippen, als meine Mama mich zu sich auf den rauen Holzboden hinunterzieht, mir in die Augen schaut und flüstert:

»Es tut mir leid. Ehrlich und aufrichtig leid.«

Wir nehmen uns in den Arm.

»Ich weiß, Mama, ich weiß. Mir tut es auch leid, dass ich dich angeschrien habe«, murmele ich in ihr Haar, während ich den Duft nach Zitronengrasshampoo einatme. »Es tut mir leid.«

Wir sitzen eine ganze Weile so da und sagen erst mal gar nichts, bis meine Mutter das Schweigen bricht. Sie erklärt mir endlich, warum sie immer abgeblockt hat, wenn ich sie mit den dunklen Seiten meiner Reise und mit meinem Wunsch nach einem Therapiewechsel konfrontieren wollte.

»Ich weiß nicht, wie ich es anders sagen soll, Samira. Um ehrlich zu sein, habe ich Angst. Ich habe Angst davor, was passiert, wenn du deine Basistherapie absetzt. Die Ärzte sagen doch, dass sie gut anschlägt. Warum willst du sie denn wechseln?« Ich richte mich auf. In mir spüre ich die Stärke, mit der ich hinter meiner Entscheidung stehe.

»Nun, wenn die Wirkung, die meine Basistherapie bei mir zeigt, das Beste ist, was dieses Medikament für mich tun kann, dann will ich was Besseres. Ganz einfach. Mama, es ging mir in den letzten Monaten wirklich oft schlecht. Ich habe es satt, in Angst zu leben. In ständiger Panik davor, was passiert, wenn ...«

Ich kann nicht weitersprechen. Meine Mutter fixiert mich mit ihren eisblauen Augen, eine Sorgenfalte teilt ihre Stirn in zwei Hälften.

»Bist du dir sicher? Musst du denn solche Experimente mit deinem Körper anstellen? Ich versteh einfach nicht, warum du immer alles anders machen musst, warum du dich nicht mal an das halten kannst, was ... na ja, vorgegeben ist.«

Unwillkürlich beginne ich zu lächeln, denn meine Mutter hat recht. Ich will kein Lemming sein. Ich will nicht der Herde hinterhertrotten, in der Hoffnung, dass ein und dasselbe gleich dosierte Medikament bei jedem und damit auch bei mir die gleiche Wirkung erzielt. Allein das ist doch schon ein schlechter Witz. Verantwortung heißt das Zauberwort. Ich bin anders, weil ich Verantwortung übernehme. Und das wird einem im deutschen Gesundheitssystem wahrlich nicht einfach gemacht. Endlich bekomme ich die Chance, meiner Mutter zu erklären, was es mit dem Coimbraprotokoll überhaupt auf sich hat. Sie ist weiterhin skeptisch, aber sie hört zu und stellt Fragen.

»Aber gibt es denn Studien, die so weit zurückreichen? Ich finde, das klingt zu gut, um wahr zu sein, Samira. Wenn diese Therapie funktionieren würde – warum bitte machen das dann nicht alle Betroffenen?«

Ich erkläre ihr, dass es Studien gibt und auch, dass diese schon fünfzehn Jahre zurückreichen, was länger ist als bei manchen zugelassenen MS-Medikamenten. Ich erzähle, dass sogar an der Charité in Berlin bald eine Studie dazu durchgeführt werden wird, wie hohe Dosen Vitamin D sich auf chronisch-entzündliche Erkrankungen des Nervensystems auswirken.

»Ich bin mir sicher, dass ich es ausprobieren möchte«, sage ich zu guter Letzt und schaue sie gespannt an. Lange schweigen wir.

Und endlich, endlich sagt sie die erlösenden Worte: »Samira, du scheinst irgendwie deutlich erwachsener geworden zu sein. Ich sehe, dass ich das zulassen muss. Es fällt mir auch schwer, glaub mir. Es ist nicht einfach, zu begreifen, dass die eigenen Kinder wirklich und wahrhaftig erwachsen sind. Dass sie eine eigene Meinung und eine ganz eigene Art zu leben haben. Du brauchst meinen Segen nicht für diese Therapie, das sehe ich. Du hast dich schon entschieden. Doch was du mir nun erzählt hast ... Es macht Sinn. Es klingt einfach logisch. Bitte gib mir noch ein paar Tage, damit ich mich weiter über diese Therapie informieren kann. Nur ein paar Tage. Du solltest das tun, was dir dein Herz sagt. Ich sehe, dass du angefangen hast, auf dich selbst zu hören. Und das macht mich einfach nur stolz. Ich stehe hinter dir.«

Wir beide lächeln erschöpft, dann liegen wir uns in den Armen. Ja, ich habe mich geändert. Ich bin nicht mehr schlecht zu mir. Meine Mutter muss mich nicht mehr vor mir selbst schützen. Ich habe mich meinen Ängsten gestellt, habe sie angenommen und begrüßt wie einen alten Freund, der immer seltener zu Besuch kommt. Ich kann mein Herz hören, und ich werde ihm folgen.

Endlich sprechen wir beide uns aus. An diesem letzten Abend gehen wir nicht vor drei Uhr ins Bett. Wir sprechen über all das, was ich vorher auf der Zunge und auf dem Herzen getragen habe: über meine Zukunftspläne und -ängste. Über meine Probleme, meine Zusammenbrüche. Und über meine MS, die sich leider immer noch so stark bemerkbar macht, dass ich sie einfach nicht ignorieren kann. Sie sitzt heute

Abend mit uns am Tisch. Und sie geht mit mir ins Bett an diesem Abend, laut und dumpf. Aber ich habe nun eine endgültige Entscheidung gefasst: Ich werde das Coimbraprotokoll starten. Ich werde anfangen, Verantwortung für meinen MS-Verlauf zu übernehmen, mit allen mir zur Verfügung stehenden Mitteln. Ich werde kämpfen, bis ich keine Angst mehr haben muss.

Und immerhin eine Angst konnte ich heute schon ablegen: die Angst davor, schlecht zu mir selbst zu sein. Ich habe keine Angst mehr vor mir. Ich stehe zu mir, stehe für mich ein. Mit meinen Fehlern, meiner aufbrausenden und emotionalen Art und den zwei Pecorino-Kilos extra auf den Hüften. Und mit all den wunderbaren Eigenschaften, die mich zu dem Menschen machen, der ich bin.

Abflug

Meine Mutter mag vor einigen Tagen abgereist sein, doch der Streit mit ihr und die daraus resultierenden Symptome begleiten mich noch immer. Meine Taubheit in der linken Seite ist einem erneuten Schwindel gewichen, den ich nur zu gut aus vorherigen Phasen meines Lebens kenne, in denen der Stress mir den Boden unter den Füßen wegzuziehen drohte. Und doch bin ich nicht böse auf meine Mama. Nicht wirklich. Es ist etwas Wichtiges passiert, denn endlich verstehe ich, dass ich auf mich selbst aufpassen muss. Diesen Job werden weder meine Mutter noch mein Freund noch sonst wer übernehmen. Die Menschen, denen ich etwas bedeute, versuchen mich natürlich zu unterstützen. Dafür bin ich endlos dankbar. Aber den Schritt in die richtige Richtung, den muss ich selbst gehen. Niemand wird ihn für mich tun können. Einen dieser wichtigen, großen Schritte bin ich gegangen, indem ich mich für diesen freien, unabhängigen Lebensstil entschieden und hart dafür gearbeitet habe. Einen weiteren großen Schritt gehe ich nun, indem ich anfange, für mich selbst und für meine Gesundheit Verantwortung zu übernehmen.

Und so frage ich mich in diesem Moment, was mir gerade guttun würde, anstatt einfach so weiterzumachen wie vorher. Denn ich sehe ja, dass mein Körper gerade geschwächt ist. Das ist nicht von der Hand zu weisen. Anstatt gegen ihn zu kämpfen, möchte ich ihn dieses Mal dabei unterstützen, wieder zu heilen. In den nächsten paar Tagen frage ich mich daher jeden Morgen ganz gezielt: Wonach steht mir heute der Sinn? Was kann ich mir heute Gutes tun? Was muss ich einfach erledigen, auch wenn ich dafür eigentlich keine Kraft habe? Indem ich diese Fragen produktiv angehe, schaffe ich es irgendwie, dass es mir Tag für Tag besser geht.

Jeden Morgen starte ich mit einer Meditation in den Tag. Nicht weil ich muss oder »weil man das so macht«, sondern weil ich es möchte. Still setze ich mich vor mein wunderschönes Haus und blicke in die herrliche Landschaft. Die ersten Vögel kehren aus dem Süden zurück, Frühlingsblumen wiegen sich auf der Wiese. Ich spüre ganz genau hin, spüre in mich hinein. Ich akzeptiere, was da ist, auch wenn es nicht unbedingt immer angenehm ist. Die Verspannung im Rücken, die ich von zu vielen Stunden vor dem Laptop haben muss. Der Schwindel, der den Überrest meines Zusammenbruchs darstellt. All das nehme ich wahr und spüre, dass ich damit leben kann. Dass es mir viel leichterfällt, zu leben, wenn ich nicht ständig gegen alles ankämpfe, was gerade nicht passt. Immer mehr wird mir an diesen endlosen, stillen Morgen in der Toskana bewusst, wie sehr mein Wohlbefinden doch in meiner Hand liegt. Und wie mächtig das Wohlbefinden meiner Seele im Gegensatz zu dem Leid ist, das immer mal wieder in meinem Nervensystem vorbeischaut. Wenn ich meine Seele pflege, dann geht es auch meinem Körper viel besser.

Das Einzige, was mich auch weiterhin nicht in Ruhe lassen will, ist die Unsicherheit, wie es nun weitergehen soll – beruflich. Denn mein Jahr auf Reisen neigt sich dem Ende. Nun sitze ich da, auf einem Berg neuer Erkenntnisse, mit einer Handvoll neuer Freunde, einem halbwegs gefüllten Konto – und komme nicht umhin, mir immer wieder die Frage zu stellen: Was jetzt? Wohin gehen, was tun? Das Geld, das ich mit meinem Blog und als Texterin verdiene, mag reichen, um in Kolumbien zu leben. Doch meinen Alltag in Berlin werde ich mit dem kleinen

Einkommen nicht bestreiten können, das muss ich mir nicht schönreden. Ich muss mich also um einen Job kümmern. Doch was möchte ich arbeiten? Bin ich bereit, wieder in Berlin sesshaft zu werden? Bin ich satt? Immer noch spüre ich in mir einen Hunger, er scheint nicht gestillt. Jetzt in einen festen Job zurückzukehren, an einen grauen Schreibtisch, zurück in die Musikindustrie, zurück in meine Wohnung und in mein altes Leben, als hätte es diese wunderbaren Monate der Freiheit nie gegeben – das fühlt sich nach einem Verrat an mir selbst an. Nein, das kann ich nicht.

Wie ein endloser Faden zieht sich dieses leise Gefühl der Unsicherheit während meiner Tage in Italien durch meine Gedanken. Es ploppt in den ungünstigsten Augenblicken auf und erinnert mich daran, dass ich handeln muss. Ich bemühe mich. Ich schreibe wie eine Irre, ich schreibe für Firmenblogs, für Onlinemagazine, schreibe Künstlerbiografien. Und immer wieder klicke ich auf dieses eine Textdokument, das ich vor ein paar Wochen auf meinem Desktop angelegt habe: mein Buch. Das Buch über meine Reise. Dort liegen die ersten Seiten meines Manuskripts, schwarz auf weiß auf meinem Bildschirm. Ich habe kaum mit dem Text begonnen, da hat mich auch schon wieder der Mut verlassen. Würde ich noch einmal die Kraft haben, ein Buch zu schreiben? Mich in die Welt zu stellen, mich nackt auszuziehen und zu sagen: Schau, das bin ich. Oder gehört das Schreiben mit dem Ende meiner Weltreise der Vergangenheit an, weil ich nun in die Realität zurückkehren muss? Ich klicke auf das kleine rote »x« in der Ecke und schließe das Textdokument wieder.

Ein letztes Mal blicke ich auf den Nebel, der sich aus der feucht glänzenden Landschaft schält, in der mein Haus eingebettet wie eine Perle in einer Muschel liegt. Mein letzter Tag in Italien. Morgen fliege ich zurück nach Berlin. Gepackt habe ich schon gestern, und so sitze ich nun allein in dem viel zu großen Haus, lausche noch ein letztes Mal den Glocken der Schafe und atme den herrlichen Honigduft ein, der vom Ginster draußen hereinweht. Der letzte Tag meines Abenteuers. Doch ist so ein Abenteuer überhaupt je vorbei? Oder wirkt es in uns nach wie ein Samen, der gesät wurde und nun noch viele Jahre Zeit hat, um zu keimen und zu wachsen? Mit diesen Überlegungen im Kopf und meinem Rucksack auf dem Rücken schließe ich das Haus hinter mir ab. Ohne dass ich mich anstrengen muss, steigt eine so intensive Dankbarkeit in mir auf, dass ich gleichzeitig lachen und weinen möchte. Wie dankbar ich doch bin für all das! Ich habe es geschafft, den Traum zu leben, der mich so viele Jahre nicht losgelassen hat. Ich bin gesprungen. Ich habe Fliegen gelernt.

Die Zugfahrt nach Rom, von wo aus mein Rückflug geht, verbringe ich wie in eine warme Wolldecke gehüllt. Die Wärme kommt aus meinen Gedanken, aus meiner Zuversicht. Ich höre SOHN, während die Landschaft am Zugfenster vorbeizieht. Eine Gänsehaut nach der anderen überzieht meine Arme: »*There's a light / if you dare to believe it / it floods in and washes all away / blood, sweat and tears won't retrieve it / you just have to wait to receive / the light.*« Ja, es gibt ein Licht. Es ist nicht dunkel. Ein Schicksalsschlag hat nicht die Macht, uns für immer und ewig in Trauer zu stürzen, wenn wir den Glauben daran, dass die Sonne wieder aufgehen wird, nicht verlieren. Diese Gedanken kommen vom tiefsten Grund meines Herzens. Sie sind meine Essenz, meine Wahrheit. Ich kann nicht anders, als sie zu teilen, sie überfluten mich. Und so rollen wir in den Hauptbahnhof in Rom ein, mein Herz ist ein See aus Dankbarkeit und Hoffnung, und ich habe – noch auf der Zugfahrt – das erste Kapitel meines Buches geschrieben.

Das Hostel, in dem ich die nächsten paar Nächte verbringe, liegt in Trastevere, einem recht hippen Viertel Roms. Nach so langer Zeit auf dem Dorf wirkt die italienische Hauptstadt riesig, sprudelnd, lebendig und auch ein bisschen überfordernd auf mich. Ich lasse mich in sie fallen wie in einen Whirlpool aus Gesichtern, Gassen und Straßenbahnen. Ich sauge die benzingeschwängerte Luft ein und lasse meine Ohren mit den Geräuschen der Stadt vollaufen. Es blubbert in meinem Kopf, in meinen Adern, in meinen Sinnen. Alles fühlt sich so leicht an.

Meine Schritte führen mich heute in Richtung des Tibers, zur Piazza Trilussa. Ich bestelle mir ein *gelato*, setze mich damit auf die Treppen und lasse alles um mich herum geschehen, als wäre ich eine Statistin in einem unendlich groß aufgestellten Theaterstück. Und ja – ich bin nur ein einziges kleines Rädchen in diesem Trubel. Doch meine Rolle, jede Rolle in diesem Stück ist wichtig. Auch wenn ich nicht weiß, was ab morgen meine Aufgabe sein wird. Mein Beruf. Nein, ich weiß es nicht, und während ich genüsslich mein Eis aufesse, zieht sich der Himmel zu. Kaum fünf Minuten später prasselt Regen auf die Pflastersteine. Dicke, bleischwere Tropfen. Großstadtregen. Ich kann nicht anders, als mich über ihn zu freuen. Er erinnert mich an Berlin.

Ich stelle mich unter eine kleine Markise, die den Eingang einer Pension schützt. Natürlich habe ich keinen Regenschirm. Und so stehe ich da, wer weiß wie lange, und beobachte, wie das Wasser von dem dunkelroten Segeltuch über mir auf den Boden tropft, immer und immer wieder. Und bin glücklich. Ich stehe ohne Schirm, ohne Zukunftspläne, bis auf die Haut durchnässt unter einer Markise – und würde in diesem Moment mit keiner anderen Person auf der Welt tauschen wollen.

Als der Regen etwas nachlässt, flüchte ich mich in ein Café, um mich aufzuwärmen. Es ist Anfang Mai, doch hier ist es immer noch recht kühl. Als ich die Tür zu dem Lokal öffne, schlägt mir die feuchtwarme Luft aus dem kleinen Gastraum entgegen, alte Männer blicken von ihren Zeitungen auf und schenken mir ein Lächeln. Um sie herum sind die Scheiben beschlagen. Nachdem ich einen *caffè macchiato* bestellt habe, setze ich mich auf einen der knorrigen Holzstühle und breite meine Habseligkeiten auf der Tischplatte aus weißem Marmor vor mir aus. Alles ist trocken geblieben, auch mein Handy, wie ich beruhigt feststelle. Mechanisch rufe ich meine Mails ab, wie ich das immer noch regelmäßig tue – wie ich meinen Arbeitsdrang zurückschrauben kann, habe ich auf dieser Reise nicht gelernt, das ist mir bewusst. Manche Dinge ändern sich wohl nie.

Der Espresso mit Milchschaum wird gebracht, und ich scrolle gedankenverloren durch mein E-Mail-Postfach. Nichts Neues. Eine ganz leise Enttäuschung breitet sich in meiner Magengrube aus, denn ich habe vor zwei Tagen einen großen Schritt gewagt: Anstatt nur von meinem Buch zu träumen und diese Träume dem Schicksal zu überlassen, habe ich mich entschlossen, die Idee für mein Buch spontan an einige Buchverlage in Deutschland zu schicken. Warum auch nicht? Nachdem mein erstes Buch im Selbstverlag bereits ganz gut läuft, ist das der logische nächste Schritt. Doch wird es auch außerhalb meines Nischenblogs irgendjemanden interessieren, was ich, eine x-beliebige junge Frau, zu berichten habe? Was werden die Verlage zu meinem Buchprojekt sagen? Ich kann mir nur vage vorstellen, wie viele Ideen für Bücher Tag für Tag bei einem Verlag hereinflattern. Hunderte? Hunderte Bücher, Hunderte

Herzen, die auf Papier ausgeschüttet wurden. Und nun auch noch mein Buch, mein Herz. Mein Traum.

Schnell schlucke ich die Enttäuschung darüber hinunter, dass niemand sich gemeldet hat. Was habe ich denn erwartet? Dass sich innerhalb von ein paar Tagen schon irgendjemand darum reißt, eine weitere Geschichte übers Reisen, übers Erwachsenwerden zu veröffentlichen? Zum Glück ist meine Schutzschicht in den letzten Monaten so viel dicker geworden, dass mich diese leichte Ernüchterung nicht runterziehen kann. Ich genieße meinen Kaffee, er ist köstlich. Während ich immer wieder kleine Schlucke nehme, sehe ich mich in dem Café um und versuche, zu verstehen, worüber meine Tischnachbarn sich unterhalten, denn mein Italienisch ist mittlerweile ganz passabel. Ich weiß, dass ich meinen Weg gehen werde – auch wenn ich momentan immer noch keinen Schimmer habe, wohin er mich führen wird.

Durch die hektischen, im blauen Abendlicht versinkenden Straßen Roms laufe ich zu meinem Hostel zurück. Was wird aus mir werden? Wohin werde ich gehen? Wofür all diese Monate auf Reisen, wofür die vielen Tränen, die Erkenntnisse? Ich habe das Gefühl, dass ich in die Welt herausschreien möchte, was ich erlebt habe, um anderen Menschen zu zeigen, was möglich ist, wenn man nur an sich glaubt und sich traut, sich selbst realistische und erreichbare Ziele zu setzen. Das ist es, was ich in den letzten Monaten getan habe, und nach jedem Rückschlag folgten zwei Schritte nach vorn. Ich habe es ganz allein geschafft. Doch was, wenn ich das mit niemandem werde teilen können? Natürlich kann ich den Menschen, die meinen Weg kreuzen, davon erzählen. Aber was, wenn niemals jemand lesen wird, schwarz auf weiß, wie es mir ergangen ist? Schmälern würde es meine Erfahrungen natürlich nicht. Und dennoch, dennoch …

Als ich am nächsten Morgen am Flughafen in Rom ankomme, herrscht emsiges Gedränge. Schnell bin ich eingecheckt, stelle mich in die Schlange für die Sicherheitskontrolle. Die Luft ist trocken, und ich spüre, wie meine Mundwinkel rissig werden. Ich blicke auf meine Hände. Irgendwann in den letzten Monaten habe ich aufgehört, an meinen Nägeln zu kauen – das fällt mit gerade zum ersten Mal auf. Mit einem Kaffee, einem dick mit Käse belegten Panino – noch wird haltlos weitergeschlemmt – und mit meinem Notizbuch bewaffnet setze ich mich an einen hohen Tisch, nachdem ich die Kontrolle passiert habe. Ich starre auf die leere Seite vor mir. Versuche, die Gedanken, die mir durch den Kopf gehen, festzuhalten, doch sie lassen sich heute nicht zähmen. Ich kann sie nicht festhalten, sie entgleiten mir wie meine letzten Minuten auf italienischem Boden, bis es wieder zurück in meine Heimatstadt geht. Berlin, bald hast du mich wieder. In meinem Herzen scheint jemand eine Brause verschüttet zu haben, so leicht und prickelnd fühlt es sich an. Ich denke an Mats, denke daran, wie wir endlich wieder zusammen sein werden. Ich habe in den letzten Wochen, in denen er bereits zurück in Berlin war, kaum mit ihm gesprochen – einfach um ihm und mir etwas Raum zu geben. Nicht nur ich, auch er musste sich natürlich wieder an Europa gewöhnen. An den vertrauten, schnellen Rhythmus. Wie wird er mir bekommen? Bin ich nach so langer Zeit fähig, von einem auf den anderen Tag wieder mein altes Ich zu werden? Und möchte ich das überhaupt?

Ich fühle mich, als hätte ich mir zu Beginn dieser Reise neue Schuhe gekauft und als wären diese nun, zu guter Letzt, endlich eingelaufen. Es sind Schuhe, die mir nach endlos vielen Kilometern endlich passen. Gedanken, die mir passen. Die mir dabei helfen, gut zu mir zu sein, auch wenn es mich so viel gekostet hat, diese Gedanken zu verinnerlichen, die neuen

Verhaltensmuster anzuwenden. Es hat sich gelohnt. Alles hat sich gelohnt, auch wenn ich immer eine Narbe mit mir herumtragen werde, die meine Krankheit und diese Reise, zu der mich die MS inspiriert hat, hinterlassen haben. Es ist eine schöne Narbe. Eine, die mich besonders macht. Die unterstreicht, wer ich bin. Eine Narbe, die sich nicht abdecken lässt, da ich ohne sie nicht ich selbst wäre.

Eine halbe Stunde später setze ich mich in meinen blauen Flugzeugsessel und schnalle mich an. Es regnet, hier wie in Berlin, Tropfen zieren das ovale Fenster neben mir. Ich spähe hinaus ins Grau, doch in mir ist nur Licht. In mir sind Wärme und Vertrauen darin, dass sich alles fügen wird. Und dass ich die Kraft haben werde, die Dinge zu beeinflussen, die mir wehtun. Ein letztes Mal rufe ich meine E-Mails ab, nur halb aufmerksam, mit dem Kopf bei Mats und meinen Liebsten. Da entdecke ich einen E-Mail-Betreff, der meinen Puls augenblicklich in die Höhe schnellen lässt. »Vorschlag für Buchprojekt« steht da. Meine Finger werden feucht, als ich die E-Mail öffne. Sie ist von einem Buchverlag, an den ich meine Idee geschickt habe. »Liebe Samira, dein Projekt klingt sehr interessant, und wir würden dich gern kennenlernen, um mehr zu erfahren«, steht dort.

Und in diesem Moment entlädt sich all das Licht in meinen Gedanken, es durchströmt mich heiß und lebendig, und ich schließe die Augen. Atme ein und aus. Lege das Handy zur Seite. Wir rollen los, dann hebt das Flugzeug ab und fliegt mich zurück nach Hause. Dorthin, wo alles begann. Doch ich weiß, dass dieser Rückflug nicht das Ende meines Abenteuers sein wird. Er ist nur eine Seite in meinem Buch, die ich nun bereit bin, umzublättern. Gib mir alles, Leben! Ich bin bereit. Schon wieder.

NACHWORT

Während ich dieses Nachwort schreibe, blicke ich über meinen kleinen silbernen Laptop hinaus auf die nächtliche Straße Ranongs, einer Stadt im Südwesten Thailands. Ich sitze hier in einem kleinen Restaurant am Straßenrand und warte auf meinen Nachtbus nach Bangkok. Roller düsen knatternd vorbei, es riecht nach gedämpftem Reis, und ich werde von belustigten Thais beäugt. Einige Monate sind vergangen, seit ich nach Berlin zurückgekehrt bin, nur um dann wieder aufzubrechen, da mein Reisehunger noch nicht gestillt war. Monate, die sich wie eine holprige Straße angefühlt haben, mit wichtigen Einsichten, mit Wachstum und mit Fragen über meine Zukunft gepflastert – Schlaglöcher inklusive. Meine Reise war mit Berlin nicht zu Ende, sie führte mich direkt in meine Zukunft, wies mir meine nächsten Ziele. Sie war ein Abschnitt auf einem Weg, den ich noch immer gehe.

Doch trotz all der harten Lektionen, die ich auf diesem Abschnitt gelernt habe und die immer noch in mir nachwirken, herrscht genau ein Gefühl vor, wenn ich an Chiang Mai und Nusa Penida, an Oaxaca und Juchitán, an Buritaca, Cartagena, Medellín und Manciano zurückdenke: Dankbarkeit. Große, wärmende, süße Dankbarkeit. Für alles, was ich erleben durfte. Für die wunderbaren Menschen, die das Schicksal in mein Leben gespült hat wie Treibgut. Ich habe so viel lernen dürfen, und demütig sitze ich nun hier und kann immer noch nicht glauben, dass die Geschichte, die ich in diesem Buch erzähle, wirklich meine eigene ist. Wie geil ist das denn, mit Verlaub. Es erfüllt mich mit so viel Hoffnung, mit so viel Vertrauen in meine eigenen Entscheidungen. Und mit Vertrauen in meine Stärke. Denn mein Körper ist nicht mein Feind. Ganz im Gegenteil: Mein Geist war wohl eher etwas zu lange der Feind meines Körpers. Wenn wir verstehen, dass unser Körper nicht *gegen* uns arbeitet, sondern *für* uns, dann tun wir den ersten Schritt in Richtung Waffenstillstand mit uns selbst.

Je mehr Zeit ich mir nahm, um darüber nachzudenken, desto logischer erschien mir die These, dass Krankheit auch aus einem inneren Ungleichgewicht heraus entstehen kann. Es ist also an uns, erst unser Herz zu heilen, bevor wir von unserem Körper Heilung erwarten können. Unser Körper wird nicht gesund werden, wenn wir ihn durch unseren Lebensstil nicht dabei unterstützen. Und der erste Schritt in diese Richtung, das weiß ich nun, ist Mitgefühl für uns selbst. Wir sollten endlich damit anfangen, uns selbst wie eine Person zu behandeln, die wir lieben.

Ich habe beinahe dreißig Jahre gebraucht, um an diesen Punkt zu kommen. Umso erfreuter bin ich darüber, dass ich diese Einsicht schon jetzt hatte. Und nicht erst in zwanzig oder weiteren dreißig Jahren.

Anlass zu meiner Reise, zu meinem Ausbruch, zu dem Schritt, endlich meine Träume zu erfüllen, war die Multiple Sklerose. Ein Schicksalsschlag, der mich nur allzu leicht hätte brechen können. Ein Albtraum, aus dem ich anfangs nie wieder aufzuwachen glaubte. Ich bin ja nicht anders als alle anderen Menschen, und weder hatte ich einen Schimmer davon, was diese Krankheit ist – oder sein kann –, noch davon, wie mein Verlauf aussehen wird. Das habe ich natürlich immer noch nicht, auch wenn ich mit dem Coimbraprotokoll seit vielen Monaten wirklich großartige Fortschritte verzeichne und momentan kaum noch Symptomatik verspüre.

Mir ist wichtig, an dieser Stelle noch mal zu erwähnen, dass wir beide, du und ich, gar nicht so verschieden sind. Ich bin einfach irgendeine Frau. Ich bin die Dame, die dir in der Bahn gegenübersitzt, oder das junge Mädchen, das auf dem Fahrrad an dir vorbeifährt. Ich bin auch die Business-Lady mit dem Handy am Ohr. Ich bin der junge Familienvater oder der Extremsportler – theoretisch. Denn MS kann jeden treffen. Das Schicksal kann uns einen Schlag in die Kniekehle versetzen – jederzeit. Und meistens dann, wenn wir am wenigsten damit rechnen.

Doch ich denke, dass ich die MS auch deswegen bekommen habe, damit ich an ihr wachsen kann. Damit ich lerne, endlich auf meinen Körper und vor allem auch auf meine Seele zu hören. Ich habe mit der MS die Chance bekommen, noch einmal anzufangen – und zwar so, dass mein Körper und mein Geist in Einklang miteinander leben können. Ich habe MS, und daran lässt sich nichts ändern. Also tue ich das Beste, was ich kann, nämlich Dankbarkeit empfinden für all die guten Dinge, für das Wachstum und die Erkenntnisse, die diese Erkrankung in mein Leben gebracht hat.

Ohne MS säße ich jetzt nicht hier, in diesem kleinen Straßenrestaurant mitten im thailändischen Nirgendwo. Ohne die MS wäre ich nicht die Frau, die ich heute bin und die ich Tag für Tag immer besser leiden kann. Weil sie gütig ist – zu sich und zu anderen. Und weil sie sich echt verdammt viel Mühe gibt, sich manchmal ein bisschen weniger Mühe zu geben.

Meine Geschichte kann auch deine Geschichte sein. Und deine Geschichte kann jede Geschichte sein, die du aus ihr machen möchtest. Ziele sind dazu da, gesteckt zu werden. In einem realistischen Rahmen natürlich. Doch wir sollten nie aufhören, uns selbst immer wieder neue Wachstumsimpulse zu verpassen. Wir sollten nie aufhören, daran zu glauben, dass all der Mist am Ende Sinn ergeben wird. Ich glaube fest daran. Ich glaube fest an dich. Du hast es in der Hand. Mach deine größte Angst zu deiner größten Stärke. Schreib deine Geschichte, und wenn sie nicht mehr passt, wenn deine Träume sich ändern oder deine Ziele sich verschieben – dann lass dich davon nicht aufhalten. Schreib die Geschichte einfach neu. Es ist dein Buch, dein Leben. Es sind deine Träume. Und jeder davon ist es wert, gelebt zu werden. Daran glaube ich fest.

WEITERE TITEL VON EDEN BOOKS

Julia Hubinger
ALLES WIE IMMER, NICHTS WIE SONST
Mein fast normales Leben mit multipler Sklerose

224 Seiten | Klappenbroschur | 13,5 × 21 cm
14,95 € (D) / 15,40 € (A)
Auch als E-Book erhältlich
ISBN: 978-3-95910-124-0

Wegen eines Kribbelns und Taubheitsgefühlen im Körper lässt sich Julia Hubinger mit 30 im Krankenhaus untersuchen. Es folgt der Schock: Diagnose multiple Sklerose! Für die junge Frau bricht eine Welt zusammen.

In »Alles wie immer, nichts wie sonst« erzählt die sympathische Autorin mit viel Feingefühl, was die Nervenkrankheit für sie verändert hat und wie sie trotz allem hoffnungsvoll ihre Zukunft anpackt. Dazu gehören auch ihr Mann und ihr Beruf und die Entscheidung, eine Familie zu gründen – trotz MS. Das Buch ist ein bewegender Erfahrungsbericht über den Verlauf einer Krankheit, die immer häufiger diagnostiziert wird. Betroffenen macht sie Mut für das alltägliche Leben mit MS. Interessierten und Angehörigen gibt sie einen Einblick in die Krankheit, Symptome und eine mögliche Therapie.

WEITERE TITEL VON EDEN BOOKS

Mina Teichert
NEBEN DER SPUR, ABER AUF DEM WEG
Warum ADS und ADHS nicht das Ende der Welt sind

288 Seiten | Taschenbuch |
12,5 x 19 cm
9,95 € (D) / 10,30 € (A)
Auch als E-Book erhältlich
ISBN: 978-3-95910-175-2

Tollpatschig, verträumt, chaotisch – so wird Mina als Kind von ihrer Umwelt wahrgenommen. Doch je älter sie wird, desto mehr überfordert sie ihr Alltag durch die allgegenwärtige Reizüberflutung. Schließlich bekommt sie die Diagnose, die ihre Zukunft verändert: Mina hat ADS – und mit einem Mal kann ihr geholfen werden.

Feinfühlig, authentisch und mit bewundernswertem Witz berichtet Mina Teichert von kleinen Krisen, Missgeschicken und Einschränkungen, mit denen sie leben muss, aber auch von ihrer bunten, verrückten Sicht auf die Welt.

WEITERE TITEL VON EDEN BOOKS

Nina und Adrian Hoffmann
EINE INSEL NUR FÜR UNS
Eine wahre Geschichte von
Einsamkeit und Zweisamkeit

320 Seiten | Taschenbuch |
12,5 x 19 cm
9,95 € (D) / 10,30 € (A)
Auch als E-Book erhältlich
ISBN: 978-3-95910-058-8

Nina und Adrian stecken mit Ende zwanzig schon im Hamsterrad des deutschen Durchschnittslebens fest und sind damit immer unglücklicher. Das junge Paar sucht einen Ort, an dem sie ihre Sehnsüchte nach Abenteuer, Zusammensein und Ursprünglichkeit erfüllen können, und findet: die perfekte einsame Südseeinsel!

Kurzerhand kündigen Nina und Adrian ihre Jobs (übrigens ein sehr befreiendes Gefühl) und machen sich auf gen Paradies. Dort angekommen leben die beiden ihren Traum. Sie ernten Bananen und Papayas, hängen am weißen Sandstrand eine Hängematte auf, grillen bei Sonnenuntergang frisch gefangenen Fisch am Lagerfeuer und schlafen unter dem schönsten Sternenhimmel der Welt. Doch bald bricht die Realität in ihr kleines Paradies ein...

WEITERE TITEL VON EDEN BOOKS

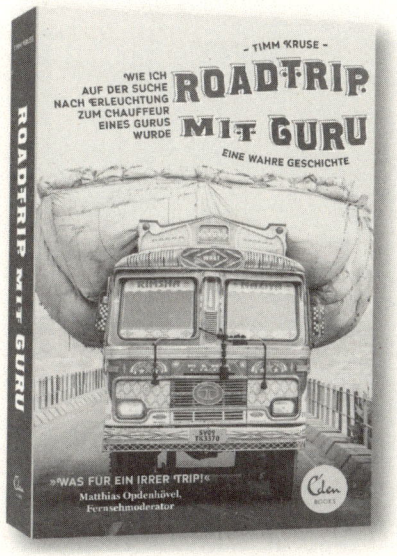

Timm Kruse
ROADTRIP MIT GURU
Wie ich auf der Suche nach Erleuchtung zum Chauffeur eines Gurus wurde

336 Seiten | Taschenbuch | 12,5 x 19 cm
12,95 € (D) / 10,30 € (A)
Auch als E-Book erhältlich
ISBN: 978-3-944296-43-2

Mit 38 Jahren trifft Timm Kruse bei einem Festival auf einen indischen Guru un d lauscht gebannt seinen Worten. Die Begegnung verändert etwas in ihm – von heute auf morgen lässt er seine Familie und sein altes Leben hinter sich und begibt sich auf die Suche nach Erleuchtung. Ehe er sich versieht, lebt er im Ashram des Gurus in Indien, geht als sein Chauffeur mit ihm auf Weltreise durch Kanada, die USA und Europa. Doch je länger er mit dem Guru unterwegs ist, desto mehr beginnt das Bild des Erleuchteten zu bröckeln. Ist er am Ende etwa auch nur ein ganz normaler Mensch?

Authentisch und mit viel Witz erzählt Timm Kruse von seiner spirituellen Reise und gibt einen faszinierenden Einblick in das Leben eines waschechten Gurus.